D1867437

Wolf Ruede-Wissmann

Satanische Verhandlungskunst

und wie man sich
dagegen wehrt

area

Wichtiger Hinweis:
Diese Neuedition basiert auf der Originalausgabe des Erfolgstitels von 1993. Sie beinhaltet treffende Beispiele, die sich in Bezug auf Persönlichkeiten oder Ereignisse an der Entstehungszeit des Buches orientieren und damit nicht mehr den aktuellen Gegebenheiten entsprechen mögen. Sie haben sich jedoch als Illustration des gesamten teuflischen Instrumentariums unfairer Verhandlungsführung so bewährt, daß auf das Heranziehen neuer Beispiele bewußt verzichtet wurde.

Redaktion area verlag gmbh

Wolf Ruede-Wissmann:
Satanische Verhandlungskunst
und wie man sich dagegen wehrt

Lizenzausgabe für area verlag gmbh, Erftstadt

Einbandgestaltung: Logmar, Hamburg
Satz: Fotosatz Völkl, Türkenfeld
Printed in Czech Republic 2006

ISBN-13 978-3-89996-267-3
ISBN-10 3-89996-267-2

www.area-verlag.de

Wer sich nur auf das Gute in Menschen verläßt,
dem wird es eines Tages schlecht gehen.
Wer nur an das Schlechte in Menschen glaubt,
dem wird es auch nicht besser gehen.

Wolf Ruede-Wissmann

Inhalt

Kapitel I: Instrumentarien und ›Waffen‹

Kapitel II: Angriff

Kapitel I: Instrumentarien und ›Waffen‹

1. Einleitung – und zur Moral: Warum dieses Buch?

»Ist es im Grunde genommen so, daß satanische Verhandlungskünstler das praktizieren, was ***faire Verhandlungspartner*** *eben nicht machen?«* – fragte mich ein Kollege, mit dem ich über dieses Buch sprach.
Meine Antwort war ein deutliches ***»Jein«,*** denn so einfach ist die Sache nun auch wieder nicht. Daß üble Verhandlungsformen oftmals mit der Umkehrung der Fairneß, Verdrehung des Sachverhaltes und vielleicht auch schlechtem Benehmen zu tun haben, ist richtig. Aber ständig angewendet, sind das tumbe und einfallslose Methoden. Ein ›satanischer Verhandlungskünstler‹ wird zwar auch diese Methoden einsetzen, aber nur taktisch gezielt, und nicht etwa deswegen, weil es grundsätzlich seine Art ist. Satanische Verhandlungskunst ist filigran, hinterlistig, (scheinbar) freundlich, raffiniert, täuschend und mit gemeinen Fallen versehen. Sein Verhandlungsgegenüber wird nicht als Partner gesehen, sondern als Feind, der zu verlieren hat – gleichgültig ob dieser im Recht ist oder daran zugrunde geht.

Zu oft bin ich selbst den ›satanischen Gemeinheiten‹ in allen Lebensbereichen begegnet, die einzig dazu dienten, den Verhandlungsgegner zu übervorteilen, über den Tisch zu ziehen und zu besiegen. Viele schäbige Tricks und Methoden habe ich gelesen, gehört, selbst erfahren und beobachtet, die das Bild einer ›satanischen Verhandlungskunst‹ kennzeichnen. Es hat mir keine Ruhe gelassen: Ich mußte über dieses Thema schreiben. Die schäbigsten und häufigsten Tricks und Methoden unfairen Verhandelns werden in diesem Buch in den Kapiteln I und II beschrieben.

Doch aus dem Untertitel ***»und wie man sich dagegen wehrt«*** wird deutlich, daß zu allen diabolischen Vorgehensweisen auch die erfolgreiche Abwehr dieser teuflischen Listen und Tücken dargestellt und beschrieben wird (Kapitel III). Damit wird klargestellt, daß dieses Buch nicht als Anleitung verstanden werden kann, wie ›satanisch verhandelt‹ wird. Zu jeder (noch so unfairen) Maßnahme gibt es eine Gegenmaßnahme – man muß sie nur kennen! Ohne Zweifel ist das der eigentliche Schwachpunkt, vor allem für die, die auf üble Verhandlungsmethoden reinfallen. Wären diese Abwehrmaßnahmen den meisten Verhandlungspartnern bekannt, so wäre eine »satanische Verhandlungskunst« (vermutlich) alles andere als erfolgreich. Grundsätzlich gilt nämlich: **Ist eine Strategie und die dazugehörige Taktik erst einmal durchschaut, ist sie meist ungefährlich, im Gegenteil, sie kann zu einem bösen Reinfall für den ›satanischen Verhandlungskünstler‹ werden.** Ein Beispiel aus der Militärstrategie hilft, das zu erläutern: Ist die Strategie eines Angriffsplanes der Generäle verraten oder durchschaut worden, so kann der Feldzug abgeblasen werden. Es gibt (leider) viele Beispiele aus Kriegen, wo das nicht geschah. In allen Beispielen waren die Folgen grausam.

Warum also dieses Buch?
Müssen unbedingt den bekannten, fiesen Methoden neue hinzugefügt oder die alten noch mehr bekanntgemacht werden? Ist es nicht ohnehin eine ›Krankheit‹ unserer Zeit, zu lügen, zu täuschen, zu betrügen (auch wenn das in der Menschheitsgeschichte schon immer geschah)? Leben wir nicht in einer Zeit, in der wir lernen und begreifen sollten, *›menschlicher‹* miteinander umzugehen? Verstoßen wir mit Büchern dieser Art nicht gegen die christlichen Gebote *»Du sollst nicht lügen«* und *»Du sollst kein falsch Zeugnis reden wider deinen Nächsten«?* Kurzum: Wäre es nicht ›menschlicher‹, ein Buch zu schreiben, welches die teuflischen Künste **anprangert?**

Diesen Fragen könnten noch viele hinzugefügt werden. Die Kernfrage nach der Moral ist ohnehin klar – vor allem für den Autor. Ein ›unmoralisches Buch‹ zu schreiben ist weder Absicht noch Zufall. Aufgrund meiner humanistischen Grundüberzeugung wäre es mir auch gar nicht möglich, unmoralische Machwerke zu schreiben. Ich verfolge einen anderen Weg. Doch zunächst gilt: Es gibt sie nun einmal, die unfairen Mittel in einem Gespräch, in einer Diskussion oder in einer Verhandlung. Es gibt sie, die ›satanischen Verhandlungskünstler‹. Und es gibt die Menschen, die auf diese diabolischen Machenschaften hereinfallen und Schaden erleiden. Methoden dieser Art hat es in der Menschheitsgeschichte immer gegeben und ›begleiten‹ die Menschen wie eine ›Krankheit‹.

Satanische Verhandlungskunst ist in der Tat eine ›Krankheit‹, die es zu bekämpfen gilt. Doch eine Krankheit bekämpft man nicht dadurch, daß man sie bejammert oder beschimpft, sondern indem man eine genaue Analyse und Diagnose erstellt, damit es zu einer wirksamen Therapie kommen kann.

Das ist die Absicht des Autors mit diesem Buch.
Doch ohne Zweifel ist mir auch bekannt, daß man allein mit der Kenntnis um das teuflische Instrumentarium sowie Luzifers Strategien und Taktiken einen Verhandlungspartner unfair ›übers Ohr hauen kann‹, wenn dieser die Gegenstrategien nicht kennt. Also doch eine ›*Unmoral durch die Hintertür*‹? Auf den ersten Blick sicherlich. Doch hier beziehe ich mich auf den Vergleich mit einem Atomphysiker, der das Wissen um das Atom besitzt, daraus eine Bombe zu bauen oder die Atomkraft für die Medizin, für die Energieversorgung etc. friedlich zu nutzen. Das Atom selbst ist wertneutral, es ist also weder gut noch schlecht. Erst die Verwendung der Kenntnisse zu der einen oder anderen Sache ist moralisch oder unmoralisch. Und es wäre ungerecht und auch sehr fatal, würde ich den Lesern von vornherein unterstellen, sie wollten mit den Kenntnissen aus diesem Buch nur ›eine Bombe‹ konstruieren, um beim Beispiel ›Atom‹ zu bleiben.
Dieses Buch baut auf dem Werk auf: Wolf Ruede-Wissmann, ***»Auf alle Fälle recht behalten.*** *Dialektische Rabulistik – Die Kunst der überzeugenden Wortverdreherei«* (Wirtschaftsverlag Langen Müller/Herbig, München 1989). Innerhalb kürzester Zeit stand das Buch auf den Bestsellerlisten. Besonders haben mich Zuschriften gefreut, die davon berichteten, wie Leser aufgrund der Beispiele und Hinweise in dem Buch üble Methoden anderer Zeitgenossen erkannt haben und sich erfolgreich wehren konnten.

Mit ›***Satanische Verhandlungskunst – und wie man sich dagegen wehrt***‹ wird ein neues Buch vorgelegt, welches nicht nur ›rabulistische und unfaire dialektische Methoden‹ offenlegt, sondern das ganze Spektrum der satanischen Verhandlungskunst und … die entsprechenden Abwehrmethoden beschreibt. Jede/r mag einmal überlegen, wo er/sie reingefallen ist, also verloren hat, um dann die ›Strategien, Taktiken, Methoden und Tricks des Gegners‹ – aber auch die (verpaßten) Abwehrmaßnahmen zu analysieren. Man wird sie in diesem Buch wiederfinden.
Die Leser müssen nach der eigenen Moral entscheiden, wie sie sich (zukünftig) in Verhandlungen verhalten und welche Strategien und Taktiken sie anwenden werden.

München, im April 1993

Dr. Dr. Wolf Ruede-Wissmann

2. Das teuflische Instrumentarium

»Ein Mann sieht rot« – diesen Film mit Charles Bronson haben sicherlich viele Menschen gesehen. Andere Filme ähnlichen Strickmusters folgten, und manchmal sind sie auch dem wirklichen Leben nachgestellt: Ein bis dahin ›harmloser Bürger‹ verliert durch einen Verbrecher seinen liebsten Menschen, nimmt furchtbare Rache und bringt den Täter um; oder: eine Mutter erschießt im Gerichtssaal den Mörder ihres Kindes; oder: eine Familie unternimmt übermenschliche Anstrengungen, um ihr Kind aus den Fängen von Entführern zu befreien, usw. Gezielt geplant, mit eiskalter Überlegung und zum Äußersten entschlossen, nehmen plötzlich bis dahin ›ganz normale Menschen‹ einen gnadenlosen Kampf mit Verbrechern auf.
Vielleicht ist auch einigen Lesern im Zusammenhang mit dem Liebsten, was sie haben, ein ähnlicher Gedanke durch den Kopf geschossen. Gottlob: für die überwiegende Zahl der Menschen sind das nur Gedankenspiele, die niemals umgesetzt und realisiert werden. Dennoch weiß niemand, welche Kraft in einem selbst wirklich steckt und zu was wir bereit wären, wenn wir vor vergleichbaren Situationen stünden. Daß friedliche, harmlose Menschen in außergewöhnlichen Situationen außergewöhnlich handeln können, wissen wir allein aus den Darstellungen von Kriegen und Notsituationen. Aber auch im normalen täglichen Leben kommt es oft zu Reaktionen, die vorher niemals geglaubt wurden, die auch der- oder demjenigen nicht zugemutet wurden. So lesen wir voller Erstaunen, daß eine 80jährige Frau einen Verbrecher, der sie überfallen und bestehlen wollte, couragiert in die Flucht schlug. Und viele von uns haben schon beobachtet (oder es selbst getan), daß ganz Friedfertige, von denen wahrlich keine schlagfertige Überreaktion erwartet wurde, plötzlich einem Kontrahenten einen Satz warme Ohren verabreichen oder ihm einen Scheitel ziehen, z. B., wenn die Partnerin häßlich und grob beleidigt wurde. Ebenso wissen wir, daß unerwartet selbst Menschen, die sich vieles gefallen lassen, ihren Peinigern plötzlich knallhart das Ende der Fahnenstange zeigen, und so mancher fiese Chef, kinderfeindliche Hausmeister, bös-gemeine Nachbar usw. erlebte

verdutzt-sprachlos sein ›Waterloo‹ und zog es vor, fortan etwas vorsichtiger mit denen umzugehen, die ihm erfolgreich die Zähne zeigten.

Ohne Zweifel sind aber auch die Fälle ebenso häufig, in denen die ›Kampfansage‹ nicht fruchtete und sogar noch zu schlimmeren Reaktionen führte. Die Gründe dafür sind sehr vielfältig und vom Streitgegenstand und den beteiligten Personen resp. Institutionen abhängig. Aber es ist auch zu erleben, daß entweder die Überreaktion wenn auch menschlich verständlich, so doch falsch war, die gewählten Mittel und das Vorgehen spontan bzw. unüberlegt waren oder daß ein Rückzieher am falschen Ort, zur falschen Zeit, zur falschen Stelle und gegenüber den falschen Personen erfolgte. Oft spielt die Angst vor der eigenen Courage im Streitverhalten zwischen uns Menschen eine große Rolle. Viele ziehen sich zurück, meiden den Streit, vor dem sie Angst haben, weil sie ›nur Nachteile‹ erwarten. Auf dieses menschliche Verhalten bauen andere ihre Strategie auf und drohen sogar – meistens mit Erfolg. Wer will schon gerne einen Prozeß gegen eine übermächtige Versicherung, Behörde oder ein großes Unternehmen führen, wo doch jeder weiß, daß dort, wo das Geld sitzt, auch der längere Hebel ist? Streitfälle zeichnen sich stets durch unterschiedliche Auffassungen aus, sonst gäbe es ja keine Streitfälle – denn Gerichtsurteile werden von Richtern, mithin Menschen, gefällt. Und Menschen können sich irren, auch wenn die anwesenden Richter, Staatsanwälte usw. sich stets sachlich, vornehm, gebildet und oft genug allwissend geben. So kann ein Rechtsanwalt nur in wenigen Fällen genau sagen, wie der Streit ausgeht. Er kann aber sehr konkret etwas zu den anfallenden Kosten sagen – und da suchen viele schon das Weite, statt sich konsequent durchzusetzen.

Andererseits sind es gerade die einfachen Menschen, die keine Erfahrung mit Rechtsstreitigkeiten besitzen und somit an die Unfehlbarkeit des Gerichtes glauben bzw. ihm die Weisheit und absolute Gerechtigkeit von vornherein unterstellen. Sie wissen weder, daß ein pfiffiger, ausgebuffter Anwalt durch seine Strategie und Taktik den Prozeß und das Urteil wesentlich zugunsten seines Mandanten beeinflussen kann, und sie wissen auch nicht, daß die

Kontrahenten bei Gericht, also Richter, Staatsanwälte, Rechtsanwälte etc., sich meistens nicht nur untereinander sehr gut kennen, gesellschaftlich miteinander verkehren, sondern auch das Urteil (oft genug in Mauschelsitzungen) ›aushandeln‹ und es dem verblüfften Kläger oder Angeklagten mit würdevoller Begründung präsentieren. Für Zeitgenossen, die sich damit auskennen, ist es schon vor Prozeßbeginn wichtig, wer der/die zuständige Richter/in bzw. Staatsanwalt/anwältin ist, damit schon im Vorfeld Einfluß genommen werden kann. Das wird zwar immer wieder energisch bestritten, aber wer sich in diesem Metier auskennt, schüttelt nur über diejenigen den Kopf, die das bezweifeln.

Kommen wir noch einmal zurück zum Anfang dieses Kapitels mit den Beispielen von Menschen, die sich unerwartet energisch wehren – obwohl ihre Umwelt ihnen das nicht zugetraut hätte. Jeder Versuch, Menschen in gültige Kategorien und zuverlässige Typen einzuteilen, ist bisher noch immer mißlungen. Hilfsweise müssen wir das hier jedoch versuchen. Um satanische Verhandlungskunst zu verstehen, müssen die Menschen, die sich sporadisch und eher spontan wehren, von denen getrennt werden, die sich professionell dieser ›Kunst‹ verschrieben haben, denn sie haben meist zwei unterschiedliche Grundhaltungen in Ethik und Moral. Inwieweit die Grundhaltung zur satanischen Verhandlungskunst erlernbar ist, ist vor allem auch eine Frage der Übernahme und Verinnerlichung einer anderen Ethik und Moral – das muß jeder für sich selbst entscheiden. Dennoch: die Schlußfolgerung, daß die Übernahme einer anderen Moral gleichbedeutend mit Unmoral ist, dürfte schon ihrer Monokausalität wegen nicht zutreffend sein. Hinzu kommt, daß Begriffe wie ›Sitte, Anstand, Moral, Ethik usw.‹ keine absoluten Werte darstellen, sondern immer ›relative Werte‹ sind, die sich stets verändert haben und unter dem Einfluß gesellschaftlicher und auch religiöser Entwicklungen verändern werden. So lehnen sicherlich alle Demokraten die Ethik und Moral des Dritten Reiches ab. Und doch gab es sie, und die meisten Werte wurden, um sie auch durchzusetzen, in Rechtsvorschriften gefaßt. Und viele würden sich wundern, wenn sie wüßten, wie unendlich viele Vorschriften aus dieser Zeit auch heute noch Gültigkeit haben. Es ist eben alles relativ …

Und auch wer da meint, es sei ›wahrlich unchristlich‹, mit unmoralischen Methoden und einer hartherzigen Ethik sollen keine Geschäfte gemacht und nicht »deinem Bruder« begegnet werden, der hat offensichtlich noch nicht in schwierigen Fragen mit der Kirche verhandelt oder die schier unfaßbaren Geschichten in der Tagespresse über Haltungen und Maßnahmen der Kirche gegenüber Schwachen gelesen. Wie gesagt: Es ist eben alles relativ ...

2.1 Mentale und psychologische Voraussetzungen

Für Mitarbeiter eine nicht unbekannte Situation: Voller Empörung und Wut im Bauch beschließt Herr Meier, sich über eine scheinbar ungerechte Sache beim ›Big Boss‹ zu beschweren. Er nimmt sich vor, nun aber wirklich mal ›Tacheles‹ zu reden und ganz klar dem Chef zu sagen, daß man mit ihm so etwas nicht ... usw.! Herr Meier betritt das Chefzimmer und ... nach kürzester Zeit ist die Wut nicht nur wie weggeblasen, sondern an ihre Stelle tritt (allzu) häufig auch noch eine Art Unterwürfigkeit. Der ›Klartext‹ hat irgendwie nicht geklappt. Was ist geschehen?

Unabhängig von Sachverhalt und Zeitpunkt ist in den meisten Fällen die Antwort recht einfach: Es war eine falsche mentale und psychologische Einstellung vorhanden, bei der die beste Taktik im wahrsten Sinne des Wortes ›zum Teufel geht‹. Im vorgenannten Beispiel konnte schon auf Anhieb erkannt werden, daß der Mitarbeiter Meier sich hauptsächlich von Gefühlen und Emotionen treiben ließ. Damit schuf er (obwohl er vielleicht im Recht war) Breitseiten mit Schwachstellen, die für den Chef leicht zu erkennen waren. Sicher kann es taktischer Teil einer Strategie sein, Emotionen einzusetzen; im vorliegenden Fall aber hatte der versierte Chef wohl kaum Mühe, dem Mitarbeiter Meier evtl. die ›Unredlichkeit seines Tuns‹ klarzulegen und ihm – wenn er gewandt war – auch noch Schuldkomplexe einzureden. Unsere Gefühle und Emotionen spielen uns immer dann einen Streich, wenn wir sie nicht beherrschen können. Es gibt eine Vielzahl von Verhandlungstaktiken – wir kommen noch darauf zu sprechen –, die allein darauf abzielen, die Emotionen beim Gegner zu wecken. Ist dieses erst gelungen und reagiert der Gegner emotional (was in den meisten Fällen mit »unsachlich« übersetzt werden kann), ist es ein leichtes, eine solche Situation gegen den Verhandlungsgegner auszuspielen (*»Wenn Sie es für richtig halten, statt sachlich mit mir so unfair und unsachlich zu reden, muß ich leider die Verhandlung abbrechen …!«* usw.) Bei Verhandlungsgegnern, die von ihrer Art her eher ruhig und sachlich argumentieren, werden darum oft alle Register gezogen, diese in ein ›unruhiges Fahrwasser‹ zu ziehen. Ziel: weg vom eigentlichen Sachverhalt, hin zum Vorwurf der Unsachlichkeit. Das Lösungsprinzip »Menschen von Problemen trennen« wird auf diese Art und Weise perfide umgekehrt. Wer diese Strategie und Taktik verfolgt, kann sich in den meisten Fällen auch noch als ›beleidigte Leberwurst‹ präsentieren und schon deswegen kopfschüttelnd ›ob des Unrechts, was man ihm tat‹ eine Forderung ablehnen (*»Ich bin empört! So geht's wirklich nicht. Das muß auch Herr Meier begreifen …!«* usw.).

Wir berühren hier ein Kernproblem allen Verhandelns. Wenn es stets so wäre, daß diejenige Partei, die eine eindeutige Rechtslage vertritt oder schlicht nur die besseren Karten hat, auch immer ›gewinnt‹, wären die meisten Verhandlungen kaum notwendig oder zumindest schnell beendet. Überflüssig, daran zu erinnern, daß eine kluge und geschickte Verhandlungstaktik schon so manchen (sicheren) Berg zum Kreißen brachte – und mehr als ›ein Mäuslein gebar‹ … In unseren Praxisfällen und Seminarübungen stießen wir grundsätzlich auf dieses Kernproblem. Auf einen kurzen Nenner gebracht: Die Grundsätze, Strategien und Taktiken von Gesprächen, Verhandlungen, Diskussionen usw. liegen fundiert und praxiserprobt vor – sie sind allesamt gültig, zuverlässig, richtig. Sie scheitern aber meistens an dem ›Faktor Mensch‹. Wir Menschen, unsere Gefühle und Emotionen, unsere Schwachheiten und oft auch unsere Stärken, sind der gefährlichste Faktor, wenn es um Gelingen oder Mißlingen geht. Ein Blick in unsere Erfahrungswelt bestätigt das. Stürzt ein Flugzeug ab, kollidiert ein Reisebus, prallen Züge aufeinander, ereignet sich eine Massenkarambolage auf der Autobahn oder findet ›nur‹ ein Autounfall statt: meistens hören wir vom ›menschlichen Versagen‹. Die Technik ist sicher, sie hat uns ›sicher gemacht‹ – glauben wir jedenfalls.

Der unbeherrschte junge Mann, der glaubt, die physikalischen Grundgesetze mit seinem Auto und seiner ›Fahrkunst‹ außer Kraft setzen zu können, ist diesem Fehlschluß ebenso erlegen wie der Verhandlungspartner, der glaubt, allein ›die klare Aktenlage‹ würde zum Sieg verhelfen. Es sind unsere Gefühle und Emotionen, die so unendlich schwer zu beherrschen sind. Jeder von uns weiß das und erliegt ihnen dennoch – täglich zu erleben auf der Straße, wo sich ein ›unverfrorener Irgendjemand‹ mit einer frechen Fahrweise vor uns in die Schlange mogeln will. Einige Wartende ziehen dann den eigenen Wagen so weit vor, daß der ›Mogler‹ keine Chance dazu hat, und müssen erleben, daß er weiter vorne sich doch irgendwie einreihen kann. Methode: Frechheit siegt. Die anderen kommen deswegen zwar auch nicht eher aus der Schlange, aber ... *»Hoppla, so geht es nun auch nicht ...!«* Sie tun das, weil sie z. B. über den Zeitverlust während des Wartens in der Autoschlange wütend und ungeduldig sind. Sie reagieren gereizt auf das Verhalten anderer, das nicht der ›allgemeinen Norm‹ entspricht. Von Gelassenheit keine Spur – jedenfalls bei den meisten Verkehrsteilnehmern, obwohl es häufig nur einzelne Verkehrsrowdys sind, die mehr spontan als überlegt handeln. Doch genau dann ist die Gefahr für andere am größten, Fehler zu machen. Auch das wissen wir, aber *»... wir beherrschen das schon ...! Schließlich sind wir doch alte Hasen ...!«* Glauben wir jedenfalls. Oft geht's gut, aber wie groß der Irrglaube war, merken viele erst dann, wenn's kracht.

Das Beispiel ›Autofahren‹ entspricht einer täglichen Erfahrung. In ›alltäglichen‹ Verhandlungen sieht das anders aus. Ausgebuffte Verhandlungsgegner verhalten sich kaum als ›Rowdys‹, die an ihren schlechten Manieren zu erkennen sind (von Ausnahmefällen abgesehen). Sie geben sich höflich, freundlich und verbindlich. Und wenn sie zu Mitteln greifen, die (unkontrollierte) Emotionen wecken, dann gehört das meistens zur Strategie, denn der andere »soll« durch seine Reaktion Fehler machen – und üblicherweise werden sie auch gemacht.

Sich gegen jegliche unfairen, emotionalen Angriffe ›ruhig und sachlich‹ zu wehren, erfordert – unabhängig von rhetorisch-dialektischen Mitteln – zunächst eine hohe Selbstdisziplin und ein gefestigtes Selbstwertgefühl. Beides kann nicht einfach »installiert« werden, denn bestimmte Eigenschaften und Verhaltensweisen sind bereits von Geburt an in uns angelegt. Die Entwicklung eines Selbstwertgefühls ist in starkem Maße abhängig von den Sozialisationsphasen eines Menschen und kann sich z. B. durch eine problematische frühe Phase sehr negativ darstellen. Umgekehrt wird ein positives Selbstwertgefühl oft durch eine unbelastete infantile und juvenile Phase begünstigt. So ist z. B. das selbständige Handeln und Agieren Ausdruck eines Selbstwertgefühls. Auch hier liegen die Ursachen in den vermittelten Werten der frühesten und frühen Phase der Sozialisationsinstanzen. Aus dem frühzeitig erlernten selbständigen Handeln erwächst häufig die Lebensbejahung und Lebensfreude eines Menschen. Andererseits ist es in vielen Fällen nachweisbar, daß Menschen, die es von frühester Kindheit an gelernt haben, verwöhnt zu werden und alles ›nachgetragen‹ zu bekommen, unselbständig, unzufrieden, skurril und oft streitsüchtig werden. Nicht selten sind diese Menschen später unglücklich und versuchen überzogen, im rein Materiellen das ›Lebensglück‹ zu finden.

Hinzu kommt ein weiterer Aspekt, der das Verhalten von Menschen determinieren kann, nämlich der Eintritt in Situationen, die in ähnlicher Weise schon einmal negativ erlebt wurden. Dazu gehören auch Ereignisse, die uns schadeten, und Personen, gegen die wir ›verloren‹ haben, die ›stärker‹ waren als wir – aus welchen Gründen auch immer. Viele Menschen fühlen sich schon unsicher, wenn sie nur einem sehr selbstbewußt auftretenden anderen Menschen gegenüberstehen, weil sie meist autoritäres Verhalten und Autorität nicht zu unterscheiden vermögen. Auch hier spielt die alltägliche Erfahrung eine große Rolle: das vorsichtig-respektvolle Anklopfen des ›einfachen Bürgers‹ an die Tür des Amtsleiters und das fast unterwürfige Eintreten in sein Dienstzimmer; oder das Befolgen auch von unfreundlich-anschnauzenden Anweisungen eines Busfahrers, Oberkellners, Polizisten, Werkstattleiters, Hausmeisters, Parkplatzeinweisers und sonstiger sogenannter (z. T. selbsternannter) Autoritätspersonen. In vielen Fällen spielt auch die Umgebung eine große Rolle beim eigenen unsicheren Verhalten. Wer eine schwierige Besprechung bei einem Unternehmenschef, Polizei-, Gerichts- oder Behördenleiter, Verwaltungs- oder Versicherungsboß usw. hat, tritt zunächst in eine ihm unbekannte Situation. Das scheinbar ›Übermächtige‹ wird schon äußerlich deutlich: große Gebäude, lange Gänge, viele Räume, noch mehr Menschen, Reglementierungen, Titel, Vorzimmer oder Pförtner, der (natürlich wichtigtuerisch!) das Anmeldeformular ›ausfüllen läßt‹.

Anschließend erfolgt ›Abführen‹ durch eine Sekretärin und ›Vorführen‹ in das Dienstzimmer, in dem ›er‹, das ›hohe Tier‹, zu dem man unbedingt wollte, das Anklopfen mit einem erneut respekteinflößenden *»Ja, bitte!«* quittiert, sichtbar wichtig noch letzte Unterschriften leistet (dem Gesichtsausdruck nach Todesurteile), um dann mit würdevoller Amtsmiene und jovialer Handbewegung zum Platznehmen aufzufordern, denn ›er sei gleich fertig‹.

Brav, einer Hundedressur gleich, nimmt der ›kleine Mann‹ Platz. Vor Ehrfurcht schweigend, wird er immer unsicherer, weil ein plötzliches Telefongespräch zeigt, ›mit wem er es da eigentlich zu tun hat.‹ *»Mein Gott, so ein wichtiger Mensch, und ich komme da mit meinem Anliegen ...!«,* denkt der ›kleine, brave Mann‹ sich, und hat schon jetzt verloren, obwohl die Amtsmiene ihn mit den verheißungsvollen Worten entläßt: *»Wir werden prüfen, was wir für Sie tun können!«* Wie das gemeint war, merkt der ›brave, kleine Mann‹ aber spätestens, wenn er ein Schreiben erhält, welches vermutlich die Worte enthält: *»... Ihr Anliegen sorgfältig geprüft ... zu unserem Bedauern ... leider ... mitteilen ...«* usw. *»Na, wenn das so ist«,* sagt sich da betrübt der ›brave, kleine Mann‹, *»dann ist es eben so. Damit muß man sich halt abfinden. Schließlich wurde mein Anliegen ja ›sorgfältig geprüft‹!«*

Wirklich nur der (Einzel-)Fall eines ›braven, kleinen Mannes‹?

Transferieren wir doch einmal diese Geschichte auf höhere Ebenen und wechseln die Personen und die Situationen aus. Vielleicht wird vielen dann sehr schnell klar, daß man sich zu oft vom taktischen Verhalten sogenannter Autoritätspersonen, von vorgefundenen (Zwangs-)Situationen und professionellen, ausgebufften Verhandlungsstrategien blenden, täuschen und damit besiegen

läßt, obwohl ein anderes und das heißt ›besseres‹ Verhandlungsergebnis durchaus möglich gewesen wäre, *wenn …!*
Ja, ja, *wenn* man nur wüßte, ***wie …!***

Mit satanischer Verhandlungskunst geht's unaufhaltsam nach oben!

2.2 Rhetorische Elemente

Von außerordentlicher Bedeutung in der satanischen Verhandlungskunst ist der Einsatz diabolisch-rhetorischer Elemente. Sie sind die ›teuflischen Waffen‹ derer, die satanisch verhandeln. Doch keinesfalls ist es so, daß diese Elemente nur zur Täuschung und zum Fallenstellen eingesetzt werden. Das Problem für denjenigen, der das als ›Gegner‹ in einer Verhandlung erkennen muß, besteht darin, daß der Einsatz dieser Elemente oftmals vertraut und ehrlich wirkt. *»Lügen muß man können«,* sagt eine alte Weisheit. Wer lügt und dabei einen roten Kopf bekommt, ist schnell entlarvt. Wer jedoch Wahrheiten mit Lügen geschickt vermischt, dem fällt nicht nur das Lügen leichter, sondern er kann auch darauf hoffen, daß ein Gegner alles akzeptiert, also die Wahrheiten ***und*** die Lügen. *»Eine Halbwahrheit ist schlimmer als eine Lüge«,* sagt ebenfalls eine alte Volksweisheit. Die Gründe liegen – wie könnte es anders sein – wieder einmal in uns selbst. Wer z. B. einen zuvor unbekannten Sachverhalt geschildert bekommt, kann meistens während der Schilderung nicht erkennen und klären, ob der Sachverhalt den Tatsachen entspricht oder nicht. Vielleicht kann er es später – aber dann ist es oft zu spät. Menschen sind eben sehr leichtgläubig, vielleicht, weil sie denkfaul sind, weil sie ›etwas glauben wollen‹ oder weil ihnen schlicht die Möglichkeiten des Nachprüfens nicht zur Verfügung stehen.

Viele kennen das aus dem privaten Bereich: Der Ehemann, der zu spät vom Kegeln nach Hause kommt und seiner Frau auf Befragen vom Kegelabend berichtet, weil sie ja wußte, daß er dort war. Daß er möglicherweise ›ganz andere Kegel geschoben hat‹, kann sie nicht ohne weiteres nachprüfen. Vielleicht will sie es auch gar nicht …! Sie glaubt es halt. Oder die schwätzende Nachbarin, die einer anderen Hausbewohnerin ›schwört‹, in der vergangenen Nacht einen Mann bei der neuen, jungen Mieterin im Hause gesehen zu haben, nein, sie hat's sogar gehört, wie die beiden es miteinander getrieben haben …! *»Nein, nun sagen Sie nur, Frau Müller, also so eine unmoralische Person! Aber ich habe ja gleich gesagt …!«* Der Rest ist bekannt. Die andere Hausbewohnerin ›will es geradezu glauben‹, denn kritische Distanz gehört eben nicht zum Hausklatsch.

Aber es gibt auch genügend Beispiele dafür, daß Menschen, die wahrlich nicht zur oben geschilderten Gruppe gehören, das glauben, was man ihnen erzählt – weil ihnen auch im Moment nichts anderes übrigbleibt. Denn wem wäre es nicht schon geschehen, daß man in einer fremden Stadt nach dem Weg fragt und bei einem freundlich-sicher erklärenden Passanten den Eindruck gewinnt, daß man den ›richtigen Weg‹ gezeigt bekommt. Zwar lernt man dann (unfreiwillig) die Stadt kennen, kommt überall hin – nur nicht dahin, wohin man wollte.

Als wichtigste rhetorische Elemente in der satanischen Verhandlungskunst werden zunächst die Fragenarten, die Möglichkeiten der unfairen Anwendung und ihre Wirkungsweisen dargestellt.

2.2.1 Fragearten/-techniken und Anwendungsformen

Die richtige Frage zum rechten Zeitpunkt ist eine scharfe Waffe und ein schützendes Schild zugleich – und die Frage ist das wichtigste Instrument zur Führung eines Gespräches. ***Wer fragt, führt das Gespräch!*** Und wer das Gespräch ›führt‹, bestimmt auch die Richtung. Damit ist zwar noch nicht die Verhandlung gewonnen, aber es ist der Weg dahin. Jeder kennt das aus den mehr oder weniger interessanten Fernsehdiskussionen. Gelingt es dem Moderator nicht, mit gezielten Fragen die Diskussion zu steuern, wird nicht nur häufig das Diskussionsziel verfehlt, sondern es reden auch alle Teilnehmer oft ›wild durcheinander‹. Insbesondere wenn die ›Wogen hochschlagen‹, liegt es am Geschick des Moderators, mir kurzen, knappen und harten Fragen wieder eine Richtung in die Diskussion zu bringen. Die Sendung ›Der heiße Stuhl‹ (RTL plus) ist sicherlich kein gutes Beispiel für eine sachlich-informative Sendung, aber von der Moderation her ein Musterbeispiel dafür, wie wirksam mit knallhart gestellten Fragen das Redekonzept, oftmals auch die Sprechblasen einiger Teilnehmer zum Platzen gebracht werden *(»Nun sagen Sie doch mal klipp und klar, was Sie mit XYZ konkret meinen!«).* Es gab bisher nur sehr wenige Ausnahmen, wo es dem Moderator *nicht* gelang, mit gezielten Fragen die meistens emotional aufgeladene Atmosphäre zu steuern. Allerdings kann auch der Moderator Vorgehensweisen praktizieren, die in einer üblichen Verhandlung, bei der alle Akteure an einem Tisch sitzen, nicht möglich sind. So geht er z. B. mit energischen Schritten entweder auf den Kandidaten auf dem ›heißen Stuhl‹ oder die gegnerische Gruppe mit entsprechender Mimik,

Gestik und Körpersprache, z. B. mit ausgestrecktem Arm und erhobener Hand, zu und stellt, noch während er geht, seine kurzen, harten Fragen. Damit setzt er förmlich die Teilnehmer ›unter Druck‹, jetzt auf diese Frage zu antworten und nicht drumherum zu reden. Dauert die Antwort zu lange, unterbricht er wiederum mit einer Frage an einen anderen Teilnehmer. Dabei kann er sich seiner Sache sicher sein, daß dieser antwortet. Somit hat der Vorredner schon ›zwei gegen sich‹. Redet einer dennoch dazwischen, so stellt er sich mit schnellen Schritten frontal vor den Teilnehmer und demonstriert so, daß *›jetzt und hier der Moderator die Fragen stellt und den Verlauf der Diskussion bestimmt und kein anderer‹*. Nicht selten lassen sich diejenigen, die gerade reden, noch im Satz unterbrechen und schweigen verblüfft, weil plötzlich ein anderer redet, welches wiederum gedanklich verarbeitet und kommentiert werden muß. Der eigentliche Gedanke, den ein Kandidat gerade vorbringen wollte, ist ›kaputt‹.
Das Konzept geht stets voll auf. Daraus kann gelernt werden, welche Kraft und welche Macht Fragen haben, aber andererseits auch, wie und mit welchen Methoden wirksame Fragen vorgebracht und durchgesetzt werden müssen. Warum das gelingt, ist einfach zu beantworten. Wird ein Teilnehmer befragt, so ist dieser mit der Frage resp. der Antwort beschäftigt. Darauf konzentriert er bzw. sie sich – und auf sonst gar nichts.
Es gab aber auch Fälle, da funktionierte dieses Konzept überhaupt nicht, im Gegenteil, der Moderator wurde bloßgestellt, war irritiert und schweigsam. Das war dann der Fall, wenn ein Gast oder Teilnehmer zuerst die Frage-***Methode*** kritisierte, sich eine Unterbrechung strikt verbat und danach die Antwort formulierte, die dann meistens ausführlich ausfiel. Hier ›griff‹ mustergültig ein Grundsatz, über den bereits an anderer Stelle dieses Buches geschrieben wurde, der noch für viele Methoden Wirksamkeit besitzt und erläutert wird:
Ist eine Strategie oder Taktik erst einmal durchschaut und wird sie auch angesprochen, so ist diese meist wirkungslos.

Grundsätzlich gilt also:
Beide beschriebenen Vorgehensweisen in den Fragetechniken sind sowohl für den Angriff wie auch zur Verteidigung geeignet.

Zum Angriff:
Mit häufigen kurzen, knappen und harten Fragen kann man den Gegner ›aushebeln‹, ihm die Beweislast zuschieben und ihn somit in eine Erklärungsposition bringen. Wird man selbst ›unter Druck‹ gesetzt, ist die Methode der kurzen, harten Gegenfrage wiederum ein wirksames Abwehrinstrument.
Zur Verteidigung:
Hier wirkt die ›Entlarvung der Methode‹. Wichtig daran ist allerdings, daß zuerst die Methode entlarvt und kritisiert wird und dann erst der Redebeitrag folgt. Der umgekehrte Weg, also erst zu antworten und dann die Methode zu kritisieren, ist in den meisten Fällen wirkungslos, weil der Gegner dann nicht auf die Argumente eingeht, sondern im Gegenteil einen ›Methodenstreit‹ vom Zaun bricht. Und da nachzuweisen ist, daß die Argumente eben doch vorgebracht werden konnten, streitet man sich nun über die Methode, statt über den Sachverhalt.

Über Fragearten und Fragetechniken sowie ihre Anwendungsformen ist viel geschrieben worden. Jedes Buch, welches sich im weitesten Sinne z. B. mit ›Verkaufen‹ beschäftigt, hat diesen sicherlich wichtigen ›Pflichtteil‹. Wenig hilfreich ist es jedoch dann, wenn nahezu wissenschaftlich akribisch Fragearten wie an einer Perlenkette aufgereiht werden. Was sollen Leser mit 20 bis 25 Fragearten, so wie diese leider allzuhäufig in ›Verkaufsbüchern für den Praktiker‹ beschrieben werden? In allen Seminaren, die wir nun seit 15 Jahren durchführen, handelt es sich immer und immer wieder um ein einziges Problem: Es wird zuviel geredet, zuwenig gefragt, kaum zugehört.
Wichtig ist darum für alle Anwendungsfälle, daß
1. überhaupt gefragt wird und
2. eine ›richtige‹ Frage zum rechten Zeitpunkt gestellt wird.

Wie wichtig und schwierig es ist, gezielt zu fragen ***und*** geduldig zuzuhören, können die Leser sofort und unmittelbar im Bekannten-, Freundes- oder Kollegenkreis ausprobieren. Beispiel: Kollegenkreis. Haben Sie einen Kollegen oder Kunden, dessen Meinung Sie zu dem Problem XY kennen, der drauflosredet, andere Meinungen nicht gelten läßt oder ignoriert und den Sie (vielleicht gerade deswegen!) nicht leiden können? Er/sie ist das richtige Medium zum Üben. Verwickeln Sie diesen Kollegen in ein Gespräch über ein Thema mit gegenseitig kontroversen Auffassungen. Doch statt wie üblich mit *»Nein, das glaube ich nicht«* oder *«Das stimmt doch gar nicht!«* oder sonstigen Einwänden zu operieren, konzentrieren Sie sich nur darauf, ausschließlich Fragen zu stellen. Denken Sie bei dieser Übung daran: Nichts ist ***un***wichtiger, als Ihre Meinung darzustellen, alles geht einzig und allein darum, das Fragen zu üben und Selbstdisziplin zu beweisen. Sie werden erstaunt sein, was ›dabei herauskommt‹. Vermutlich werden Sie Ihren Kollegen irritieren. Bei geschickten Fragen (siehe Fragetechniken Abschnitte 2.2.2–4) können Sie sogar den Kollegen ›schachmatt setzen‹.

2.2.2 Einfache Fragearten – nicht ungefährlich

Alle Fragearten lassen sich auf zwei Grundformen zurückführen, die als *geschlossene oder offene Fragen* bekannt sind. Aus diesen Grundformen lassen sich alle weiteren Fragetechniken ableiten. Entscheidend für den Erfolg der meisten Gespräche, welche formal betrachtet aus einem großen Anteil von Fragen bestehen, sind jedoch die taktischen Anwendungsformen der Fragetechniken.

Geschlossene Frage

Der Partner kann in den meisten Fällen nur mit »Ja« oder »Nein« antworten.
Beispiel:
»Gefällt Ihnen dieses Modell?«
»Ja.«
»Möchten Sie es erwerben?«
»Nein.«

Die geschlossene Frage eignet sich z. B. im Verkauf dann, wenn sie als Abschlußfrage oder als eine Abfrage von präzisen Daten gestellt wird. Sie ist aber im Verkaufsgespräch oftmals ungeeignet, weil der Partner ›nicht redet‹ und der Verkäufer somit keine Signale und Informationen erkennen kann. Zudem: Wer nur geschlossene Fragen stellt, bringt den Kunden oft in eine ›Verhörsituation‹, und das baut negative Emotionen auf. Journalisten, die z. B. Politiker interviewen, benutzen meistens diese Frageart. Haben sie jedoch einen Profi vor sich, dürfen sie damit rechnen, daß dieser sagt: *»So stellt sich die Frage nicht. Die Frage muß doch lauten … usw.«* – und redet das, was er will, und antwortet nicht darauf, was er gefragt wurde. Nicht-Profis reagieren allerdings anders. So läßt sich im Verkaufstraining mittels (unbestechlicher) Videoaufzeichnungen nachweisen, daß es die häufigste Frageart ist, die sowohl im Verkauf wie auch in Verhandlungen und vor allem in Mitarbeitergesprächen verwendet wird.

Geschlossene Fragen – ungefährlich?

In der unfairen Verhandlungstechnik ist das anders. Hier werden oftmals gezielt mehrfach hintereinander geschlossene Fragen gestellt, um den Kontrahenten in ein Kreuzverhör zu zwingen. Wer darauf eingeht, kann sich sehr schnell in einer üblen Position wiederfinden *(»Jetzt widersprechen Sie sich. Sie haben doch eben für alle deutlich bestätigt, daß …!«)*. Aber selbst wenn das Kreuzverhör durchschaut und kritisiert wird, hat der unfaire Partner stets eine gute Erklärung: *»Pardon, aber ich habe präzise Fragen gestellt, die zur Klärung notwendig sind. Wenn Sie das ablehnen, dann …!«*

Die *Abwehrmaßnahme* für diejenigen, die sich einem solchen Kreuzverhör durch die Aneinanderreihung von geschlossenen Fragen gegenübersehen, besteht darin, die *Taktik offenzulegen* und *Gegenfragen* zu stellen:
»Ich befinde mich hier nicht vor Gericht. Bitte nennen Sie mir den Hintergrund Ihrer Frage, und ich werde …!« oder:
»Diese Frage läßt sich nicht einfach mit ›Ja‹ oder ›Nein‹ beantworten, wenn Sie den wahren Sachverhalt erfahren wollen. Und daran sind Sie doch sicherlich interessiert?«

Hartnäckigkeit* des Verhandlungsgegners, z. B. einen Sachverhalt ›zuzugeben‹, beantwortet man erfolgreich mit … *Hartnäckigkeit.

Beispiel:

Gegner: *»Also beantworten Sie die präzise Frage, haben Sie die Maßnahme durchgeführt, ja oder nein?«*

Sie: *»Wenn Sie an der Wahrheit interessiert sind, läßt sich diese Frage nicht einfach mit Ja oder Nein beantworten. Sie sind doch an der Wahrheit interessiert?«*

Gegner: *»Sie weichen aus, Sie wollen sich doch nur vor einer präzisen Antwort drücken!«*

Sie: *»Im Interesse der Wahrheit verstehe ich unter ›ausweichen‹, daß ich vor dem Zwang zu einer falschen Aussage ausweiche!«*

Gegner: *»Also mit anderen Worten, Sie haben die Maßnahme* ***nicht*** *durchgeführt!«*

Sie: *»Ich habe unmißverständlich erklärt: die Frage läßt sich nicht einfach mit Ja oder Nein beantworten. Was ist denn der Grund, daß Sie den wahren Sachverhalt aus meiner Sicht nicht hören wollen?«*

Das ›Kreuzverhör‹ ist gescheitert.

Offene Frage

Wird die offene Frage richtig formuliert, kann der Partner meistens nicht mit »Ja« oder »Nein« antworten, sondern nur in einem ganzen Satz.

Beispiel:

»Warum gefällt Ihnen dieses Modell nicht?«

»Also irgendwie erinnert es mich an ABC, aber meine Vorstellungen gehen mehr in Richtung XYZ.«

(Übrigens: Für einen versierten Verkäufer, der Einwände als ›Straße zum Erfolg‹ erkennt, kann das ein hervorragendes Verkaufsgespräch mit guten Abschlußchancen werden!)

Die ***offene Frage*** **ist das Herzstück** sowohl im ***Angriff*** wie vor allem auch in der ***Verteidigung*** bei fairen und unfairen Gesprächen. Wer immer satanisch verhandeln oder/und sich dagegen wehren will, muß diese Frageart trainieren, trainieren und nochmals trainieren. Umgang mit und Einsatz von offenen Fragen müssen so selbstverständlich und verinnerlicht sein wie das »Grüß Gott« oder »Guten Tag«. Ziel ist es, den Gegner überhaupt ›zum Reden‹ zu bringen, und nicht nur das: Er soll möglichst viel reden. Denn der wichtigste Grundsatz lautet: ***Wer viel redet, bietet viel Breitseite.*** Und in eine Breitseite kann, dazu muß man kein Marineoffizier sein, prächtig ›geschossen‹ werden. Weil selbst der geübteste Rhetoriker mit einem langen Wortbeitrag Ansatzpunkte bietet, die man aufgreifen kann, wählt man sich ein (schwaches) Detail und beweist, daß eben dieses nicht funktioniert, um dann (z. B. induktiv, siehe Abschnitt 2.4) anhand des nichtfunktionierenden Details zu beweisen, daß ›das Ganze nicht geht‹. Die meisten Verhandlungspartner glauben jedoch, möglichst hohe Redeanteile erlangen zu müssen, um ›sich durchzusetzen‹. **Aber welcher Profi läßt sich schon einfach ›überreden‹?** Viel entscheidender ist das Zuhören – und das ist eine Kunst, die man erlernen kann – **und muß!** Sie fällt umso leichter, je mehr man begreift, wie wichtig es für die Absicht der satanischen Verhandlungskunst ist, Informationen zu gewinnen.

Fast alle *offenen Fragen* beginnen mit einem **W**-Fragewort, sie werden daher auch oft als **›W-Fragen‹** bezeichnet:
Wer, wie, wo, was, warum, wieso, weshalb, woher, wodurch, womit usw.
W-Fragen sind geeignet, ein Gespräch lebendig und informativ zu gestalten, denn meistens kann man auf diese Fragen nicht nur mit »Ja« oder »Nein« antworten. Natürlich gibt es Ausnahmen, die trotz W-Frage zu keinem ergiebigen Gespräch führen. Aber wir verzichten hier auf akademische Definitionen und nutzlose Auflistungen. Lediglich einige Beispiele dazu:
*»**Wie** spät ist es?«*
»Acht!« oder:
*»**Womit** begründen Sie Ihre Haltung?«*
»Mit nichts!«

Die Erfahrung zeigt jedoch, daß das Ausnahmen sind. Es sei denn, es handelt sich um ganz ausgebuffte Taktiker, die die Erwartungshaltung eines Gegners, der ›gelernt‹ hat, mit offenen Fragen zu führen, enttäuschen und ihn verunsichern wollen. Die Sache ist dann nicht ganz ungefährlich. Selbst eine so redegewandte Moderatorin wie Elke Heidenreich, die es ›gewohnt‹ ist, daß man auf ihre Fragen erklärend antwortet, scheiterte an dieser Taktik, die ihr Talk-Gast Pater Basilikus Streithofen exzellent anzubringen wußte. Sie wurde von dem Pater dem Publikum regelrecht ›vorgeführt‹, war völlig verunsichert und bedankte sich erleichtert beim Pater, als dieser sich ›bequemte‹, auf eine Frage mit mehr als nur drei Wörtern zu antworten.

Diese Technik, eine ›gelernte Erwartungshaltung‹ zu durchkreuzen, um damit den Kontrahenten/Gegner/Partner etc. zu verunsichern, wird z. B. in Einkäuferseminaren intensiv trainiert. Die Methode ist sehr einfach: Einkäufer wissen, worin Verkäufer trainiert werden. Also brauchen sie dieses Prinzip nur umzukehren, indem sie ***nicht*** so reagieren, wie andere es gelernt haben und wie es ›erwartet‹ wird. *»Der Preis gehört ans Ende des Verkaufsgespräches«* ist der wohl wichtigste Grundsatz jeden Verkäufers. Und der Grund? Damit der ›Wertaufbau‹ für ein Produkt betrieben werden kann und der Besitzwunsch größer ist als der Preisschock. Darüber kann heute ein pfiffiger Einkäufer nur müde lächeln und schockt den Verkäufer mit der *Eingangsfrage:*
»Ohne Umschweife: Was kosten 1000 Stück?«
»120.000,— €, aber Sie haben den Vorteil ...« (unterbricht):
»Ach, hören Sie bloß auf! Das ist doch viel zu teuer! Das bietet Ihr Wettbewerber doch für 95.000,— € in gleicher Qualität an!«
Und da der liebe Verkäufer nun verunsichert ist, gackert er nur noch um den Preis herum und macht unter Umständen folgenschwere Fehler. Verkäufer und Einkäufer haben ein gemeinsames Interesse: einen guten Preis zu erzielen. Allerdings: Der Verkäufer möchte sein Produkt zu einem möglichst hohen Preis verkaufen, der Einkäufer zu einem möglichst niedrigen Preis einkaufen. Ein Verkäufer sollte aber nicht vergessen, daß er den Termin beim Einkäufer nicht bekommen hat, weil der nichts Besseres zu tun hat (unabhängig von anderen Kriterien), sondern weil der Einkäufer, schlicht und deutlich gesagt, ›den Preis drücken will‹. Wenn es nun dem Verkäufer nicht gelingt, das Gespräch mit den richtigen Fragen auf das Feld zu führen, wo er, der Verkäufer,

›stark‹ ist, dann ist das ›brave Verkaufskonzept nach Schema F‹ geplatzt.
Das war's, was der Einkäufer wollte.
Und Einkäufer haben noch ganz andere ›Tricks drauf‹.
Mehr davon jedoch an anderer Stelle.

Nochmals zum Unterschied zwischen einer *geschlossenen* und einer *offenen Frage,* um den Erfolg mit einer offenen Frage anhand eines Beispiels zu verdeutlichen. An der Bar einer Disko sitzt eine sehr attraktive, junge Dame. Ein schmachtender junger Mann entdeckt dieses Glück und schreitet ›weltmännisch‹ (oft beobachtet: mit beiden Händen in den Hosentaschen, was schon eine gewisse Unsicherheit verrät!) auf die zuvor mit kritischen Blicken ›geprüfte und für gut befundene Dame‹ zu und stellt sich daneben. Es entwickelt sich folgendes Gespräch:

Er: *»Ist dieser Platz noch frei?«*
Sie: *»Ja.«*
Er: *»Sind Sie schon lange hier?«*
Sie: *»Nein.«*
Er: *»Kommen Sie öfters hierher?«*
Sie: *»Nein.«*
Er: *»Sind Sie aus München?«*
Sie: *»Nein.«*
Er: *»Sind Sie beruflich hier?«*
Sie: *»Nein.«*
Er: *»Möchten Sie tanzen?«*
Sie: *»Nein.«*
Er: *»Darf ich Sie zu einem Drink einladen?«*
Sie: *»Nein.«*

Der Mann wendet sich von der Dame langsam ab. Volltreffer daneben! Was er über die Dame nun denkt, erübrigt sich zu beschreiben. Aber auch die Dame denkt sich vermutlich: *»Wenn dem nicht mehr einfällt als die übliche Anmache ...!«* Die Leser erkennen aber sofort, daß dieser junge Mann ausschließlich *geschlossene Fragen* gestellt hat – und damit hatte er Pech. Hätte er ***offene Fragen*** gestellt, wäre (vermutlich) das Gespräch anders verlaufen:

Er: *»Grüß Gott.* ***Was*** *muß ich tun, damit ich Sie nicht störe, wenn ich hier stehe und mein Bier trinke?«*

Sie: *»Am besten, Sie lassen mir noch so viel Platz, daß ich mich bewegen kann«.*

Er: *»Aber selbstverständlich! Bewegung brauchen wir alle.* ***Was*** *spricht denn dagegen, wenn wir uns auf der Tanzfläche bewegen?«*

Sie: *»Also ich bin etwas müde und möchte im Moment nicht tanzen!«*

Er: *»Verstehe ich. Mir geht's ab und zu auch so. Aber* ***was*** *glauben Sie denn,* ***womit*** *wir den Ober bewegen können, uns einen Drink zu bringen, den ich gerne für Sie ausgeben möchte?«*

Sie: *»Na, fragen Sie ihn doch mal, ob er noch eine Weinschorle für mich hat!«*

Er: *»Aber klar hat er das! Wir könnten natürlich auch etwas typisch Bayerisches trinken.* ***Welche*** *Bekanntschaft haben Sie denn bisher mit unseren bayerischen Getränken gemacht, und* ***welches*** *Urteil haben Sie darüber?«*

Sie: *»Also ich bin aus Stuttgart, und da trinken wir ein Viertele. Und immer, wenn ich zu Besuch in München bei meinem Bruder bin, trinke ich … usw.!«*

Wie nun das ›Endergebnis‹ aussieht, ist reine Spekulation. In jedem Fall hat es in dieser Situation der junge Mann durch eine geschickte Mischung zwischen Antworten und offenen Fragen geschafft, das Gespräch ›zu führen‹ – wo immer es hinführt. Die Mischung zwischen Antworten und offenen Fragen ist deswegen sehr wichtig, weil sonst die Gefahr besteht, daß sich ein/e Gesprächspartner/in ›ausgefragt‹ fühlt.

Empfehlung an die Herren: In Zukunft bitte etwas mehr Phantasie in solchen und ähnlichen Situationen – durch ***offene Fragen!*** *Und hoppla. Fast wäre es vergessen worden:* ***Das gilt für die Frauen natürlich ebenso …*** Denn selbstverständlich hätte die Dame in unserem Beispiel auch den ›Spieß umdrehen‹ und ihrerseits durch ***offene Fragen*** den Bekanntschaftsversuch, weil sie vielleicht ›ihre Ruhe‹ haben wollte, überlegen-selbstbewußt ***abwehren*** können:

Er: *»Grüß Gott. Was muß ich tun, damit ich nicht störe, wenn ich hier stehe und mein Bier trinke?«*

Sie: *»Am besten, Sie lassen mir noch so viel Platz, daß ich mich bewegen kann.«*

Er: *»Aber selbstverständlich! Bewegung brauchen wir alle. Was spricht denn dagegen, wenn wir uns auf der Tanzfläche bewegen?«*

Sie: *»Was ›dagegen‹ spricht, lassen wir mal dahingestellt.* ***Was*** *spricht denn ›dafür‹, daß ich mit Ihnen tanzen soll?«*

Er: *»Naja, vielleicht lernen Sie damit einen netten Mann kennen?«*

Sie: *»Wenn ich die Absicht habe, einen netten Mann kennenzulernen, lasse ich es Sie wissen.* ***Was*** *können* ***Sie*** *denn in* ***diesem Moment*** *tun, mich in Ruhe zu lassen?«*

Er: *»Äh …!«*

Damit wäre der Abend für die beiden ›gelaufen‹, obwohl sich der nette junge Mann redliche Mühe gab. Das muß nicht sein. Und darum, verehrte Leserinnen:
Wahrlich, wahrlich, ich sage euch: Das wäre ***zu*** *teuflisch …!*

»Ach, wissen Sie, mein Herr, gute Männer sind wie Toiletten: Entweder besetzt oder beschissen …! Sind Sie frei?«
»Jahaa!«
»Ganz schön beschissen, was …?«

In Verhandlungen wird häufig die erfolgreiche Taktik angewendet, mit bohrenden Fragen den Gegner zu verunsichern. Zunächst jedoch wird ein Teil des Sachverhaltes als ›richtig‹ hingenommen und bestätigt, um den Gegner in Sicherheit zu wiegen. Dann allerdings wird durch hartnäckig-bohrendes Fragen, verbunden mit der entsprechenden Mimik und Gestik, der flüssige Ablauf einer Argumentation erschüttert (*»Wo?«, »Wann genau?«, »Was präzise bitte?«* usw.). Der Trick ist psychologisch sehr wertvoll, denn nicht nur der logische Aufbau einer zusammenhängenden Argumentation wird zerstört, sondern vor allem der Gegner selbst wird psychisch unter Druck gesetzt, völlig irritiert, konzeptionslos und damit widersprüchlich. Er wird ›weich gekocht‹.

Die ***Abwehr*** dieser Taktik ist nicht immer einfach. Wichtig ist vor allem, sich nicht aus der Ruhe bringen zu lassen, sondern sich sachlich zu wehren:
»Pardon, aber ich möchte meine Ausführungen im Zusammenhang darstellen!«
»Bitte stellen Sie diese Frage noch zurück, damit ich …!«
»Worauf legen Sie mit Ihrer Frage jetzt besonderen Wert?«

Eine weitere Abwehrtechnik besteht auch darin, für den Gegner sichtbar das entsprechende Fragewort (»wann« etc.) auf ein Blatt Papier zu schreiben, um dann zu sagen: *»Ich komme gleich darauf zu sprechen!«* Diese Taktik wird auch bei Verkaufsverhandlungen angewendet, wenn der Verkäufer zu diesem Zeitpunkt noch nicht den Preis nennen will (für den Kunden deutlich sichtbar das Wort ›Preis‹ aufschreiben und es einkreisen).

Generell ist die Taktik der Unterbrechung ein äußerst wirksames Mittel, das z. B. viele Verkäufer fürchten, die ihre Argumentation im Zusammenhang bringen müssen. In unseren Seminaren üben wir diese Taktik und die Gegenwehr. In fast allen Fällen zeigte sich aber, daß gezielte Unterbrechungen stets das Ergebnis hatten, daß der Teilnehmer verunsichert, verteidigend, irritiert oder in seinen Antworten emotional aufbrausend, z. T. oberlehrerhaft reagierte. Personen, die in der Öffentlichkeit auftreten (z. B. Politiker) und vor laufender Kamera interviewt werden, fürchten diese Taktik von Reportern besonders, weil sie sich z. B durch das energische Verbitten dieser Unterbrechungen negativ darstellen, was sie nicht wollen und nicht ›dürfen‹. Es wird also in eine gesprochene Antwort meist mit einer kurzen Frage oder gar Behauptung ›hineingefragt‹. Meistens greift der Befragte auch diese Frage sofort auf, beantwortet sie und hat somit seine erste Antwort nicht zu Ende sprechen können. Die Anwendung dieser Taktik ›unter Ausschluß der Öffentlichkeit‹, also z. B. in Verhandlungen, führt oft zu ungehaltenen Reaktionen, wie z. B (im Kommandoton, böse, ärgerlich): *»Ich möchte jetzt mal aussprechen dürfen!«* oder *»Unterbrechen Sie mich (bitte) nicht!«*

Die ***Abwehr*** solcher Unterbrechungen erfordert Gelassenheit und Verhaltensdisziplin:
Die Zwischenfrage überhören, übergehen und deutlich, aber langsam weiterreden, um dann am Ende der eigenen Antwort hinzuzufügen:
»Und wie Sie gemerkt haben, lasse ich mich nicht unterbrechen, da ich diese (oder auch: Ihre) Taktik durchschaut habe!«

Eine besonders erfolgreiche, dazu noch höfliche Abwehr besteht darin, nach erfolgter Unterbrechung zu sagen:
»Ich fahre dort weiter, wo ich unterbrochen wurde.« (Etwas schärfer: *»... wo* ***Sie*** *mich unterbrochen haben!«)*
Wenn diese Antwort stereotyp auf jede Unterbrechung folgt, wird der Unterbrechende blamiert und seine Taktik ad absurdum geführt. Er ›lernt‹, daß er seinen Gegner nicht unterbrechen und damit verwirren kann.

2.2.3 Fragearten diabolisch eingesetzt – und ihre Abwehr

Ziel von guten (i. S. von positiven) Fragen ist es, Sachverhalte zu klären. Es gibt jedoch eine Vielzahl von Fragearten, die nicht nur *nicht geeignet* sind, sondern im Gegenteil einen Sachverhalt verkomplizieren bzw. vernebeln wollen, von ihm ablenken oder den Gegner zu Reaktionen veranlassen sollen, die dann entweder kritisch, empört oder verdrehend aufgenommen werden. Allerdings sind einige dieser Fragearten schnell zu erkennen und wirken, wenn sie dann kritisiert werden, möglicherweise als ›Bumerang‹. Besonders geschickte Verhandlungstaktiker stellen darum selten eine solche Frage klar erkennbar, sondern verbinden bzw. ›verweben‹ quasi ihre Fragen mit Antworten, Statements, Behauptungen etc.

Gegenfrage
Die Gegenfrage ist ein beliebtes Mittel, sich sofort zu ›wehren‹ oder von einer gestellten Frage abzulenken. Daß in ›heißen Dis-

»Warum tragen Sie keine Krawatte?«
»Hab' ich vielleicht 'ne Hand frei ...?«

kussionen‹ diese Fragetechnik sehr häufig verwendet wird, liegt sicher daran, daß sie keiner Übung bedarf, daß infolge einer emotional aufgeladenen Spannung die Selbstdisziplin schnell verlorengeht, und auch daran, daß einige Gesprächskontrahenten Gegenfragen aufgreifen. Doch kennt z. B. jeder von uns den Grundsatz: **Eine Frage soll nicht mit einer Gegenfrage beantwortet werden.** Verbinden Sie daher eine Gegenfrage, wenn es möglich und sinnvoll ist, zuerst mit einer vorangestellten, kurzen Antwort – siehe obige Beispiele. Das ist leicht zu trainieren und versetzt denjenigen, der so antwortet, in die sichere Lage, sich nicht den Vorwurf anhören zu müssen: *»Beantworten Sie doch erst mal meine Frage!«* Dennoch ist die direkte, originelle, bissige, witzige usw. Gegenfrage ein hervorragendes Abwehrmittel, um den Fragesteller regelrecht zu verblüffen.

Alternativfrage

Bei dieser Frageart soll der Befragte nur die Wahl zwischen zwei Möglichkeiten erhalten. Sie wird z. B. im Verkaufsgespräch dann eingesetzt, wenn der Abschluß erreicht werden soll. Beispiel:
»Wollen Sie Produkt A oder Produkt B ordern?«

Aus dieser im Prinzip ›braven Frageart‹ läßt sich jedoch – verbunden mit Unterstellungen, Behauptungen, Provokationen etc. – ein Instrument formen, welches geeignet ist, den Gegner in eine beabsichtigte Richtung zu bringen oder ihn zu emotionalen Widersprüchen zu veranlassen:
»Ist es Ihre Absicht, für den Frieden zu stimmen oder Hochrüstung und Krieg zu unterstützen?«
»Wollen Sie, daß wir gemeinsam zu einer guten Lösung kommen, oder wollen Sie Ihre Position weiter vertreten, die ohne Zweifel zu einem langen Prozeß mit unsicherem Ausgang führt?«

Die ***Abwehr*** solcher einengenden Fragen besteht darin, daß die Frageart vom Tisch gefegt wird, z. B. mit der Antwort
»Weder das eine noch das andere. Ich möchte vor allem …!«
»Sie stellen zwei Alternativen gegenüber, die sich so nicht stellen. Es geht in diesem Fall nur darum, daß …!«

Provokativfrage

Auch die provokative Frage ist geeignet, Emotionen zu wecken und Unfrieden zu stiften, obwohl sie in der Sache kaum weiterführt. Die negative Motivierung ergibt sich durch bestimmte Schlüsselwörter, wie z. B. *»eigentlich«, »wenigstens«, »überhaupt«, »wirklich«* usw.:
»Können Sie das als Fachmann eigentlich nicht?«
»Können Sie das überhaupt verantworten?«
»Ist das wirklich Ihr Ernst, was Sie da gerade gesagt haben?«

In ihrer Wirkung verstärken läßt sich diese Frageart noch durch provozierende, unsachliche, ironische oder gar verletzende Beiworte:
»Können Sie das als selbsternannter Fachmann eigentlich nicht?«
»Können Sie das überhaupt mit Ihrem begrenzten Weitblick verantworten?«
»Ist das als ehemaliger Nazi wirklich Ihr Ernst, was Sie da gerade gesagt haben?«

Die ***Abwehr*** provokatorischer Fragen erfordert einen kühlen Kopf und Selbstdisziplin. Nur nicht provozieren lassen, sondern überlegen, sachlich und gelassen antworten:
»Ich reagiere/antworte nicht auf provokative Fragen!«
»Ich bin dafür bekannt, daß ich mich nicht provozieren oder unter Druck setzen lasse!«

Suggestivfrage

Die Wirkung der Suggestivfrage beruht ebenfalls auf wertenden Schlüsselworten, wie z. B. *»doch«, »sicher/-lich«, »auch«* usw., damit der Befragte zustimmt. Diese Form der Beeinflussung und Manipulation ist in einem seriösen Gespräch verpönt und wird, wenn sie durchschaut oder zu häufig angewendet wird, zu negativen Reaktionen, Mißtrauen oder Aggressivität des Gegenübers führen. Aber gerade darum ist sie in unfairen Gesprächen eine häufig angewandte Waffe, denn in den meisten Fällen wird der Gegner reagieren – und zwar je nach gestellter Suggestivfrage. Damit läßt sich ein Gegner dann gezielt manipulieren:
»Sie wollen doch sicher auch eine Ware, die …?«

»Sicher sind Sie auch der Meinung, daß ...?«
»Ganz sicher werden Sie mit mir darüber einig sein, daß ...?«

Die ***Abwehr*** dieser Frageart erfolgt am wirkungsvollsten damit, daß man sie ›als erkannt‹ anspricht und die Beantwortung ablehnt oder mit einer ›Suggestiv-Gegenfrage‹ antwortet:
»Warum versuchen Sie, mich mit Suggestivfragen zu manipulieren? Halten Sie das für seriös?«
»Sie wollten mir ***doch sicher*** *keine Suggestivfrage stellen?«*
»Sie sind ***doch sicherlich auch*** *der Meinung, daß man auf Suggestivfragen nicht antworten sollte?«*

Konjunktivfrage
Diese Frageart ist schon raffinierter, weil die Absicht nicht immer ohne weiteres erkannt wird. Die Absicht ist es aber, **über einen Umweg zum Ziel zu gelangen,** sei es, um Hindernisse zu umgehen, direkte Widersprüche zu vermeiden oder, noch einfacher, um den Gegner ›zum Sprechen‹ zu veranlassen. Nach dem Grundsatz ***»Wer viel redet, bietet viel Breitseite«*** besteht insbesondere bei dieser Frageart die Möglichkeit, das Gesagte aufmerksam aufzunehmen und nach Punkten zu suchen, die mit der eigenen Absicht übereinstimmen – obwohl das der Gegner auf direktem Wege vermutlich nicht gemacht hätte. Damit aber läßt sich der Gegner regelrecht festnageln. Und lehnt er es dennoch ab, muß er sich den Vorwurf der Widersprüchlichkeiten gefallen lassen. Darauf läßt sich dann wieder mit anderen taktischen Mitteln erfolgreich aufbauen (z. B. Kombination Suggestiv- mit Alternativfrage):
»Stellen Sie sich mal vor, Ihr Chef würde Ihnen 500,— € schenken. Würden Sie die annehmen?« (Vertreter will damit den Vorteil seines Versicherungsangebotes aufzeigen.)

»Was, meinen Sie, würden Arbeitnehmer tun, wenn sie ...?« (Aus dem allgemeinen Beispiel einer Gruppe werden dann ›logische‹ Einzelentscheidungen abgeleitet und als ›zwingend-vernünftige‹ Lösungen dem Befragten vorgesetzt.)

»Gesetzt den Fall, wir hätten zum Teilbereich A eine Lösung. Wie sähe dann Ihre Entscheidung aus?« (Hier wird manipulativ ver-

sucht, den Wert und die Wichtigkeit des Angebotes überhaupt zu ›installieren‹, so daß letztlich nur der ›Teilbereich A‹ gelöst werden ›muß‹).

Bei der ***Abwehr*** der manipulativen Konjunktivfrage heißt es, vor allem bei eigenen Aussagen wachsam zu sein und die Schußfolgerung des Fragestellers zu beanstanden – so oder so. Diese Fragemethode, Eventualfälle im Konjunktiv aufzugreifen und den Befragten das (schlimme) Ergebnis selbst formulieren zu lassen, dürfte wohl die häufigste und erfolgreichste Form sein, die z. B. Hausvertreter bei ungeübten Menschen anwenden. Anschließend wird auch nicht ein Kaufvertrag unterschrieben, sondern es werden ›die gemachten Angaben als richtig bestätigt‹. (Vertreter: *»Ab wann sollen die Vereinbarungen gelten, ab sofort oder ab dem 1.4.? Dann hier bitte Ihre Bestätigung, daß die gemachten Angaben richtig sind!«)* Abwehrfragen sind:
»Ihre Vergleiche sind ja sehr originell. Aber sie ändern nichts an der Tatsache, daß ...!«
»Jetzt nehmen Sie doch bitte mal ein Beispiel, wo das (schlimme) Ergebnis nicht passiert, und sagen Sie mir dann, warum ich Ihr Angebot annehmen soll?« (Dabei jedoch hartnäckig bleiben, insbesondere, wenn er ablenken will!)
»Jede Medaille hat zwei Seiten. Die eine haben Sie dargestellt. Wo bleibt die andere Seite?«

Fangfrage
Diese Frageart (bekannt auch als »Gestapo-Frage« oder »Stasi-Frage«) ist eine **indirekte Frage zum Ermitteln eines Sachverhaltes, der nicht *direkt* erfragt werden kann oder soll.** Im seriösen Verkaufsgespräch ist die Fangfrage verpönt und wird, wenn sie als solche erkannt wird, auf Ablehnung und Verärgerung stoßen. Für unfaire Verhandler ist sie jedoch ein willkommenes, teuflisches Instrumentarium, um Informationen zu gewinnen, mit denen der Gegner reingelegt werden kann. Sie wird zumeist sehr subtil eingesetzt, selten als direkte Frage. Oftmals spielen Unterstellungen oder vermutete Informationen eine Rolle, die in Fragen ›eingewoben‹ werden und somit ›Fangfragen‹ sind.
Zunächst ein einfaches Beispiel. Ein Chef möchte von einem Be-

werber wissen, ob er ein Auto hat, will dieses aber nicht direkt erfragen. Er fragt also:
»Haben Sie einen Parkplatz gefunden?«

Ein anderes Beispiel. Jemand möchte in einer fremden Stadt zum Theater, will das aber nicht direkt erfragen. Er fragt also:
»Pardon, wo geht es denn hier zum Bahnhof?«
»Diese Straße geradeaus und dann die zweite Ampel links.«
»Ach, das ist ja gleich beim Theater?«
»Nee, das Theater ist jene Straße geradeaus und dann die fünfte Ampel rechts.«
»Oh, vielen Dank!«

Während eines ›Geschäftsessens‹ wurde ich Zeuge, wie ein (weitgereister und erfahrener) Geschäftsmann die Prahlereien seines Tischnachbarn mit zwei einfachen Fangfragen entlarvte. Dieser sprach nämlich unentwegt davon, wo er schon überall gewesen sei und was er dort ›erlebt‹ habe. Oft nannte er berühmte Hotels und Restaurants in anderen Ländern, in denen er (angeblich) schon zu Gast war. Als er über ein bekanntes New Yorker Hotel sprach, stellte ihm der Geschäftsmann eine Falle:

»Ach, sagen Sie, haben die denn endlich die Bartheke schon fertig umgebaut, die sollte doch zu einem Halbrund verändert werden?«
Antwort: *»O ja, äh ..., das haben die so verändert!«*
»Und ist dieser dicke Farbige, so ein lustiger Typ, noch Barkeeper?«
Antwort: *»Klar! Was meinen Sie, was wir für einen Spaß hatten, wenn wir andere Gäste beobachteten!«*

Reingefallen! Der Geschäftsmann kannte das Hotel nämlich sehr gut, weil er sich sehr häufig und lange in diesem Hotel aufhielt und alles vom Hotel wußte. Weder gab es dort eine Bar im Halbrund, noch war jemals ein Farbiger dort Barkeeper gewesen.
Nicht mit jeder Frage kann man den Gegner ›fangen‹, aber oftmals lassen Antworten schon ganz bestimmte Vermutungen zu, die dann weiterverwertet werden können. So war die Frage: *»Sind Sie für oder gegen den Golfkrieg?«* nicht vom Charakter einer Fangfrage frei, denn je nachdem, was geantwortet wurde, konnte

man sich ›seine Gedanken machen‹. Dasselbe gilt auch für die Frage: *»Sind Sie für oder gegen die Abtreibung?«* Bei der Antwort: *»Ich bin dagegen«* ein Hinweis auf Unionszugehörigkeit? Vielleicht kirchlich engagiert? Katholisch? Bei Befürwortung ein Hinweis auf Zugehörigkeit zum anderen politischen Lager? Sympathie mit der Frauenrechtsbewegung? Ein ablenkendes Gespräch auf einen ›Nebenkriegsschauplatz‹ wird letzte Klarheit schaffen (z. B. Gespräch auf Repräsentanten/innen von Gegnern oder Befürwortern der Abtreibung bringen).

»Bitte deponieren Sie Ihre Handtasche hier!«
»Aber wieso denn?«
»Wir schützen uns dadurch gegen Diebstahl.«
»Na, hören Sie mal! Da kriege ich ja noch nicht einmal eine Fußbank rein ...!«
»Aha! Sie haben es also schon probiert ...?!«

Stichwort »Industrie- und Wirtschaftsspionage«. Wer glaubt, da schleiche ein *auffällig unauffällig* gekleideter Täter mit Fotoapparat durchs Werksgelände, hat zu viele Spionagefilme gesehen – auch wenn es da und dort einem Reporter gelingt, einen ›Erlkönig‹ (getarnter, probehalber eingesetzter Wagen eines neuen Autotyps) zu fotografieren und zu veröffentlichen. Diese Infos sind zwar sehr spektakulär, aber letztlich wertlos. Wichtiger sind andere Infos, nämlich z. B. wie hoch die Rendite, der Automatisierungsgrad, der Lagerumschlag usw. ist, denn damit hat ein Wettbewerber exzellente Daten und Hinweise, um zu reagieren. In der Industrie- und Wirtschaftsspionage wird sehr häufig mit Fangfragen gearbeitet. Das kann ›im Kleinen‹ wie ›im Großen‹ stattfinden. Der kleine Handwerksmeister, der gerne wissen möchte, welche Aufträge, Auslastungen und Absichten sein ärgster Wettbewerber hat, wird einen verschlagenen, redegewandten Mitarbeiter ins Wirtshaus schicken, wo ›nachgeordnete Mitarbeiter‹ des Wettbewerbers Freitag abends ihr Bier trinken. Der ›Biertischkontakt‹ ist schnell hergestellt; der Rest ist eine Frage von Bierkonsum (Freibier, versteht sich!), Kumpelatmosphäre und … Fangfragen, die geschickt mit anderen Fragen und Zoten vermischt werden (zuerst Arbeitsbelastung, dann Geld, Fußball, Frauen usw.).

Etwas diffiziler mußte der Mitarbeiter eines holländischen Konzerns vorgehen. Der Konzern wollte ein gesundes, mittelständisches Unternehmen der produzierenden Bauwirtschaft kaufen, um ›einen Fuß im deutschen Markt‹ zu besitzen. Zuvor mußte er aber wissen, wie der Betrieb strukturiert, wie hoch der Auslastungsgrad, der Maschinenstand, Auftragsbestand und vor allem die Rendite ist, um bei evtl. Verkaufsverhandlungen nicht übervorteilt zu werden. Aus den üblichen Industrieinformationen konnte der Mitarbeiter zwar einiges erfahren (Umsatz, Mitarbeiterzahl, Gründungsjahr, Beteiligungen, Bankverbindungen, Geschäftsleitungsnamen usw.), aber wer veröffentlicht schon seine *wahre Rendite* und andere ›Betriebsgeheimnisse‹? Der Mitarbeiter wußte, daß er nicht den kaufmännischen Leiter aushorchen konnte, denn Kaufleute sind meistens gegenüber allzu neugierigen Fragen mißtrauisch. Er wählte den technischen Leiter, weil

Techniker oftmals auf Technik stolz sind. *»Und wer stolz ist, redet auch, denn sonst hat der Stolz wohl wenig Sinn«* – so die sicher nicht falsche Logik des Mitarbeiters. Unter dem Vorwand, an einem europäischen Forschungsvorhaben mitzuarbeiten, nahm er Kontakt mit dem TL auf, und dieser führte ihn kurz darauf durch den Betrieb. Stolz, versteht sich. Maschinenstand, Auslastungsgrad, Ausschuß, Auftragslage usw.: alles erfuhr er durch entsprechende Fangfragen:

Mitarbeiter: *»Ach, das ist doch die Produktionsanlage des belgischen Herstellers XYZ, Baujahr 1970?«*

Techn. Leit.: *»Um Gottes willen, die hatten wir bis vor drei Jahren; die hatte ja einen Ausschuß von 15 %. Nein, das ist die neue englische Produktionsstraße BBB, die macht nur 3 % Ausschuß bei einem heutigen Auslastungsgrad von fast 98 %. EDV-gesteuert. Wir haben 30 % weniger Personal. Und die ist außerdem erweiterungsfähig. Schau'n Sie dort, da wollen wir erweitern!«*

Mitarbeiter: *»Na, bei dem hohen Auslastungsgrad wird das sicher bald geschehen, damit Sie sich einen hohen Marktanteil sichern?«*

Techn. Leit.: *»Ja, aber die finanziellen Forderungen für die Grundstücke sind sehr hoch, dadurch sind die Verhandlungen mit dem Nachbarn für unsere Hallenerweiterung noch nicht abgeschlossen. Zunächst war ja geplant, ab Sommer '87 die erweiterte Produktion um 40 % zu steigern. Und das müssen wir auch, denn der Markt …« usw.*

Der Rest war sehr einfach. Aus den Daten eines niederländischen Tochterunternehmens der gleichen Produktbranche und gleichen Unternehmensgröße, bei dem alle Infos vorlagen, sowie wichtigen technischen Angaben des englischen Maschinenherstellers konnte nun ein Vergleich erstellt werden, der relativ genau eine Einschätzung insbesondere über die Rendite, aber auch anderer Daten zuließ, die für Verhandlungen sehr wichtig waren. Der Recherchenaufwand betrug insgesamt eine Woche. Es wurde übrigens zunächst bei dem deutschen Unternehmen eine hohe Beteiligung erworben. Zwei Jahre später wurde das Unternehmen vom Konzern ganz übernommen.

Die beste ***Abwehr*** von Fangfragen besteht darin, vor allem sehr mißtrauisch gegenüber indirekten Fragen zu sein, erkannte Fangfragen als solche anzusprechen oder/und Gegenfragen zu stellen. Sehr gefährlich ist es (weil man das ›können‹ muß!), auf erkannte Fangfragen mit falschen Angaben und Infos zu antworten, um den Gegner irrezuleiten. Die Gefahr besteht nämlich darin, daß man sich in falschen Aussagen ›verstrickt‹, widerlegt wird und somit der Gegner jeden eigenen taktischen Angriff mißtrauisch prüft. Sicherer ist hierbei die Gegenfrage:

»Was ist der Hintergrund Ihrer Frage?«
»Das hört sich nach einer Fangfrage an. Was wollen Sie konkret wissen?«
»Warum ist gerade diese Information für Sie so wichtig?«

Zur Abwehr von Fangfragen siehe auch Abschnitt 4.2.3 (Abwehr unangenehmer Fragen).

2.2.4 Gesprächstechniken – unfair eingesetzt

Die Pause als Vorwurf

Wer als Verhandlungspartner von seinem Kunden eine gänzlich überzogene Forderung gestellt bekommt, reagiert unmittelbar (*»Das ist völlig ausgeschlossen, unmöglich!«* usw.). Je nach Partner, Situation und Forderung kann aber auch folgende Taktik eingesetzt werden: **ruhig, also ohne abwehrende Mimik und Gestik zuhören und dann den Gegner entweder sehr ernst (oder evtl. auch lächelnd) ansehen und schweigen – und zwar so lange, bis dieser von sich aus etwas sagt.** Und er wird etwas sagen, denn diese Pause wirkt als Vorwurf, eine unseriöse Forderung gestellt zu haben. Wird diese Technik gegen Sie eingesetzt, besteht die ***Abwehr*** darin, keinesfalls nervös zu werden und ›drauflloszureden‹ (wie es sehr viele Verkäufer fälschlicherweise tun!), sondern eine offene Frage zu stellen *(»Welche Informationen benötigen Sie noch?«).*

»Eey, Manni! Ich hab' hier wat mit Satan gekauft …!«
»Poh eey! Hast'e schon eingebaut …?«

Die abrupte Wortpause

Diese Technik kann mit Erfolg bei unerwünschten und ständigen Unterbrechungen des Gegners eingesetzt werden. **Es ist dazu wichtig, daß mitten im Wort** (nicht am Ende eines Wortes oder gar Satzes) **›gestoppt‹ wird:** *»Sie haben gerade ge …«* (Gegner unterbricht, jetzt wieder erneut beginnen) *»Sie haben gerade gesagt, daß andere Mög …«* usw. Geschieht das mehrfach, so wird der Gegner selbst merken, daß er unhöflich ist. Aber Sie können auch die Unterbrechungen jetzt zum Vorwurf machen:

»Was ist Ihr Grund, daß ich keinen Satz aussprechen kann, ohne unterbrochen zu werden?«

Manchmal ist auch eine zynische Bemerkung hilfreich:

»Entschuldigen Sie bitte vielmals, daß ich sprach, bevor Sie redeten!«

Überraschende-Pausen-Technik
In der üblichen Sprechweise heben wir zu Beginn eines Satzes die Stimme und senken sie zum Satzende. Dadurch kann ein geübter Zuhörer schon erkennen, wann der gerade gesprochene Satz beendet wird, und sofort ›einhaken‹ – in jeder Fernsehdiskussion kann man das gut beobachten. Doch achten Sie einmal auf Disputanten, die kaum zu unterbrechen sind – und wenn, dann wirkt das sehr unhöflich. Garantiert ›entdecken‹ Sie die Anwendung der ›Überraschenden-Pausen-Technik‹.
Diese Technik ist dann äußerst wirkungsvoll, wenn ein Argument im Zusammenhang vorgetragen werden soll (mancher Interviewer verzweifelte schon daran). Diese Technik ›funktioniert‹ in drei zusammenhängenden Vorgehensweisen wie folgt:

1. **Am Satzende nicht die Stimme senken, sondern heben.**
2. **Gleichzeitig das erste Wort des neuen Satzes einbinden, mitsprechen**
3. **Nach dem ersten Wort eine Pause machen, die mit entsprechender Mimik und evtl. Gestik unterstützt wird (suggestiv).**

zum folgenden Beispiel:

‿ keine Pause, sondern Worte verbinden
… kurze, suggestive Pause
_____ Wort betonen und Stimme heben

»Unsere Fraktion hat‿was die … Grundgesetzänderung … angeht,‿keine … ablehnenden Beschlüsse gefaßt.‿Darum … sind alle weiterführenden Anträge kaum sinnvoll,‿denn … entschieden … wird diese Frage letztlich auf dem Parteitag,‿und nicht, … wie Ihnen bekannt sein dürfte, in der Fraktion.‿Man darf … nicht vergessen,‿daß es … in der Koalition … entsprechende Vereinbarungen gibt.‿Keinesfalls … wird unsere Partei diese Vereinbarungen brechen,‿denn … wir haben ja bereits …« usw.

Es geht also darum, sich ohne Unterbrechung durchzusetzen. Zudem sollen die Pausen Spannung erzeugen und die Zuhörer geradezu ›neugierig‹ auf das machen, was noch gesagt wird. **Wer diese**

Technik beherrscht, der kann reden. Ob er auch etwas sagt, bleibt dahingestellt. Eine wirksame ***Abwehr*** gibt es gegen diese Art des Redens nicht – außer einer gewaltsamen Unterbrechung bzw. ›ins Wort fallen‹. Möglich wäre evtl. das ostentative, auch gelangweilte Wegschauen oder die bewußte Beschäftigung mit anderen Dingen. Besonders wirkungsvoll sind diese Mittel allerdings nicht.

Die Alternativ-Antwort

Diese Form des Antwortens stammt aus dem Bereich des fairen Verkaufsgespräches; aber sie kann ohne weiteres auch unfair eingesetzt werden. Bei dieser Antwortform geht es darum, daß Sie zu (bestimmten) Fragen nicht direkt antworten, sondern zunächst zum erfragten Sachverhalt eine Alternative darstellen, um dann erst Ihre Meinung/Auffassung zum Problembereich zu sagen – oder nicht zu sagen. Die Vorteile liegen auf der Hand:

- **Ihre Antwort wirkt überlegt.**
- **Sie schaffen Zeit zum Denken.**
- **Sie geben Ihrem Kontrahenten das Gefühl, daß Sie sich mit seinen Argumenten beschäftigen.**

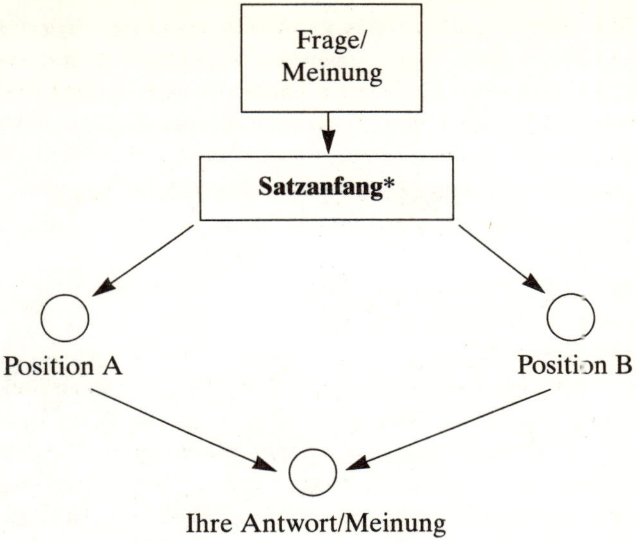

(Weitere Beispiele in: *Wolf Ruede-Wissmann, Superselling, Wirtschaftsverlag Langen Müller/Herbig 1989.)*

In Wahrheit geht es nur darum, abzulenken. Mit einer diskutierten Alternative läßt sich vor allem ein ›Nebenkriegsschauplatz‹ eröffnen oder auch eine Antwort verweigern, ohne daß gesagt werden muß: *»Das geht Sie nichts an!«* oder: *»Das weiß ich nicht!«* oder gar: *»Dazu will ich nichts sagen!«* Verwenden Sie einige hilfreiche ***Satzanfänge**** wie z. B.:

- *»Das ist ein interessantes Thema (oder Frage), was Sie ... dazu müssen wir die beiden Positionen unterscheiden, und zwar XY ...!«* usw.
- *»Zu diesem Thema gibt es zwei Positionen, und zwar ...«* usw.

Stellen Sie dann die Alternative kurz dar, und fassen Sie die Inhalte zu ›Ihrer Antwort‹ zusammen. Hierbei ist es auch möglich, die Alternative weiter auszuführen, also von der eigentlichen Frage abzulenken. Besonders geschickt ist es jedoch, **statt einer Antwort – eine Frage zu stellen,** z. B. eine Suggestivfrage. Damit wird ›der Ball wieder an den Gegner zurückgespielt‹. Auf diese Art und Weise ›führen‹ Sie das Gespräch zu dem Bereich, den Sie wünschen. **Diese Antwortform kann sehr vielfältig variiert werden.** So können Sie z. B. ein ›gespieltes Kompliment‹ in die Antwort legen: *»Oh, Herr Kollege, ich bin Ihnen sehr dankbar für diese wichtige Frage, denn wir müssen zwei Alternativen ...«* usw.

Ein Beispiel zum Einsatz dieser Gesprächstechnik:
In einer Diskussionsrunde fragt ein Mann forsch-neugierig eine junge Dame:
»Was halten Sie denn vom Schwangerschaftsabbruch?«
Sie könnte nun antworten:
»Das geht Sie nichts an!«
Und vermutlich hat sie sogar recht. Nur: Die Diskussion und die Stimmung ist ›gelaufen‹, und professionell war die Antwort auch nicht. Wenn sie den allzu neugierigen Mann durch rhetorische Überlegenheit zum Schweigen bringen und vor den anderen zeigen will, daß sie sich solche Fragen nicht stellen läßt, könnte sie nach der Gesprächstechnik ›Alternativ-Antwort‹ wie folgt kontern:
»Das ist sicherlich eine hochaktuelle Zeitfrage. Dazu nimmt die christliche Kirche den Standpunkt ›ungeborenes Leben zu schützen‹ ein. Die Frauenrechtsbewegung nimmt dazu den Standpunkt ein ›Mein Bauch gehört mir‹. Auch ich nehme dazu einen Standpunkt ein, und der gehört auch mir! Ist damit Ihre Neugierde befriedigt, verehrter Herr?«

Wenn sie jetzt noch Interesse an weiteren Gesprächen hat und clever ist, könnte sie sogar **›zum Angriff‹** übergehen, indem sie offene Fragen stellt:
»Was ist denn der Hintergrund Ihrer Frage? Wollen Sie uns Frauen prüfen, ob wir ›linientreu‹ sind?«
»Was ist der Anlaß Ihrer Frage? Welche Erfahrungen haben Sie denn in Ihrem privaten Umfeld mit Abtreibungen gemacht?«

Zur ***Abwehr*** solcher Antwortformen gibt es nur:
1. kritisch gegenüber den Antworten zu sein, die Alternativen beinhalten, und
2. auf Präzision beharren:

»Herr Kollege, ich habe eine präzise Frage gestellt. Bitte beantworten Sie diese auch präzise!«

Der kontrollierte Dialog

Diese Gesprächstechnik ist einerseits bestens geeignet, wenn man

- *Zeit gewinnen will (z. B. zum Nachdenken),*
- *das Vertrauen seines Gegenübers erreichen will* (siehe auch Abschnitt 3.2.2.10 ›*Das Einlullen*‹),
- *wenn dem Gegenüber signalisiert werden soll, daß man ihn ›verstanden‹ hat,*
- *wenn ein ›Kampfgespräch‹ ent-emotionalisiert werden soll, man also den ›Dampf rausnehmen‹ will.*

Andererseits bietet diese Technik hervorragende Möglichkeiten, gegnerische Argumente aufzufangen, abzuwehren und gleichzeitig zum **Angriff überzugehen.**

Das System ist einfach. Man wiederholt das Argument seines Gegners mit seinen eigenen Worten möglichst inhaltlich genau, um dann entweder

1. sein eigenes Argument ›draufzusatteln‹ oder

2. mit einer gezielten Frage den Gegner ›anzugreifen‹.

Kontrollierter Dialog

Argument/Meinung des Kunden

↓

Grundsystem:

Wiederholen mit Ihren eigenen Worten, möglichst inhaltlich genau. **(Satzanfänge) 1**

↓

Satteln Sie nun IHR ARGUMENT oben drauf. **(Satzanfänge) 2**

Die Wiederholung des gegnerischen Argumentes erfolgt mit hilfreichen Satzanfängen, wie z. B.:

Satzanfänge 1:
»Wenn ich Sie recht verstanden habe, meinen Sie ...« usw.
»Sie sind der Meinung, daß ...!« usw.

Danach sattelt man entweder sein eigenes Argument oben drauf:
Satzanfänge 2:
»Dem darf ich jedoch entgegenhalten ...! usw.
»Das ist genau betrachtet ein doch sehr merkwürdiger Standpunkt, denn ...!« usw.
Oder man ›**greift mit einer (z. B. provozierenden) Frage an**‹:
»Wollen Sie denn im Ernst behaupten, daß ...?« usw.
»Was hat Sie denn dazu gebracht, einen solchen Standpunkt zu vertreten, von dem doch jeder weiß, daß ...?« usw.

(Weitere Varianten dieser Gesprächstechnik sind zu finden in: *Wolf Ruede-Wissmann, Superselling, Wirtschaftsverlag Langen Müller/Herbig, 1989.)*

Der Bluff mit Fremdwörtern

In einem ›wissenschaftlichen Text‹ über Kommunikation fand ich einen mit Fremdwörtern total überlasteten, unsinnigen Satz:
»Wer eine permanente kommunikative Insuffizienz eliminieren will, um selbst eine restriktive Enkulturation zu verhindern, und vice versa die emotionale Internalisierung präformiert, sollte auf eine eigene utilitäre Eloquenz quasi als Conditio sine qua non rekurrieren und insolente Insimulationen negieren, die ohnehin nur affektlabile Loquazitäten induzieren.«(1)

(1)
Wort-Übersetzung:
permanente kommunikative Insuffizienz = dauernde Verständigungsunzulänglichkeit; eliminieren = ausschalten, beseitigen; restriktiv = einschränkend, einengend; Enkulturation = das Hineinwachsen des einzelnen in die Kultur der ihn umgebenden Gesellschaft; vice versa = umgekehrt, genauso; Internalisierung = Verinnerlichung; präformieren = im voraus festlegen; utilitär = rein auf den Nutzen ausgerichtet; Eloquenz = Beredsamkeit, Wortgewandtheit; Conditio sine qua non = unerläßliche Voraussetzung; rekurrieren = Bezug nehmen, daran anknüpfen; insolent = anmaßend, unverschämt; Insimulationen = Verdächtigungen, Anschuldigungen; affektlabil = impulsiv im Verhalten, jähzornig; Loquazität = Geschwätzigkeit; induzieren = hervorrufen, auslösen).

Die Sinn-Übersetzung war sehr schwierig, denn mit dieser Vielzahl von unnötigen (z. T. auch unsinnigen) Fremdwörtern wird eben das verhindert, was mit dem Satz ausgedrückt werden soll: *»Wer sich mit anderen gut verständigen will, sollte auf seine eigene Beredsamkeit achten und nicht unverschämte Verdächtigungen aussprechen.«*

Es gibt eine Vielzahl von Zeitgenossen, die stets damit brillieren wollen, daß sie ›mit Fremdwörtern um sich werfen‹. Dieses ist oft billiges Profilieren und zu oft der klägliche Versuch, Eindruck zu schinden – verbunden mit dem Manöver, ›mangelndes Experten-Sein‹ zu vernebeln. Aber das Spiel, den Gegner mit Fremdwörtern (verbunden mit Fachausdrücken und Redewendungen einer anderen Sprache) zu verwirren, um ihm auf diesem Wege Widersprüche nachweisen zu können oder ihn – was nicht unterschätzt werden sollte – auf sprachlich-psychologischem Wege zu demoralisieren, ist ein meist sehr erfolgreiches Spiel. Nicht selten gehört es auch in den Bereich ›sprachliches Imponiergehabe‹

Natürlich wird ein ausgebuffter Gegner nicht Fremdwörter wie eine Perlenkette aneinanderreihen, sondern er ›streut‹ einzelne Fremdwörter in seine Rede. Eine perfide Vorgehensweise ist es, einzelne, bekannte Fremdwörter (z. B. Kommunikation, Information, Deformation usw.) nach dem Aussprechen zu erklären. Er rechnet selbstverständlich damit, daß sein Gegenüber mit *»Ich weiß«* o. ä. reagiert. Nach einigen Erklärungen steigert er den Schwierigkeitsgrad, indem er Fremdwörter verwendet von denen er annehmen kann, daß diese seinem Gegenüber nicht (alle) bekannt sind. Doch sein Gegenüber wird nicht mehr fragen, sondern nur nicken – und akzeptieren! Mit dieser Methode ›rekurriert‹ er auf den ›Mathestunden-Effekt‹. Wer hätte nicht das Schulerlebnis gehabt, irgendwann einmal zu Beginn einer Mathestunde etwas nicht verstanden, jedoch nicht gefragt zu haben? Und zum Ende der Stunde zu fragen hätte doch bedeutet, sich tüchtig blamiert zu haben. Allerdings: *»Fremdwörter sind Glückssache«,* sagt der Volksmund. Und peinlich, wenn Fremdwörter falsch verwendet werden und der Gegner dabei ›ertappt‹ bzw. entlarvt wird.

Die ***Abwehr*** gegen die Methode, mit Fremdwörtern zu bluffen, erfordert Selbstbewußtsein. Und nicht jede Situation ist geeignet, nach dem Sinn eines verwendeten Fremdwortes zu fragen. Erkanntes ›Nichtwissen‹ kann auch peinlich sein. Aber gefährlich wäre es, nichts zu tun. Eine erfolgreiche Abwehr (in diesem Fall ›Gegenwehr‹) besteht darin, selbst schwierige Fremdwörter zu verwenden, um so zu demonstrieren, ›daß man mithalten‹ kann. Wer das nicht kann, sollte mit dem bewährten Instrument der Frage arbeiten. Dieses läßt sich hierzu in unterschiedlichen ›Härtegraden‹ einsetzen:
»Sie sagten gerade ›Insuffizienz‹. Was meinen Sie genau damit?«
oder: »Worauf kommt es Ihnen dabei konkret an?«
»Was verstehen Sie in unserem Zusammenhang konkret unter ›Insuffizienz‹?« (Nach der Erklärung:) *»Ist das eigentlich das treffende Fremdwort? Wir müssen doch bedenken ...!«*
»Können Sie das, was Sie ausgeführt haben, nochmals in einem Satz zusammenfassen?«
»Sie verwenden auffällig viele Fremdwörter. Ist Ihnen die deutsche Muttersprache ausgegangen?« Oder scherzhaft:
»Der Usus der Fremdwörter sollte prinzipiell auf ein Minimum reduziert werden!«

Die ICH- und die DU-Botschaft

Um die Wirksamkeit beider ›Botschaften‹ zu verstehen, muß man etwas über den Hintergrund wissen, daß bei den meisten Menschen eine Diskrepanz zwischen dem besteht, was sie erreichen wollten (wie sie gerne wären), und dem, was sie erreicht haben (wie sie sind). In der Psychoanalyse werden hierzu einige Begriffe unterschieden:
ICH-IDEAL, darunter versteht man das Vorbild und ideale Selbstbild, das eine Person, ausgehend von ihren subjektiven Erfahrungen und angereichert mit Ansprüchen und Erwartungen, von sich selbst entwirft (Selbstbild).
Parallel dazu beschreibt der von S. FREUD geprägte Begriff des ÜBER-ICHs dasjenige Funktionssystem der Persönlichkeit, das die aus der Familie und der Gemeinschaft sehr frühzeitig übernommenen moralischen Motive repräsentiert und nach dem Moralitätsprinzip arbeitet.

Eine ICH-IDEAL-Diskrepanz entsteht allerdings dann, wenn eine Nichtübereinstimmung zwischen dem ICH-Ideal und der ICH-Realität besteht, also die Umwelt, die Mitmenschen usw. mich anders sehen als ich mich selbst. Für manche bedeutet eine solche Erkenntnis Ansporn zur positiven Aktivierung, für andere wiederum ist das oft Ausgang zu neurotischen Spannungen.
Entscheidend ist dabei, daß bei allen Prozessen das Unterbewußtsein reaktiv beteiligt ist. Das Unterbewußte beginnt in uns allen eher zu existieren als das Bewußte. In unseren frühesten Kindertagen haben wir Lob und Kritik gehört, welches sich tief in unserem Unterbewußtsein festgesetzt hat. Bei vielen Menschen überwiegt dabei die Kritik, die sie noch alle in guter Erinnerung haben: *»Das kannst DU nicht«, »DU stellst dich immer dumm an«, »Das schaffst DU nicht«* usw. Das Aufkommen negativer Gedanken ruft eine Reaktion mit dem Unbewußten hervor und verstärkt somit einen negativen Prozeß, der ein Vorhaben, eine Leistung, eine Absicht zum Scheitern bringt: *»Das kann ich nicht!«, »Das schaffe ich nicht!«, »Da habe ich doch keine Chance!«* usw.

Aber: In unserem Unterbewußtsein sind nicht nur negative, sondern auch positive Erfahrungen gespeichert: *»ICH kann das!«, »ICH kann die Situation verändern!«, »ICH kann mir und den anderen helfen!«* usw. Mit diesem Teil des Unterbewußtseins ist auch eine Reaktion möglich, die einen positiven Prozeß begünstigt.
Diese Erkenntnisse aus der Psychoanalyse sind der Hintergrund, wenn man Sinn und Wirksamkeit einer DU- oder ICH-Botschaft erkennen will. Die ICH-Aussage ist das Gegenteil der DU-Aussage, die eigentlich als ›**DU-Anklage**‹ bezeichnet werden müßte.
Die Beispiele dazu:
In einem Gespräch können Sie zu Ihrem Partner sagen:
»SIE haben mich in die Sonne gesetzt!« (DU-Aussage)
Als ICH-Aussage formuliert, müßte es heißen:
»Die Sonne blendet mich!«
Eine ICH-Aussage setzt den Mut voraus, zu den eigenen Gefühlen zu stehen und sie auch zu nennen. Es ist in Gesprächen ein großer Unterschied, ob Sie sagen:
»SIE haben mich beleidigt!« (DU-Aussage) oder:
»ICH fühle mich beleidigt!«

Mit einer DU-Aussage können Sie damit rechnen, daß der Vorwurf der Beleidigung bestritten wird. Mit der ICH-Aussage wird eher ein schlechtes Gewissen beim Partner erzeugt; sie kann zur positiven Klärung führen. Und damit läßt sich nun ausgezeichnet manipulieren. **Man kann bewußt, gezielt, aber dennoch ›sehr höflich‹, in einer Verhandlung nur mit DU-Botschaften arbeiten, um den Gegner langsam, aber sicher zu Überreaktionen zu veranlassen:**

»SIE sollten mal ...!«
»SIE haben doch gesagt, daß ...!«
»SIE haben mich falsch verstanden!«
»Das ist ein Problem, welches SIE zu lösen haben!«
»SIE sind es doch gewesen, der ...!« usw.

Wer es nun fertigbringt, massive Anschuldigungen des Gegners mit ICH-Botschaften aufzufangen (obwohl er selbst nur DU-Botschaften verwendet), schafft psychologisch gute Voraussetzungen für ›ein Klima, welches der Gegner zu verantworten hat‹ und das man ihm auch vorwerfen kann. Je nach Reaktion kann man nun wieder mit anderen Taktiken operieren.

»**SIE** ... sollten mal endlich ...!
SIE sind doch schuld ...!
SIE haben mich falsch verstanden ...!
SIE sind es doch immer, der ...!«

2.3 Nonverbale Elemente

Wenn es nach der Vielzahl der Buchveröffentlichungen, Artikel und den entsprechenden Seminarangeboten im Markt ginge, hätte die Aufklärung des Bereiches ›Körpersprache, Mimik und Gestik‹ eine wahre Renaissance erfahren – als ob diese nonverbalen Elemente jemals unbekannt gewesen wären. Das Gegenteil ist der Fall. Entscheidend ist lediglich, wie diese eingesetzt und ... gedeutet werden. Der ›Aufklärungstrend‹ geht seit einigen Jahren dahin, daß jeweils bestimmte körpersprachliche Aussagen, Mimiken und Gestiken dargestellt und erläutert werden, um ›sich auf seine/n Gesprächspartner/in einzustellen‹. Ein ›Zauberwort‹ dazu heißt NLP (Neuro-Linguistisches Programmieren). Nicht nur dieses Wortungetüm läßt nichts Gutes vermuten, auch die Begriffsbestimmung ist undeutlich. ›Programmieren‹ kann man einen Computer. Menschen lassen sich nicht ›programmieren‹, aber Menschen lassen sich ›führen‹, z. B. durch das gesprochene Wort und die entsprechenden körpersprachlichen Aussagen. Neben den beteiligten Personen spielen die umgebende Situation und der Sachverhalt noch eine gewichtige Rolle.

Doch nahezu grotesk wird es, wenn behauptet wird, daß sich ›wohl mit verbalen, aber nicht mit nonverbalen Aussagen lügen läßt‹. Begründet wird dieses damit, daß es zwar möglich sei, besonders verräterische Bewegungen des Körpers, der Gestik und der Mimik durch Training zu kontrollieren, es aber immer Aussagen geben werde, die unkontrollierbar seien, wie z. B. Schweißperlen auf der Nase und der Stirn, feuchte Hände, Mundwinkel- oder Augenbrauenzucken, Gesichtsfarbe, Augenausdruck usw. Das klingt zunächst logisch – aber nur für die, die selbst ›nicht gut lügen können‹. Und die anderen? Ohne Zweifel gehen im Körper beim bewußten Lügen Veränderungen vor, wie z. B. die Adrenalinausschüttung, erhöhter Blutdruck usw. Doch nicht umsonst ist in den Vereinigten Staaten der ›Lügendetektor‹ zugelassen, der Signale dieser Veränderungen durch elektrokardiographische Aufzeichnungen mißt. Warum wohl? Ganz einfach: Weil es Menschen gibt, an denen äußerlich keinerlei Veränderungen festzustellen sind, wenn diese bewußt lügen. *»Der lügt, ohne rot zu wer-*

den«, sagt der Volksmund zu Menschen, denen man – trotz ›ehrlichen Gesichtes‹ – nicht glauben mag.
Es ist einerseits notwendig, körpersprachliche Aussagen zu kennen und in ihren ursprünglichen Aussageformen zu deuten. Es ist andererseits aber auch ein gefährliches Glatteis, zu glauben, unbewußt geäußerte, nonverbale Elemente könnten in ihrer gesamten Bandbreite nicht düpierend, also täuschend eingesetzt werden. Der gefährliche Irrtum besteht darin, zu glauben, man könne auch auf bewußt täuschend eingesetzte Signale ›richtig reagieren‹. Diese geglaubte ›richtige Reaktion‹ besteht nämlich wiederum aus Elementen, die entweder ›antrainiert‹ oder entwicklungspsychologisch gesehen in unterschiedlichen Sozialisationsphasen eines jeden Menschen ›gelernt‹ wurden. Hier schließt sich der ›Teufelskreis‹, denn wenn das so ist, dann besteht die Möglichkeit, die scheinbar ›richtige Reaktion‹ zu manipulieren. Es ist doch nur die Frage, wer ›die höhere Ebene‹ kennt und beherrscht, also auf ihr zum eigenen Vorteil zu agieren versteht.
Bei Gott: Teuflisches, allzu Teuflisches ...!

Es ist unbestritten, daß Körpersprache (Kinesik), Mimik und Gestik im zwischenmenschlichen Bereich eine entscheidende Rolle bei der Beurteilung des jeweils anderen spielen. Doch woher kommt es, daß Menschen sich stets ›ein Bild von dem anderen‹ machen wollen, um sich selbst die Frage zu beantworten: Was ist das für ein Mensch? Die Deutung des äußeren Ausdrucks als Erklärung innerer Zustände und charakterlicher Eigenschaften ist sehr verbreitet und hat tiefenpsychologische Gründe. Alle Menschen haben nämlich ein Grundbedürfnis, ›zurechtzukommen‹, sich zu ***›orientieren‹,*** wodurch sehr schnell (oft vorschnell) eine ***›Kategorisierung‹*** des anderen stattfindet. Solange die Signale, die verbalen und die nonverbalen Botschaften sowie erkennbare Faktoren des anderen, wie z. B. seine Körperhaltung, Kopfform, Gesichtsform, Mimik etc., mit ›unserem Bild‹, das wir via eigene Erfahrungen gemacht haben, übereinstimmen, so lange befinden wir uns im ***›vertrauten Zustand‹*** (*»typisch Beamter, typisch Frau, typisch Ausländer, typische Abwehrhaltung«* etc.) und reagieren meist selbst »typisch«. Dieser ›vertraute Zustand‹ ändert sich allerdings, sobald sich ein Mensch nicht in ›unser Bild‹ als »typisch«

einordnen läßt. Das ›Bild‹ unseres Gegenübers erscheint uns fremd. Wir reagieren dann selbst auch nicht mehr »typisch«, und oft ist unsere Reaktion Angst, Aggressivität oder Flucht. Die ›Fremdartigkeit‹ anderer Kulturen und ihrer Repräsentanten (Stichwort: Ausländer), die nicht unserem ›vertrauten Bild‹ entsprechen, ist ein wichtiges Beispiel dafür, daß viele Menschen aggressiv reagieren.

Kabinetts-Mitglied ...?

Wie wichtig dieser Sachverhalt ist, soll an einer wahren Begebenheit verdeutlicht werden, die sich in München zutrug. Im Dezember '92 fanden in Deutschland viele ›Lichterketten‹ gegen Ausländerfeindlichkeit statt, in München nahmen daran fast 400 000 Menschen teil, so auch eine deutsche und eine türkische Familie im Stadtteil Haidhausen, die im gleichen Haus wohnten. Nach Rückkehr von der Demonstration feierte die türkische Familie, ›verstärkt‹ durch Bekanntenbesuche, ein Familienfest sehr laut mit Musik und Tanz bis in die späte Nacht. Nachdem die deutsche Familie mehrfach gebeten hatte, die Nachtruhe zu wahren und dieses nicht erfolgte, wurde ... die Funkstreife gerufen. Aus der darauf folgenden, lautstarken Diskussion entwickelte sich ein handfester Krach, in dem sich die beiden Familien u. a. gegenseitig Verletzungen der Hausordnung vorwarfen. Ein Wort ergab das andere. Und diese Worte waren nicht ›von schlechten Eltern‹

(›Nazis‹, ›Kanaken‹ usw.). Schluß war's also mit der Toleranz. Das ›Bild‹, welches die ausländische Familie abgab, war plötzlich für die deutsche Familie wieder »typisch« (und umgekehrt).

Daraus können zwei Erkenntnisse abgeleitet werden, nämlich zum einen, wie wichtig Aufklärung über das scheinbar ›Typische‹ ist, verbunden mit der Erkenntnis, wie schnell Menschen in oft negative Verhaltensweisen geraten, wenn das ›Bild‹, welches der andere abgibt, nicht mit dem eigenen (gelernten) ›vertrauten‹ Bild übereinstimmt.
Zum anderen kann abgeleitet werden, wie einfach und sicher es im Grunde sein kann, ›typische Reaktionen‹ auf bestimmte ›Verhaltensaktionen‹ zu erzeugen.
Der Umkehrschluß liegt auf der Hand, denn wenn eine ›typische Aktion‹ eine ›typische Reaktion‹ erzeugt, dann muß es möglich sein, ›typische Reaktionen‹ zu manipulieren – z. B. durch Täuschung mit einer ›Verhaltensaktion‹, die scheinbar ›typisch‹ ist.

Für die Wissenschaft ist die Frage, warum man einen Menschen in ein vorgefertigtes ›Typenschema‹ einordnet, statt jeden Menschen individuell zu sehen, beantwortet. Eine **›allgemeine Orientierung‹** – insbesondere in unserer sozialen Umwelt – ist ein **Grundbedürfnis** und daher von höherer Bedeutung als eine individuell-persönliche Erkenntnis. Unerwartete, gegenwärtige und zukünftige Ereignisse sollen dadurch besser bewältigt werden können – denn: man hat sich ›orientiert‹. ***Orientiertheit schafft Vertrauen*** – und die Klarheit des Orientiertseins bestimmt auch das (darauf bezogene) soziale Verhalten. Eine ›Nicht-Orientierung‹ hat ein anderes soziales Verhalten zur Folge – welches meist nach Klischees und Vorurteilen erfolgt. Mit anderen Worten:
›Orientiertsein‹ ist eine Art ›innere Ordnung‹, die das soziale Verhalten von Menschen eines Kulturkreises bestimmt.

Eine sehr große Rolle spielen in diesem Zusammenhang auch die individuellen Informationsaufnahmen und ihre spezifischen Verarbeitungen. Nehmen wir als Beispiel dazu die allabendlichen Nachrichten. Informationen werden nach einer besonderen Interesssenlage des Individuums ›empfangen‹ und vor allem ›gefiltert‹

Oppositions-Mitglied …?

(z. B. das Heraushören von negativen oder positiven Aspekten einer Meldung). Sie sind niemals ›wertfrei‹ und können sowohl als Schlüsselreize für bestimmte Verhaltensweisen fungieren, aktionsverstärkend oder abstumpfend wirken (z. B. ständige Berichte über Kriegsgreuel). Oder sie können auch durch den großen Gesamtumfang ignoriert werden (z. B. langatmige Wirtschaftsberichte für einen ›Nur-Sport-Fan‹). Diese wissenschaftlichen Erkenntnisse aus der Wahrnehmungs- und Informationspsychologie, umgesetzt in verbale und nonverbale Elemente, lassen sich sowohl positiv wie auch negativ, zum Nutzen oder zum Schaden, in Verhandlungen einsetzen – es kommt nur stets darauf an, welches Ziel verfolgt wird.

2.3.1 Mimik

»Wenn ich den schon sehe …!«, »Die kann ich nicht mehr hören …!«, »Die Sache schmeckt mir nicht …!« – allseits bekannte Ausrufe, um eine Person oder eine Sache abzulehnen oder – positiv formuliert – um etwas zu bejahen. In der Tat, vier unserer fünf Sinne gehen vom Kopf aus, und das erste, was wir von einem Menschen beurteilend wahrnehmen, ist sein Kopf – sein Gesicht, seine Mimik. Mit diesem Thema beschäftigt sich die Physiognomik. Darunter versteht man die Kunst, aus der äußeren Erscheinung,

wie z. B. dem Gesichtsausdruck, auf die inneren Eigenschaften zu schließen. In der Physiognomik benützt man Fotos (u. a. auch Montage gleicher Gesichtshälften), Schemazeichnungen, Durchschnittsbilder und Lernexperimente des Gesichtes als Ausdrucksträger in Ruhe (d. h. ohne Mimik). Die bisherigen Ergebnisse haben aber gezeigt, daß die Validität (Gültigkeit) von Urteilen aufgrund des durch die Physiognomik vermittelten Eindrucks gering ist, weil diese Merkmale gegenüber mimischen Äußerungen in ihrer Bedeutung stark zurücktreten. So muß deutlich gesagt werden, daß es keine körpersprachliche Aussage gibt, die für sich allein steht und spricht, aufgrund deren wir zu einem ›sicheren Urteil‹ gelangen könnten.
Alle Versuche, äußere Gesichts- und auch Körperformen in ein Beurteilungsschema für innere Zustände und Eigenschaften von Menschen zu ›pressen‹, sind wissenschaftlich unhaltbar und gehören in die Rubrik »Unfug«. Aber – und auch das muß klar gesagt werden – die Deutung des äußeren Ausdrucks, sei es Kopf- und Gesichtsform oder Körperbau als Erklärung innerer Zustände und menschlicher Eigenschaften, ist sehr verbreitet und hat tiefenpsychologische Gründe. Bereits in der Antike wurde mit der Typenlehre begonnen (*Hippokrates*, 460 –377 v. Chr.), die dann im Verlaufe der Jahrhunderte immer wieder aufgegriffen und erweitert bzw. verändert wurde. Ein besonderer Meilenstein in der Geschichte der (differentiellen) Psychologie sind die weithin bekannt gewordenen Körperbauformen der *Kretschmer*schen Konstitutionstypologie (1888 –1964), die einen Zusammenhang zwischen Körperbau und Charakter annahm *(leptosomer, pyknischer und athletischer Typ)*, welches jedoch wissenschaftlich nicht haltbar ist und sich sowohl in der Psychologie wie auch im täglichen Leben als unbrauchbar erwiesen hat. Aber hier ›greift‹ wiederum die Erkenntnis, daß alle Menschen ein Grundbedürfnis haben, sich ›zu orientieren‹, wodurch sehr schnell eine Kategorisierung des anderen stattfindet.

Das wichtigste Organ sind unsere Augen. 60 bis 80 % unserer Sinneseindrücke werden mit den Augen wahrgenommen **Die Augen sind das Fenster zum Innern, ein Spiegel unserer Seele.** Entsprechend können wir auch in den ›Augen anderer lesen‹ – allerdings sind Deutungen und Interpretationen des Wahrgenommenen sehr unterschiedlich. Aus der Wahrnehmungspsychologie ist bekannt, daß das, was wir wahrnehmen, von der Situation abhängig ist, in die wir eintreten, und von der Einstellung, die wir (gegenwärtig) haben. Mit anderen Worten: Die Augen eines verhaßten Menschen werden uns in einem schwierigen Verhandlungsgespräch entsprechend negativ vorkommen (*»Er hat falsche Augen«, »Seine Augen lügen«, »Wenn Blicke töten könnten …«* usw.). Umgekehrt werden z. B. Verliebte in ihren Augen nur Positives entdecken – sie können sich ›stundenlang in die Augen schauen‹.

Normalerweise erzeugen Blicke Sympathie, es sei denn, jemand ›durchdringt‹ uns mit ›Röntgenblicken‹ oder ein Sprecher bringt es fertig, mit ständigem Augenaufschlag zu unser aller Chef, dem lieben Gott, zu blicken; auch das ostentative Vorbeisehen an einem Gesprächspartner wirkt meistens unsympathisch. Dieser Teil der satanischen Verhandlungskunst besteht eben darin, den Geg-

»Welche Mimik ich zeige, müssen Sie schon mir überlassen …!«

ner glauben zu machen, daß Sie sich gegenwärtig in *der* Stimmungslage befinden, die Ihre Mimik ausdrückt. Tatsächlich kann (und wird) Ihr Gefühlszustand ein ganz anderer sein – aber Sie wollen mit Ihrer jetzigen Mimik den Gegner manipulieren. Das kann z. B. dadurch geschehen, daß Sie einen zu ruhigen Gegner ›aus der Reserve locken‹ wollen, indem Sie permanent arrogant grinsen, oder daß Sie die Vorhaltungen Ihres Gegners dadurch verstärken, indem Sie eine schuldbewußte Miene zeigen, denn Ihr Gegner soll schließlich reagieren – möglichst verunsichert werden und viel reden. Denn: *›Wer viel redet, bietet viel Breitseite‹*, liefert also damit Aufhänger zu Verdrehungen, die in der satanischen Verhandlungskunst nun einmal benötigt werden, um zu gewinnen.

Mimik, Gestik und Körpersprache (Kinesik) lassen sich nicht immer trennen – warum auch? Die hochgezogenen Augenbrauen und die ›hängenden Mundwinkel‹ gehören zur Mimik, das Hinundherwiegen des Kopfes gehört zur Gestik und das Vorbeugen oder Zurückziehen des Oberkörpers zur Kinesik. Die nonverbalen Signale eines Menschen und die Wirkung auf andere sind wie eine Sprache, die der andere ›verstehen‹ muß. Es ist also ein Verhalten, welches ohne eigentliches verbales Sprechen menschliche Reaktionen gewollt oder ungewollt in Gang setzt, aufrechterhält oder steuert. Diese Signale können von innen her aus eigenem Antrieb entstehen, quasi als naturgegebene Phänomene (sog. ›intrinsische Signale‹, wie z. B. ungezwungene Mimik, Gestik, Empfindlichkeit für Berührungsreize [Haptik] und Temperatur, Physiognomie, rhetorische Aspekte etc.), oder als Signale, die von außen her angeregt und eher bewußt eingesetzt werden (sog. ›extrinsische Signale‹, wie z. B. Outfit, Haartracht, Statussymbole, Stil- und Umgangsformen, Distanzen [Territorialbereich], Olfaktorik [Geruchsausstrahlung], nichtsprachliche Laute wie Lachen, Gähnen, Grunzen, Pfeifen, Rülpsen, Pupsen etc.). Schon einzelne Signale, wie z. B. der Geruch eines Menschen, sind ein fester Bestandteil des Territorialverhaltens und damit ein Machtsignal.

Zu Beginn dieses Kapitels wurde bereits ausgeführt, daß in der satanischen Verhandlungskunst die nonverbalen Elemente oftmals täuschend eingesetzt werden, um den Gegner zu verunsichern, einzuschüchtern, in trügerischer Sicherheit zu wiegen, einzulullen, auf eine falsche Fährte zu locken usw. Die mimischen, gestischen und körpersprachlichen Ausdrucksformen hierzu sind sehr vielfältig, facettenreich und stets davon abhängig, was beim Gegner erreicht werden soll. Die folgende Abbildung 2.3.1/1 zeigt einige Beispiele der Mimik dazu; es gibt insgesamt so viele, wie es Mienenspiele gibt:

Das will er:	**Das signalisiert er:**
den Gegner in trügerischer Sicherheit wiegen, unvorsichtig, evtl. ›schwatzhaft‹ werden lassen, denn wer viel redet, bietet viel ›Breitseite‹ …	 Bild 1 (wohlwollende Mimik)
dem Gegner gar keine Möglichkeit bieten, die eigene Haltung/Absicht zu erkennen, um dann z. B. – je nach Gesprächsverlauf – mit einer anderen Mimik zu täuschen …	 Bild 2 (neutrale Mimik)
den Gegner verunsichern, zu unvorsichtigen Fragen und Handlungen veranlassen, ihn ›weich‹ machen …	 Bild 3 (skeptische Mimik)
den Gegner beleidigen, entwürdigen, ihn ›kleinmachen‹, evtl. auch, um ihn durch Arroganz wütend zu machen …	 Bild 4 (hochnäsige Mimik)

den Gegner einschüchtern, unter Druck setzen, ihn zu unbedachten Äußerungen und Handlungen veranlassen, die dann zum eigenen Nutzen verwendet werden …

Bild 5 (cholerische Mimik)

Entscheidend ist, daß die jeweilige Mimik vom Gegner auch so klar gedeutet wird, wie sie beabsichtigt ist. Die Mimik soll dem Gegner signalisieren, was man von seinem Angebot bzw. Argument hält und wie man darauf reagiert. Die eigentliche Absicht ist eine ganz andere; es geht also in erster Linie um Manipulation – und die erfordert hohe Selbstdisziplin. Wer sich selbst zu unbedachten Äußerungen oder Handlungen hinreißen läßt, darf sich nicht wundern, wenn der Gegner die Oberhand gewinnt. Das ist natürlich leicht gesagt, aber oft schwer getan. Und ›man tut sich um so schwerer‹, je privater die Sachlage bzw. das Problem ist. Aber auch in Verhandlungen, in denen man sich emotional sehr stark engagiert (z. B. weil man selbst für die Entwicklung eines Sachverhaltes verantwortlich war), ist die Selbstkontrolle nicht leicht, wenn es darum geht, ›die Zähne zu zeigen‹. Dennoch gilt nach wie vor die ›alte Weisheit‹:

LÄCHELN IST DIE CHARMANTESTE ART, DIE ZÄHNE ZU ZEIGEN!

2.3.2 Gestik

Können Sie sich einen als ›temperamentvoll‹ geltenden Südländer vorstellen, der mit ruhigem Blick, die Arme nach hinten und die Hände dort verschränkt, in sachlicher Tonlage einem nachfolgenden Verkehrsteilnehmer, der auf sein Auto aufgefahren ist, erklärt, daß er falsch gehandelt hat? Oder: Können Sie sich einen als ›kühl‹ geltenden Norddeutschen vorstellen, der wild gestikulierend, schreiend und mit wütenden Blicken eine Verhandlung mit seriösen Partnern bestreitet (von Ausnahmen abgesehen …)? Grundsätzlich gilt: **Gesten müssen zu einem selbst, zu den eigenen Worten und Absichten passen!** Wirkungsvolle Gesten durch Kopf, Hand und Arm betonen und unterstreichen eine verbale Aussage oder Absicht. Sie sprechen Verstand und Gefühl an und müssen bereits erkannt werden, bevor Sie eine zugehörige Aussage machen. Es sei denn, beide Ausdrucksformen, also verbale und nonverbale, werden gleichzeitig (synchron) vorgetragen. Die Regel dazu lautet:

Die Geste muß der Vorläufer der sprachlichen Aussage sein, nicht der Nachkömmling!

Nur in wenigen Fällen ist es rhetorisch sinnvoll, kurz nach einer Aussage eine entsprechende Geste zu machen (z. B. *»Der Fall ist für mich abgeschlossen!«* – daran anschließend eine entsprechende Geste, wie z. B. mit der flachen Hand entweder waagerecht oder senkrecht eine hiebartige Bewegung machen). Doch Gesten sind nur dann sinnvoll, wenn sie auch etwas aussagen. Ob dazu *eine* Hand oder *beide* Hände benutzt werden, hängt von der Wichtigkeit der Aussage ab, die damit unterstrichen werden soll.

Man unterscheidet grob drei Wirkungsebenen der Gestik:

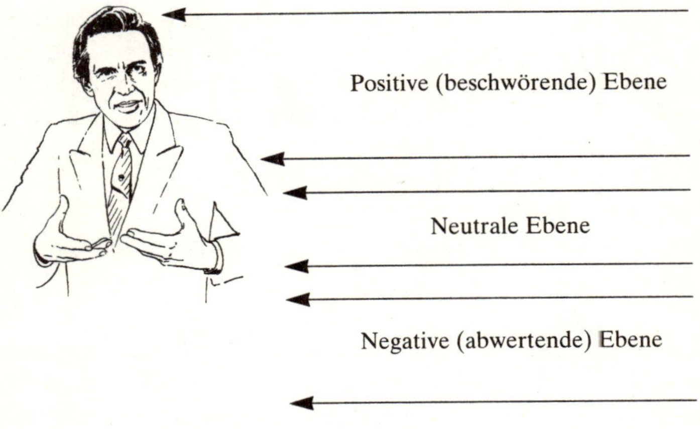

Wie auch in der Mimik gibt es einige Grundformen in der Gestik, die einheitlich gedeutet und unterschieden werden können:

1. Präzisieren

2. Drohen

3. Ausgleichen/beschwichtigen

4. Abwehren/ablehnen

5. Fragen/fordern

6. Bitten

7. Konfrontation

8. Zusammenfassen/verbinden

9. Abwerten, dämpfen, beruhigen

10. Belehren

Selbstverständlich können auch andere Körperteile eine unterstützende Rolle bei den gestischen Ausdrucksmitteln spielen, z. B. Kopf, Augen, Veränderung der Sitzhaltung etc. Ein ruckartiges Heben des Kopfes kann sowohl Konzentration wie auch Arroganz signalisieren, je nach dem, welche Augenbewegungen und Mimik gleichzeitig dargestellt werden. Erfolgt dieses z. B. mit einer Veränderung der Sitzhaltung (verschränkte Beine lösen, den Oberkörper nach vorne beugen und somit insgesamt eine ›aufspringende Haltung‹ zeigen). Ein Senken des Kopfes kann ebenso ein Schuldgefühl wie auch eine Abwehrhaltung signalisieren usw.
Hinzu kommt, daß es eine Vielzahl von Ausdrucksformen gibt, von denen eine starke, meist suggestive Wirkung ausgeht, wie z. B.

das betont lange und starre Hineinsehen in die Augen des Partners, das langsame Vorgehen mit dem Oberkörper/Kopf zum Partner, die bewußte Stimmodulation, die entsprechende Gestik mit den Händen, das mimische Wechselspiel und der Höhepunkt durch eine in passender (z. B. schneidender) Rhetorik vorgebrachte, suggestive Frage (*»Wollen Sie das wirklich?« »Sind Sie darum nicht auch der Meinung, daß nur Lösung A in Betracht kommt?«* usw.).

Das suggestive Anstarren ist ein Machtspiel, bei dem es darum geht, daß der Schwächere ›niedergestarrt‹ wird. Es gehören eine Menge Selbstbewußtsein, innere Sicherheit und auch eine gehörige Portion von Angriffsgeist dazu, das suggestive Anstarren zu beginnen – aber auch: eine entsprechende Herausforderung des Gegners anzunehmen und ihr standzuhalten! Der Blickkontakt, verbunden mit entsprechender Mimik und Gestik, ist ein Machtsignal. Darum ist es in der satanischen Verhandlungskunst von größter Wichtigkeit, mit diesem Signal die eigene, starke Persönlichkeit zu zeigen. **Doch wer Macht nach außen zeigt, muß sie auch in sich fühlen, muß** sie entwickeln, sonst wird die Waffe ›starrer, suggestiver Blickkontakt‹ wirkungslos. Es hat jedoch keinen Sinn, daß solche Techniken von Menschen verwendet werden, zu denen die Suggestion im Verhalten einfach nicht paßt.
Ein ›Andressieren‹ ist nicht zu empfehlen und könnte zum Gegenteil dessen führen, was erreicht werden sollte. Die Auswahl suggestiver oder auch demagogischer Ausdrucksformen in der Mimik, der Gestik und der Körpersprache muß typbedingt erfolgen. Zu einem schmächtigen, jungen Mann mit viel Nickelbrille und wenig Stimme passen keine martialischen Gesten mit versuchtem Röntgenblick – das wirkt lächerlich, peinlich.

2.3.3 Kinesik

Mit ›Kinesik‹ *(gr.-nlat.)* wird die Wissenschaft bezeichnet, die sich mit der Erforschung nichtverbaler Kommunikation beschäftigt – also der Körpersprache. Wie Mimik und Gestik ist auch die Körpersprache, die Körperhaltung, dann eindeutig interpretierbar, wenn sie vom Gegenüber erkannt und in Übereinstimmung mit einschlägigen Kenntnissen und Erfahrungen über körpersprachliche Aussagen ist. Sie wirkt – wenn sie nicht bewußt täuschend eingesetzt wird – ›verräterisch‹. So signalisiert die ›offene Körperhaltung‹ Offenheit, Zuwendung und Interesse. Die ›verschlossene Körperhaltung‹ ist verkrampft und signalisiert Verschlossenheit und evtl. auch Unsicherheit. Zudem gibt es einige körpersprachliche Aussagen, die arrogant und überheblich wirken, wie z. B. das demonstrative Verschränken der Arme oder das Abstützen der Arme an den Hüften, das breitbeinige Stehen oder auch die Unart, während einer Rede oder eines Gespräches beide Hände in die Hosentaschen zu stecken. Auch das Versenken einer Hand in die Hosentasche und das gleichzeitige ›Herumfuchteln‹ mit der anderen Hand wirkt u. U. sehr überheblich; zumindest kann es gedeutet werden als ein Zeichen ›schlechter Kinderstube‹ und keineswegs immer als eine ›Lässigkeit‹, die Sicherheit ausstrahlen soll.

POSITIV: Diese Körperhaltung signalisiert:

- Offenheit
- Zuwendung
- Interesse

NEGATIV: Diese Körperhaltungen verraten:

Verschlossenheit/Unsicherheit

Ablehnung/Distanz

Unflätigkeit/Überheblichkeit

Verkrampfung/Unsicherheit

Bei der Anwendung der Körpersprache gilt das, was für Mimik und Gestik ebenfalls gesagt wurde: Die nonverbalen Aussagen müssen zu einem ›passen‹; eine andressierte Körpersprache kann verräterisch wirken, den man verrät damit ›aufgesetztes Verhalten‹ und somit unter Umständen die innere Unsicherheit – und darauf kann sich ein Gegner prächtig einstellen. *Es ist bewiesen, daß es eine gewisse Beziehung zwischen Seelenlage und Körperhaltung gibt.* Das läßt sich feststellen: Wer aufrecht und forschen Schrittes geht, dessen Bewegungen erscheinen sicherer und kraftvoller als bei demjenigen, der eher ›kriecht‹ oder geduckt schleicht. Sicher ist das wohl auch ein Grund, weshalb Soldaten darauf gedrillt werden, militärisch zackig aufzutreten; sie sollen allein durch ihr Auftreten Stärke und Entschlossenheit demonstrieren – man denke nur an die strammen Aufmärsche des Wachbataillons der ehemaligen NVA im preußischen Stechschritt (Exerzierschritt) jeden Mittwoch ›zu Ehren der Opfer des Faschismus und Militarismus‹ in Berlin Unter den Linden. Und nicht wenige, insbesondere im Westen, glaubten, daß dieses Schauspiel sichtbarer Ausdruck des ›kraftvollen Staates DDR‹ war. Wie man sich doch täuschen kann!

Das andere Beispiel:

Auf dem Höhepunkt der Terroristenwelle in Deutschland erfuhr eine staunende Öffentlichkeit von der Existenz der Anti-Terror-

Einheit GSG 9. Diese kehrte mit dem Riesenerfolg ›Erstürmung der Lufthansa-Maschine Landshut‹ aus Mogadischu zurück, die Terroristen in ihre Gewalt gebracht hatten, um Gesinnungsgenossen aus Stuttgart-Stammheim freizupressen. Das mußten doch stramme Kerle sein! Das Flugzeug landete. Und wer kroch da aus der Maschine, die die GSG 9 nach Deutschland zurückbrachte? Eine Gruppe schüchtern, fast hilflos wirkender Jungs mit Pulli, Jeans und Reisetasche stolperte auf das Rollfeld. Und der Boß küßte auch noch den Minister (oder war's umgekehrt?). Kurzum: ein militärischer Sauhaufen! Heute wissen wir, was diese Gruppe Hervorragendes geleistet hat. Aber stellen wir uns einmal den (wenn auch unmöglichen!) Fall vor, die Gruppe wäre mit *diesem Auftreten* vor laufenden Fernsehkameras nach Mogadischu zur Erfüllung des Auftrages verabschiedet worden, Terroristen zu besiegen. Na, da hätte es Kommentare gehagelt !

Wichtig ist, den Gegner über die eigene Kraft und Stärke zu täuschen! Wenn ein Gegner von vornherein um die Stärke seines Kontrahenten weiß, wird er sich darauf einstellen. **Wer Macht demonstriert, weckt Macht.** Es wirkt hier das bekannte physikalische Prinzip: **Druck erzeugt Gegendruck.** Die Macht aber, die geweckt wird, ist nicht immer berechenbar, und sie kann für den, der sie weckte, sogar sehr übel enden. Das ist insbesondere der Fall, wenn es um Streitpunkte geht, die moralische oder ethische Grundsatzfragen aufwerfen. Grundsätze der Ethik und Moral implizieren keine Option auf Alleinbesitz, auch wenn die eigenen Vorstellungen mit den bisherigen Grundsätzen, die allgemein anerkannt wurden, d'accord gehen. Allzu schnell können Stimmungen wechseln, und die Erfahrung lehrt, daß mit den Stimmungen auch häufig die Moral wechselt – manchmal sicher auch umgekehrt.

Um Gegendruck bei Machtdemonstrationen zu vermeiden, ist es sinnvoll, die **Symbole der Macht dosiert einzusetzen.** ›Ausgekochte‹ Verhandlungspartner wählen oft freiwillig die (scheinbar) negative, ungünstige Position, ja mitunter drängen sie sich sogar danach – mit einer entsprechend unterwürfigen Mimik, Gestik und Körpersprache. Sie setzen sich auf den niedrigsten Stuhl, wählen

offene Körperhaltung
signalisiert
- Offenheit
- Zuwendung
- Interesse

verschlossene Körperhaltung
signalisiert
- Verschlossenheit
- Ablehnung
- Unsicherheit

Um **sicher** zu stehen, brauchen Sie **2 Standbeine.** ←

Diese Haltung verrät Unsicherheit! →

NEGATIV: Diese Körperhaltungen verraten:

Arroganz

Überheblichkeit

Lässigkeit (im Sinne von schlechten Manieren)

den schlechtesten Platz, der wenig Rundumsicht gestattet oder direkt von der Sonne angestrahlt wird. Sie beginnen mit holpriger Rhetorik, erzeugen einen fast hilflosen Eindruck, wenn es z. B. um das Heraussuchen von Unterlagen geht, stellen Streitpunkte von sich aus in Frageform dar, lassen sich anfänglich unwidersprochen unterbrechen usw. Ihre Körpersprache ist dabei eher unterwürfig, zurückhaltend, und alle Machtsignale werden vermieden. Diese Verhandlungsgegner tun grundsätzlich alles, um den Eindruck zu erwecken, daß man leichtes Spiel mit ihnen habe. Doch das erweist sich bald als ein gefährlicher Irrtum, denn diese Profis haben mehr als nur eine gute Aktenvorbereitung mit Beweisen und Nachweisen: sie beherrschen das psychologische Spiel, sie verstecken ihre eigenen Emotionen und starten – in der Vorbereitung unbemerkt vom Gegner – Großangriffe auf die gegnerischen Positionen. Diese Profis wissen eines sehr genau: Der Gegner hat sich bis an die Zähne mit Details, Beweisen und Zielen bewaffnet, und er wird mit diesen Waffen kämpfen, weil er glaubt, daß er damit unschlagbar sei – denn: *Wer kann schon gegen die Aktenvorlage ABC etwas vorbringen, es steht doch schwarz auf weiß dort, unterschrieben von …! Die ganze Verhandlung ist doch nur eine reine Formsache …* – usw.

Das wäre eine solche Verhandlung auch, wenn nicht … ja wenn nicht … der Verhandlungsgegner ein ausgekochter Profi wäre. Dieser Profi entspricht zunächst in allen Formen und Vorgehensweisen den Erwartungen seines Gegners, er erscheint als der klar Schwächere, der zukünftige Verlierer und ›Zahlmeister‹. Er vermeidet zu Beginn jede Machtdemonstration, auch wenn sie noch so reizen mag, wie folgende Beispiele zeigen:
*»Was **wir** haben, das haben **wir**, und was **Sie** haben, darüber wollen wir jetzt verhandeln!«* (Kennedy)
»Herr Doktor Müller, wollen Sie sich nicht vorne hinsetzen?« Antwort: *»Herr Kollege, wo **ich** sitze, **ist vorne!**«*
Durch solche (meist nutzlosen) Machtdemonstrationen erreicht man bestenfalls, daß der Gegner in höchste Alarmbereitschaft versetzt wird. Damit entfallen von vornherein viele taktisch-psychologische Möglichkeiten, wie z. B. den Gegner auf eine falsche Fährte zu locken, Alternativvorschläge einzubringen, deren Nut-

zen noch zweifelhaft ist, Nebenkriegsschauplätze zum Hauptstreitpunkt zu machen, das Good-bad-play anzuwenden, usw. (siehe Kapitel 3).

Wie sinnvoll das Verzichten auf eine nutzlose Machtdemonstration bei Vorhandensein einer inneren Kraft ist, soll noch an einem anderen Beispiel aufgezeigt werden. Von bestimmten Ausnahmen abgesehen ist das Ablesen der Unbeugsamkeit unabhängig von Körperwuchs bzw. Körpergestalt – in der Geschichte gibt es hierfür viele Beispiele (Friedrich der Große, Napoleon, Goebbels usw.). So kann ohne Zweifel ein kleingewachsener Mensch durch seine Körpersprache nach außen Macht signalisieren, d. h. eine Macht, die auch erkannt wird. Umgekehrt kann ein ›athletischer Brocken‹ durch seine unsichere Körperhaltung innere Unsicherheit verraten. Wer über diese Menschenkenntnisse verfügt und Körpersprache versteht, weiß meistens sehr gut, mit welchen Waffen er sein Gegenüber schlagen kann. So wird sich der kleingewachsene, aber intelligente Mann hüten, der reinen Körperkraft eines ›intellektuell schlicht konstruierten, aber athletischen Brockens‹ durch seine eigene Körperkraft Paroli bieten zu wollen. Das Erkennen einer inneren Unsicherheit gibt ihm ganz andere Möglichkeiten, das Feld als Sieger zu verlassen. Er kann z. B. eine bestimmte Diskussion beginnen, indem er Lob über den kraftvollen Körper und geschickt Tadel über den Geist verteilt, jedoch anschließend für kleine, intellektuelle Erfolgserlebnisse ›sorgt‹, die nach weiteren Beispielen (zwangsläufig) mit der Erkenntnis für den ›Brocken‹ enden müssen, daß es in dieser Diskussion nur einen Klugen gibt, der gewinnen wird – und das wird nicht der Athlet sein. Eine reine Machtdemonstration des Geistes durch den kleingewachsenen Mann wäre ebenso falsch gewesen wie sein evtl. körperlicher Krafteinsatz. Die ›richtige Mischung macht's – und das taktisch-geschickte, psychologische Vorgehen.

Im Zusammenhang mit der Körpersprache müssen auch **Distanzzonen** angesprochen werden. Ausgangspunkt ist das Territorialverhalten – nach den Ergebnissen der vergleichenden Verhaltensforschung ein wichtiger Aspekt des Sozialverhaltens von Tieren und Menschen. Das Leben von Angehörigen der meisten Arten ist an einen bestimmten Raum gebunden (Revier, Territorium), der normalerweise nicht verlassen wird und dessen Grenzen markiert werden (bei Tieren z. B. die ›Duftmarke‹, bei Menschen Grenzen verschiedener Art, z. B. Zäune, Abstände etc.). Sehr oft läßt sich die Bedeutung, die jemand dem eigenen Sozialstatus beimißt (oder beimessen will), durch die Abstände von der Grenze bis zur Person ablesen: Der Millionär baut seine Villa auf den hinteren Teil eines Grundstückes, um durch den Abstand ›Straßenzaun bis zur Villa‹ seinen Sozialstatus optisch zu demonstrieren; in Großraumbüros sind die Arbeitsplätze der Abteilungschefs nicht nur meistens am Fenster, sondern auch durch Sichtwände abgeschottet und räumlich größer als die der nachgeordneten Mitarbeiter; der ›Big Boss‹ residiert in einem großen, repräsentativen Einzelraum, wobei der Abstand vom Schreibtisch zum Eingang und zu den Besucherstühlen Macht demonstrieren soll.

Aber auch wir ›Normalbürger‹ tragen quasi einen Territorialbereich ständig mit uns herum, in dem möglichst keine fremde oder unsympathische Person eindringen soll. Besonders deutlich wird das, wenn wir in einem voll besetzten Aufzug fahren, in der Straßenbahn, im Bus usw. Es entsteht ein beklemmendes Gefühl, weil der Abstand zum anderen nicht mehr gewahrt werden kann. Wir empfinden das als eine Störung unserer territorialen Abgrenzung. Damit dieses im gesellschaftlichen und geschäftlichen Leben nicht geschieht, gelten in unserem Kulturkreis folgende **Distanzzonen:**

bis 60 cm	Intimzone
60–150 cm	persönliche Zone
1,50–4,00 m	gesellschaftliche Zone

Ebenfalls in diesem Zusammenhang muß die Geruchsausstrahlung (Olfaktorik) von Menschen angesprochen werden. **Der Geruch eines Menschen ist Bestandteil des Territorialverhaltens und**

damit ein Machtsignal. *»Den kann ich nicht riechen!«, »Du duftest bezaubernd!«, »Den Braten habe ich gerochen!«* usw. sind sprachliche Ausdrücke, die die Wichtigkeit dieses Phänomens skizzieren. Das muß nicht unbedingt mit dem eigentlichen Körpergeruch zusammenhängen, sondern meistens meint man damit die fehlende Sympathie aufgrund eines bestimmten Verhaltens, Auftretens, Redens usw. Bleiben wir beim eigentlichen Geruch. Jeder durch einen Menschen besetzte Raum, den dieser als »sein Territorium« beansprucht, hat einen bestimmten Geruch (Wohnung, Auto, Chefbüro usw.). Diesen Geruch mit einem neuen, anderen Geruch, z. B. durch die Olfaktorik eines anderen Menschen, zu überlagern, heißt zunächst einmal, in das Territorium einzudringen, ja auch: zu stören. Auch das ist ein Machtspiel – insbesondere dann, wenn der ›Eindringling‹, oder sagen wir freundlicher: der Gesprächspartner, bewußt mit ›seiner Olfaktorik‹ einsetzt (allzu aufdringliches Rasierwasser, ›hartnäckiges‹ Parfum, Zigarettenqualm usw.). Nicht angesprochen werden muß die mehr oder minder laut abgegebene Blähung ›mit Folgen‹, weil so etwas ausschließlich mit schlechtem Benehmen zu tun hat.

Etwas anderes sind die situationsbedingten Gerüche, wie z. B. ›Glücksgerüche‹ (Hundekot unter den Schuhen), Müllkippen- und Kläranlagengerüche usw., die eher zufällig und meistens unbeabsichtigt zwar wie Kletten an einem Menschen hängen, aber durch einfache Maßnahmen wieder entfernt werden können. Schlimm wird's für die Mitmenschen lediglich, wenn in solchen Fällen die Distanzzonen nicht eingehalten werden. Leider ist in der Praxis oft zu beobachten, daß gerade diejenigen Zeitgenossen ein Nahkontakt-Bedürfnis haben, die zuvor original griechisch gegessen haben, deren Deos und Mundwasser danach in aller Regel versagen und deren Gesamtgeruch somit den Verdacht aufkommen läßt, sie hätten eine Verbindung zur städtischen Kläranlage mit direkter Leitung zur Senkgrube. Im Geschäftsleben gilt darum immer noch der Grundsatz:
Die Sympathie verhält sich umgekehrt proportional zur Intensität des Körpergeruchs und nimmt mit dem Quadrat der Entfernung zu – und das heißt im Klartext: **Bitte Abstand halten!**
Werden diese Regeln nicht eingehalten, kommt es zur Störung,

und das kann als ›Machtdemonstration‹ verstanden werden. Der Einsatz von Gerüchen als Machtdemonstration ist ein zweischneidiges Schwert. In meinen Recherchen zu diesem Buch habe ich zwar vereinzelt Menschen getroffen, die Gerüche (z. B. Knoblauchgeruch) bei Verhandlungsgegnern ›wirken‹ lassen, aber als ein ernstzunehmendes Mittel, um den Gegner z. B. zu ›demoralisieren‹, kann das nicht empfohlen werden. Es mag Einzelfälle geben, wo jemand bewußt ›umsympathisch‹ erscheinen und ›seine Duftmarken‹ hinterlassen will (z. B. Raucher, die entgegen allen Regeln beim Kunden rauchen), aber es bleibt zu fragen, *was* damit erreicht werden soll.

Anders verhält es sich jedoch, wenn der Territorialbereich des Gegners bewußt verletzt werden soll, um z. B. durch das Eindringen in normal einzuhaltende Distanzzonen Unsicherheit, Beklemmung, Abwehr/Abneigung etc. zu erzeugen, damit dieser abgelenkt und regelrecht gestört wird, z. B. in seiner Konzentration. Ein ehemaliger Chef in einem Unternehmen, in dem ich nur ein kurzes Gastspiel, gab, war ein patriarchalischer Despot, wahrte Distanzzonen und demonstrierte seine Macht dadurch, daß er in einem halbdunklen, riesigen Raum auf einem Podest hinter fünf Zentner Design-Mahagoni (Schreibtisch mit Bißwunden) hockte und drei Meter davor ein einziges Arme-Sünder-Stühlchen aufstellte, auf dem jeder zu ihm befohlene Mitarbeiter Platz zu nehmen hatte.
Anläßlich der Übertragung einer Arbeitsaufgabe, die ich nun absolut nicht übernehmen wollte, wurde ich zu ihm gerufen. Unabhängig davon, daß der Ruf der Sekretärin über den Büroflur: *»Herr Ruede-Wissmann, sofort zum Chef!«* ein leichtes Kampflicht in meinen Augen aufflackern ließ, hatte ich nicht die Absicht, mich in den durch ein Stühlchen determinierten ›sozialen Abstand‹ zu begeben. Jedenfalls vorerst nicht. Also betrat ich den Raum, setzte mich, hörte eine kurze Zeit zu, um dann mit dem Stühlchen unmittelbar vor dem Schreibtisch zu ›erscheinen‹. Es erfolgte zuverlässig, wie wir Mitarbeiter das nannten, der ›Pavianbegattungsschrei‹ – zu verstehen als eine ›lieb gemeinte Aufforderung‹, den alten Abstand wiederherzustellen, was ich 1. nur zögerlich tat und 2. nicht ausreichend. Durch einige kritische An-

merkungen von mir zur Arbeitsaufgabe ›stieg die Stimmung‹, die in dem Satz gipfelte: *»Ach, lassen wir das. Ich übertrage die Aufgabe jemand anderem. Sie können gehen!«* Mein Gott, war ich unglücklich ...!

Nochmals zurück zur eigentlichen Körpersprache. Es gibt im Prinzip zwei Möglichkeiten, mit dem Körper zu ›sprechen‹, und zwar 1. die normale, unbewußte Körpersprache **ohne Täuschung** und 2. die Körpersprache **mit bewußter Täuschung.**
Der jeweilige Einsatz ist abhängig a) von der Absicht, die erreicht werden soll, und b) von dem Können im Umgang z. B. mit einer täuschenden Körpersprache. Es liegt nahe, daß in Verhandlungen, in denen alle Tricks eingesetzt werden, auch mit der Körpersprache getäuscht wird. Es ist aber keinesfalls so, daß die ›Täuschung‹ grundsätzlich mit einer körpersprachlichen Aussage erreicht wird, die dem Gegenteil dessen entspricht, was vom Gegner erwartet wird. Trägt z. B. ein Gegner ein Argument vor, so kann sein Gegenüber zwar die Arme verschränken, die Schultern leicht vorziehen, den Oberkörper zurücklehnen, die Mundwinkel verziehen, die Augenbrauen heben oder die Stirn in Falten legen usw. Die Frage ist nur, ob ein ständiger Einsatz des Gegenteils der normalen Körpersprache das bewirkt, was beabsichtigt war (z. B. Verunsicherung, Drauflosreden, Verärgerung usw.). In der satanischen Verhandlungskunst hat die Körpersprache die unterstützende Aufgabe, den Gegner aufs Glatteis zu führen. Mit ständig ablehnenden körpersprachlichen Ausdrücken kann das sicher nicht erreicht werden, weil dieses Manöver allzu durchsichtig ist – von Einzelfällen abgesehen.
Erfolgreicher ist darum die Methode, die Körpersprache stets so zu wechseln, daß die wahre Absicht, die dahintersteht, nicht erkannt wird. Dazu zählt eine ›zustimmende Körpersprache‹ (offene Sitzhaltung, keine Verschränkung der Arme, Oberkörper zum Gegner gebeugt, freundliche Mimik, leichtes Kopfnicken etc.) auch bei kontroversen Streitpunkten, um den Gegner glauben zu machen, daß in seinem Kontrahenten ein Umdenken stattfindet. Oftmals wird dadurch erreicht, daß der Gegner seine Chance ›wittert‹ und drauflosredet. Aber wer viel redet, bietet auch viel Breitseite – und so mancher hat sich dabei schon um Kopf und Kragen

geredet. Besonders gefährlich wird es für den Gegner, wenn er glaubt, daß nunmehr ein gewisser Vertrauensgrad zwischen beiden erreicht ist. *(»Also ich sehe, Herr Meier, daß wir doch miteinander reden und Vertrauen haben können ...!«)* Das soll er auch. Wer Vertrauen zu jemandem hat, läßt sich von diesem eher in die Karten schauen als der, der voller Mißtrauen und Ablehnung ist.

Nicht ›von Pappe‹ ist auch die **zeitliche Einteilung.** Unterstellt, eine Verhandlung dauert vermutlich länger als einen Tag, so ist es – abhängig vom Verhandlungsgegenstand, Situation und Personen – ratsam, die Verhandlung behutsam, zurückhaltend zu beginnen, etwas später auf Angriff umzustellen, hart und unnachgiebig weiter zu verhandeln und sich rechtzeitig gegen Ende des Verhandlungstages zu einem dennoch freundlichen Verhandlungspartner zu ›entwickeln‹, mit dem man ›reden‹ und zu dem man – trotz aller Gegensätze – Vertrauen haben kann. Oftmals ist sogar der Gegner (innerlich) froh, daß es zu einem Wendepunkt gekommen ist – oder zu kommen scheint. Wichtig ist natürlich, daß diese irgendwie entstandene, positive Gesprächsstimmung erhalten und lebendig bleibt.
Das ist dann die beste Voraussetzung dafür, ein gemeinsames Abendessen in einem feinen Restaurant zu arrangieren. Der Gegner wird schon beim Betreten des Lokals vom Ober hofiert (der weiß nämlich nur allzu gut, daß sein [gutzahlender] Stammgast wieder einen ›Verhandlungspartner‹ mitgebracht hat, den es ›zu knacken‹ gilt ...). Und auch der scheinbare Kontrahent gibt sich ausgesprochen nett, macht kleine Scherze, neckt ein bißchen seine eigenen Kollegen, empfiehlt als Kenner einen exquisiten Wein, man prostet sich dezent zu, erzählt (wohldosiert) von der eigenen Familie, von den Sprößlingen, dem Hund, auf dem die Kinder bestanden *(»Ich konnte den Kindern das doch nicht verweigern!« »Oh, ja, das verstehe ich sehr gut ...!«);* kurzum: Die Stimmung ist sehr freundlich, lustig, positiv. Im Grunde ist doch der Gegner eine Seele von einem Menschen – so scheint es. Und schon mancher Verhandlungspartner redete leutselig und vertrauensvoll dann über sich selbst, seine Familie, sein Geschäft – und es müßte mit dem Teufel zugehen, wenn er dabei nicht ›etwas zuviel redet‹.

Doch es geht mit dem Teufel zu. Selbst wenn der Verhandlungskontrahent zur Sache selbst nichts erfährt (was anzunehmen und auch nicht so wichtig ist), so gewinnt er doch durch seine psychologisch geschickte Vorgehensweise Einblicke in das Wesen, in Denkhaltungen, Stärken und Schwächen seines Gegners, die von außergewöhnlich großem Nutzen sein können. Denn wer über den Charakter und das Wesen seines Gegners informiert ist, kann seine Strategie darauf abstellen und die erkannten Schwächen (z. B. Ungeduld, Erfolgszwang, Geltungsbedürfnis usw.) sowie Stärken (z. B. hohes Fachwissen, Machtmotive etc.) seines Gegners konsequent für seine Ziele ausnutzen.
So könnte er sich z. B. vor rein fachspezifischen Auseinandersetzungen hüten bzw. Ansätze des Gegners dazu übergehen und statt dessen neue Verfahrensfragen in den Vordergrund stellen (Ungeduld, Erfolgszwang des Gegners ausnutzen), die er sich mühsam abhandeln läßt (Machtmotiv ausnutzen), und gleichzeitig quasi als ›faire Gegenleistung‹ dafür die Forderung nach einem Entgegenkommen in der Größenordnung 100 zum Verhandlungspunkt XYZ stellen. Da diese Forderung von vornherein absichtlich überzogen war, läßt er sich nun wieder abhandeln, daß das Entgegenkommen bestenfalls bis zur Größenordnung 80 erfolgen kann – die ohnehin das eigene Verhandlungsziel zu diesem Punkt darstellte. Und außerdem steht er noch ›fein‹ da: Ständig muß dieser arme Mann zurückstecken, kaum eine Forderung ist vom Gegner erfüllt worden usw. Das läßt sich trefflich in die ›Waagschale‹ werfen, denn man sollte nicht vergessen:
Moralische Argumente sind *starke Argumente,* insbesondere dann, wenn sich die ›Unmoral‹ des Gegners häuft …!

2.4 Des Teufels schwarze Seele: unfaire Dialektik

Die Umkehrung, dann sei *faire Dialektik die weiße Seele des Teufels,* ist weder logisch noch wahr, weil jeder weiß: Kein ›Deibel‹ hat eine weiße Seele oder ist gar ›fair‹.

Doch damit sind zwei zentrale Begriffe in der Dialektik angesprochen: Logik und Wahrheit. Zunächst einmal zum Begriff

›Dialektik‹ selbst. Es gibt, wie könnte es anders sein, sehr viele Definitionen und Erklärungen dazu, die zwar sehr interessant sind, aber wenig Auskunft darüber geben, um was es in der heutigen -dialektik eigentlich geht. Ebenso wie die Rhetorik galt die Dialektik bei den alten Herren aus Griechenland und Rom als Gipfel der Bildung. Aus der **Kunst, gut zu reden** (ars bene dicendi) in der Antike hat sich über unterschiedliche Formen in den Jahrhunderten heute ein breites Feld der Gebrauchsrhetorik und Dialektik herausgebildet, welches z. B. im Geschäftsleben und in der Politik zeitgemäße Ausdrucksmittel miteinander verknüpft. Mit der klassischen Rhetorik und Dialektik hat das nur noch wenig zu tun, und eine rein akademische Vermittlung der Rhetorik ist für das tägliche Geschäftsleben schlicht unbrauchbar.

In der Politik, in der ohnehin andere Maßstäbe gelten, hat stets der den Erfolg, der ein gerissener Fuchs ist, weil es für ihn immer mehrere ›Wahrheiten‹ gibt, mit denen man Wähler täuschen und die Ehrlichen und Redlichen kräftig übers Ohr hauen kann. Entsprechend haben Rhetorik und Dialektik der meisten Politiker einen ›schlechten Ruf‹.
Daß das nicht immer so war, zeigt ein kurzer historischer Rückblick. Ausgangspunkt der Rhetorik war ein bis heute ungelöstes Problem: das Naturrecht. *Heraklit von Ephesus* (griech. Philosoph, 550 – 480 v. Chr.) lehrte den *Wandel aller Dinge als ständige Aufeinanderfolge und Ablösung von Gegensätzen.* Hierunter war zu verstehen, daß zwischen menschlicher Ordnung und natürlichem Sein eine wesensmäßige Einheit bestehe, die *Heraklit* als Einheit von Nomos (Gesetz, Sitte, Ordnung etc.) und Physis so lehrte: *»Alle menschlichen Gesetze nähren sich aus dem göttlichen Einen.«* Der griechische Philosoph *Aristoteles* (384–322 v. Chr.), dessen universales Werk Grundlage für die gesamte abendländische Philosophie ist, entwickelte zur Dialektik den ›Syllogismus‹ als ›Schlußkunst‹, indem alle Beweise logisch und schlüssig vorgetragen werden mußten. Nach dieser Vorgehensweise wurde von zwei vorangegangenen Aussagen verbindlich auf eine dritte Aussage als Beweis geschlossen. Ein Kontrahent mußte nun entweder die logische Schlüssigkeit angreifen und besiegen, oder er hatte die Möglichkeit, zu einer der vorausgegangenen Aussagen einen

Beweis zu fordern, der dann von dem Angegriffenen wiederum in der gleichen, syllogistischen Vorgehensweise erbracht werden mußte.

Man stelle sich eine solche Vorgehensweise perfekter dialektischer Kunst, in der allein das größere Wissen, die Beherrschung der Logik und die Beweiskraft der Argumente als objektivste Technik zur Wahrheitsfindung die Regel sind, heute in einem Politikergespräch vor! Unvorstellbar. Die heutigen Regeln lauten: mediengerecht, psychologisch, manipulieren, wähler- und effektheischende Selbstdarstellung. Wegen ›Gottlosigkeit‹ wird heute niemand mehr verurteilt. Anders der griechische Philosoph Protagoras (480 – 410 v. Chr.), der als bedeutendster Sophist die Maxime »Der Mensch ist das Maß aller Dinge« und neue Fragen nach der ›Wahrheit‹ schuf. Die Sophisten des antiken Griechenlands lehrten, daß es keine »alles überragende Wahrheiten« gibt, sondern nur eine »relative, auf den Menschen bezogene Wahrheit«. Erst zufolge der Mehrheit, die nur durch Überzeugung oder Überredung der anderen mittels der Rhetorik erfolgt, wird sie zur »absoluten Wahrheit«. Danach war also die Mehrheitsmeinung der Maßstab für die Wahrheit, geschaffen durch die Rhetorik. Doch wer wüßte heute nicht, daß auch die Mehrheit unrecht haben kann, weil sie z. B. durch Massenmedien manipuliert wurde. Der Sophismus gilt darum heute als ein Scheinbeweis und Trugschluß, der mit Täuschungsabsichten gemacht wird. Ein Sophist ist heute jemand, der in geschickter und spezifischer Weise etwas mit Worten zu beweisen versucht, ebenso wie der ›Rabulist‹, der in spitzfindiger, kleinlicher, rechthaberischer Weise argumentiert und dabei oft den wahren Sachverhalt verdreht. So bleibt nur festzuhalten, daß zu allen Zeiten Menschen versucht haben, andere Menschen durch das gesprochene Wort zu überzeugen, zu beeindrucken, zu führen – aber auch zu *ver*führen. **Die Redekunst ist eine Macht. Wer sie beherrscht, kann Macht ausüben, zum Wohle oder zum Schaden anderer.**

Die hehren Maßstäbe griechischer Debattierkunst zur Wahrheitsfindung gelten heute weder in der Politik, Wirtschaft, Kirche oder Gesellschaft, sondern bestenfalls in akademischen Zirkeln. Es

geht, wer wüßte das nicht, auch nicht mehr darum, die ›Wahrheit zu finden oder der Wahrheitsfindung zu dienen‹, sondern im Kern einzig und allein darum, Macht zu bekommen und/oder zu erhalten, Pfründe zu sichern, ohne Rücksicht recht zu behalten oder zu bekommen usw. Daß dieser ›Kern‹ allerdings mit ›demokratischen, sozialen, menschenfreundlichen, ehrlichen‹ Falsch- und Lügenpackungen von Gruppen bzw. Personen jeglicher Couleur kaschiert wird, ist hinreichend bekannt. Geblieben sind von den antiken und mittelalterlichen Ansprüchen zur Wahrheitsfindung nur die Bezeichnungen ›Rhetorik und Dialektik‹ – die Ansprüche selbst sind in des Wortes doppelter Bedeutung antik und mittelalterlich. Es hat darum auch keinen Zweck, eine zeitgemäße Definition für diese historischen Begriffe zu finden, denn sie würden – wie immer sie lauten mögen – den ursprünglichen Vorstellungen zur Wahrheitsfindung blanken Hohn sprechen.
Begnügen sollten wir uns mit der einfachen Definition:
Dialektik ist die Kunst zu überzeugen,

wie und mit welchen Mitteln das auch immer geschieht. Hinter dieser kurzen Definition verbirgt sich dennoch ein faszinierendes Gebiet, welches als Spiel von Frage und Antwort zur Wahrheitsfindung bis zur mißbräuchlichen Verwendung, um das Falsche wahr und das Wahre falsch erscheinen zu lassen, reicht.

Die heutige Dialektik läßt sich grob in **faire** und **unfaire Dialektik** einteilen. Beide Formen können sowohl auf der Sach- als auch auf der Beziehungsebene bzw. in beiden Ebenen eingesetzt werden. Die Grenzen sind dabei fließend; es ist nicht möglich zu behaupten, Vorgehensweise A ist ausschließlich fair und B unfair. Das mag bereits an der groben Einteilung »fair – unfair« liegen, die damit schon ein Werturteil impliziert: Fair ist das, was gut – unfair das, was schlecht ist. Eine Relativierung ergibt sich dann, wenn nach dem Ziel gefragt wird: Was soll durch Dialektik erreicht werden? Soll z. B. der ›Wahrheit‹ zum Siege verholfen werden, unabhängig davon, wer sie vertritt – und was ist dann ›die Wahrheit‹? Ein bekannter Landesministerpräsident in Deutschland schwäbelte einst über das Verhältnis des nationalsozialistischen Rechts zum heutigen Recht: *»Was damals Recht war, darf heute nicht Unrecht sein!«*

Gibt es z. B. eine ›absolute‹ und eine ›relative‹ Wahrheit? Oder reicht statt ›Wahrheit‹ die ›Gewißheit‹? Die Erreichung der Gewißheit auf dem Wege der Wahrheitsfindung wird von vielen Zeitgenossen als höchste Stufe der Erkenntnis vertreten, weil »absolute Wahrheiten« nicht erreichbar sind. Doch die Gewißheit ist ein psychischer Zustand, der es schwermacht (und oft unmöglich), das Wissen, welches man hat, anzuzweifeln und in Frage zu stellen. Entscheidend ist allerdings, *wie, durch wen, auf welchem Wege und mit welchen Mitteln* dieses Wissen erworben, dem zufolge ›überzeugt‹ wurde. Wurde man überzeugt oder wortreich überredet? Wenn Überzeugung erreicht werden soll, dann muß versucht werden, den Gegner mit eigenen Erkenntnissen auf ›logisch-dialektischem Wege‹ so zu beeinflussen, daß es bei ihm über die ›Wahrscheinlichkeit‹ zu einer steigenden Gewißheit und damit zur ›Überzeugung‹ kommt, daß unsere Position die richtige ist. Doch damit wurde zweifelsfrei ›manipuliert‹ – also ist selbst faire Dialektik selbstverständlich auch ›Manipulation‹, gleichgültig, ob diese nun durch eigene, ehrliche Überzeugung oder durch ›Recht-haben-Wollen um jeden Preis‹ erfolgt. Unfair wird in diesem Zusammenhang alles das, was auf der Ebene der emotionalen Beziehungen meist mit persönlichen (unfairen) Angriffen verbunden wird.

»Mein schlimmes Schicksal verrate ich Ihnen auf der nächsten Seite ...!«

Um Dialektik erfolgreich in der Praxis anzuwenden, muß diese **in der Grundform einfach** sein – das ist eine ganz zentrale Erkenntnis aus unseren Seminaren, die ›die Kunst des Überzeugens‹ zum Inhalt hatten. Und zwar nicht deswegen, weil die Materie den Teilnehmern generell ›zu kompliziert‹ war oder nicht verstanden wurde, sondern einzig aus dem Grund, weil jede Diskussion und Argumentation emotional besetzte Werte und Aspekte hat. Emotionen aber – so weiß man – verdecken und verhindern sehr oft eine logisch-nüchterne Vorgehensweise. Damit soll klar gesagt werden, daß es ein einfaches Übertragen unserer Empfehlungen zur Vorgehensweise in der Dialektik (und ebenso ihre Abwehr!!) in die Alltagsrhetorik nicht ›funktionieren‹ kann. Erst das ständige Üben bringt den erwünschten Erfolg. Enorm wichtig hierbei: Verschaffen Sie sich ständig kleine Erfolgserlebnisse, und lassen Sie sich von ›Mißerfolgen‹, ob anfänglich oder später, nicht demotivieren!

Ein weiterer Aspekt muß im Zusammenhang ›Erlernen dialektischer Gesprächsführung‹ aufgezeigt werden, der einer alltäglichen Erfahrung entspricht. Als besonders fatal im Sinne von ›störend‹ erweist sich nämlich stets das Vorurteil, daß Schlagfertigkeit grundsätzlich als Zeichen besserer Disputationskunst angesehen wird. Das stimmt so nicht. Schlagfertigkeit ist zwar eine ›rhetorische Gabe‹, die bis zu einem gewissen Grad ›trainiert‹ und als ein Zeichen der Überlegenheit gesehen werden kann, aber sie kann auch eine Falle sein. Sie wird sogar zu einer sehr üblen, folgenschweren Falle, wenn der Schlagfertige in seine eigene (schlagfertige) Fähigkeit ›verliebt‹ ist und im Grunde darauf hofft und alles darauf abstellt, mit einem Schlag fertig zu sein (oft zu beobachten übrigens bei Menschen mit ›Mutterwitz‹). Als ›Sieger‹ verläßt der Schlagfertige aber nur dann den Platz, wenn er ein Publikum hat, welches generell Schlagfertigkeit als Maßstab für einen Diskussionssieg wertet. Das mag für Moderatoren mit ihren Gästen in Rundfunk und Fernsehen oder für Politiker in Interviews gelten, die stets mit den Worten: *»Vielen Dank für das Gespräch!«* verabschiedet werden.

In wichtigen Verhandlungen ist das anders. Dort steht nicht der verbale Dank, sondern die Unterschrift an erster Stelle. Und die

bekommt in der Regel nicht der, der lediglich ›schlagfertig‹ war, sondern der- oder diejenige, der/die mit den besseren Argumenten beweiskräftig überzeugt hat. Und dennoch: Nichts gegen eine sinnvolle und gelungene Schlagfertigkeit! Aber sinnvoll und gelungen ist sie nur dann, wenn sie zum wirklichen Vorteil führt – und das kann sein: Verblüffung/Sprachlosigkeit beim Gegner, Überrumpelungseffekt, Zeitgewinn, Ablenkung vom Thema, ›Übertünchen‹ eigener schwacher Argumente usw. *»Und wie wird man nun schlagfertig?«* – fragten einige Zeitgenossen, die mich ›gebührenfrei‹ frequentieren wollten. *»Ganz einfach«,* antwortete ich, *»Sie brauchen nur zum richtigen Zeitpunkt eine originelle Antwort oder ein Zitat zu bringen!«* (Verständliche Pause.) *»Und wie lernt man das konkret?«* – war die (logische) nächste Frage. *»Indem Sie drei Dinge tun, nämlich a) dieses Buch kaufen, b) es lesen und c) die Beispiele üben!«*

Zunächst zum Aufbau einer dialektischen Gesprächsführung, die wir anhand der einfachen Betrachtungsweise beginnen wollen, daß die Dialektik von **drei zentralen Ansatzpunkten** ausgeht:

1. WAHRHEIT,	die oft nicht voll genannt wird (Halbwahrheiten sind meist gefährlicher als Lügen), und Wahrscheinlichkeit, die in unterschiedlichen Stufen zur Gewißheit führt, und es als psychischer Zustand schwermacht, eine Aussage zu bezweifeln.
2. LOGIK,	als reiner Denkakt, der zur Wahrheit keine Stellung nimmt.
3. SCHLAG-FERTIGKEIT,	als rhetorische Sprachspiele, welche Aussagen in die richtige Sprache ›verpacken‹ und/oder bewußt verwirrend, irreführend etc. dazu gehören und (meist emotional) eingesetzt werden.

Zur ›Wahrheit‹:

Zu der seit Menschengedenken existierenden Problematik, über die ›Wahrheit‹ einig zu werden, sie ›objektiv‹ feststellen zu können, dem Finden zu dienen, wurde zuvor schon einiges gesagt. Ebenfalls nicht neu ist, daß Halbwahrheiten meistens schlimmer als Lügen sind. Der Grund ist sehr einfach. Wir Menschen ›suchen‹ seit unserem Bestehen stets nach der Wahrheit. Je vielfältiger, umfangreicher und somit erdrückender die Informationen sind, die uns auf diesem Wege zur Wahrheit begleiten, uns wahrhaft lenken oder irritieren sollen, umso mehr sind wir bereit, ja oft dankbar, Anhaltspunkte aufzugreifen, nach denen wir auf diesem Weg ›gesucht‹ haben. Sie erleichtern uns die »Gewißheit«, auf dem richtigen Wege zu sein. Wenn auch das letzte Quentchen Wahrheit stets fehlt, so wird dies die meisten Menschen nicht daran hindern, das bisher Erfahrene als ›die Wahrheit‹ zu erkennen.

Zwar würde kein vernünftiger Mensch sich mit dem Argument jenes Bankangestellten zufriedengeben, der seinem Kunden, welcher 1000,– € in Eurostücken forderte, aus einem Geldhaufen

800,– € vorzählte und den Restbetrag mit der Bemerkung rüberschob: *»Die 800,– € haben gestimmt, also wird der Rest auch stimmen!«* Doch in der Suche nach Wahrheit begehen wir in unserer Argumentation stets diesen Fehler. Es mag auch eine Rolle spielen, daß wir nicht immer bereit sind, die Mühen eines vollständigen Beweises auf uns zu nehmen, und statt dessen nur bestimmte Informationen aufnehmen. Dadurch ist zu verstehen, daß Halbwahrheiten, die bestimmte Schlüsselreize implizieren, von uns besonders gefiltert und empfangen werden. Werden diese dann in eine logische Schlußfolgerung eingebunden, besteht für die meisten Menschen kein Zweifel mehr an der Wahrheit der Gesamtaussage – obwohl sie nur den Zustand der »Gewißheit« erreichen. Unschwer ist also zu erkennen, daß die Einbindung von Halbwahrheiten in den ›logischen‹ Zusammenhang einer Argumentation ›teuflisch gut‹ ist. Sich dagegen zu wehren, setzt eine schnelle Auffassungsgabe, analytisches Denkvermögen und eine schnelle Reaktion voraus.

Zur Logik:

Als zweiter Ansatzpunkt wurde die Logik genannt – sie ist das ***Herzstück*** der Dialektik. Die Logik wird von den meisten Menschen als ›Straße zur Wahrheit‹ empfunden; entsprechend wird der logisch denkende Mensch geachtet und bewundert. Menschen, die einen logischen Zusammenhang nicht verstehen, werden von ihren Kontrahenten mit dem Urteil ›blöd‹ stigmatisiert. **Unter klassischer Logik verstehen wir die Lehre vom Begriff, Urteil und Schluß,** wobei insbesondere die *»conclusio«,* die Konklusion (Schlußfolgerung), besondere Aufmerksamkeit erfordert.

Die Regel in der sprachlichen Logik ist der **Syllogismus,** ein logischer Dreisatz, dem zufolge von zwei vorhandenen Aussagen verbindlich/logisch auf eine dritte Aussage (Konklusion) geschlossen werden kann. Dazu ein bekanntes Beispiel:

*** Nichts ist besser als das Himmelreich.
*** Ein warmes Bier ist besser als nichts.

*** Folglich ist ein warmes Bier besser als das Himmelreich.

Mit solchen einfachen Beispielen des sprachlich-logischen Dreisatzes läßt sich eine Menge Unsinn anstellen, weil die Schlußfolgerung nach den vorhergegangenen Sätzen und der Ableitung ›logisch‹, aber eben nicht ›wahr‹ ist. Hinzu kommt, daß sprachliche Begriffe, Worte, Namen, Bewertungen usw. emotional besetzt oder mehrdeutig sein können (Ambiguität). Dazu zwei Beispiele, in denen die Wörter »Fuchs« und »Schlange« mehrdeutig verwendet werden:

*** Der Fuchs ist ein Vierbeiner.
*** Der Chef ist ein Fuchs

*** Folglich ist der Chef ein Vierbeiner.

Oder:

*** Die Schlange ist ein Kriechtier.
*** Die Chefsekretärin ist eine Schlange.

*** Folglich ist die Chefsekretärin ein Kriechtier.

Auf diese Art läßt sich aus einem normalen Betrieb mit Menschen ein ganzer Zoo machen. Entstehen kann dieses aber nur darum, weil Syllogismen eine gewisse Gläubigkeit erzeugen, indem sie vertraute Positionen oder Begriffe in einen logischen und damit (scheinbar) wahren Zusammenhang stellen. Daß damit einer trefflichen Manipulation Tür und Tor geöffnet sind, versteht sich von selbst.
Man kann nun die Schlußfolgerung aufgreifen und den logischen Dreisatz weiterführen – bis zum Nonsens. Im April 1991 war ich Gast in der Talkshow »Dall-As«. Der bekannte Talkmaster Karl Dall forderte mich auf, dialektisch nachzuweisen, wie ›gut er sei‹. Ich wählte folgendes Beispiel:

*** *»Nichts ist besser als das Himmelreich.*
*** *Karl Dall ist besser als nichts.*

*** *Folglich ist Karl Dall besser als das Himmelreich!«*

Zustimmung vom Publikum. Karl Dall freute sich; allerdings zu früh, denn ich führte weiter aus:

*** *»Nichts ist besser als Karl Dall.*
(Das wurde ja gerade bewiesen!)
*** *Ein warmes Bier ist besser als nichts.*

*** *Folglich ist ein warmes Bier besser als Karl Dall ...!«*,

prostete ihm zu und hatte die Lacher auf meiner Seite.
Zurück zur ernsthaften Dialektik. Entscheidend – neben der logischen Ableitung – ist vor allem, daß die Anfangsaussagen akzeptiert werden. Diese Akzeptanz ergibt sich aus der Einbindung von Allgemeinweisheiten, gültigen Normen und Wertmaßstäben oder auch speziellen Erkenntnissen bzw. Weisheiten.
Dazu gibt es eine Vielzahl von Vorgehensweisen, die wir aus Gründen der Praxisorientierung auf zwei beschränken wollen. Um sich gegen faire und unfaire Dialektik wehren zu können, ist es nämlich nicht erforderlich, alle Varianten zu kennen, sondern vor allem ist es wichtig, daß die prinzipielle Vorgehensweise ›Dialektik‹ erkannt wird. Dazu wollen wir zwei Grundformen darstellen:
1. Deduktion
2. Induktion.

2.4.1 Deduktion

Die Deduktion ist die erste (und in der Praxis übliche) Grundform des logischen Schließens. **Deduktion schließt vom Ganzen auf einen speziellen Teil bzw. vom Allgemeinen auf das Besondere.** Mit Hilfe der logischen Regeln des Schließens können aus wahren oder als wahr angenommenen Aussagen weitere Aussagen abgeleitet (deduziert) werden, die dann ihrerseits für weitere Deduktionen benutzt werden können.

Die Anwendung der Deduktion setzt **Anfangsaussagen (Axiome)** voraus, die ihrerseits nicht abgeleitet oder bewiesen werden. Üblicherweise werden solche Aussagen vorangestellt, die allgemein bekannt und/oder glaubhaft sind. Ein besonders erfolgreicher Weg ist dann gegeben, wenn es gelingt, vieldeutige Begriffe, Allgemeinplätze, gültige Werte und Normen etc. in die Axiome einzubauen, die zwar jeder kennt, für die aber meistens Definitionen nicht erwartet werden, weil diese Begriffe Allgemeinwerte besitzen, wie z. B. *Heimat, Vaterland, Gerechtigkeit, Ausländerfeindlichkeit, Wahrheit, Demokratie, Rechtsstaatlichkeit, Ehrlichkeit, offene Gesellschaft, Nächstenliebe* etc. Solche Begriffe sind mit Werten besetzt, aber **ein Wert kann bekanntlich hoch oder niedrig sein.** Als Beispiel dazu der Begriff »Heimat«. Keine andere Sprache dieser Welt kennt diesen Begriff so, wie wir ihn ›kennen und werten‹, und er kann auch in keine andere Sprache so übersetzt werden, daß dann darunter das Phänomen verstanden wird, das wir unter »Heimat« verstehen. Aber was ›verstehen‹ wir konkret darunter? Auch die deutsche Sprache hat dafür keine einheitliche, allgemeingültige Definition, weil die Werte und Normen, die an diesen Begriff gebunden sind, einfach zu unterschiedlich von jedem Menschen verstanden werden. Ähnlich verhält es sich mit anderen Begriffen, die Allgemeinplätze beschreiben. Die Verwendung dieser Begriffe ist also nicht nur ungefährlich, unverfänglich, sondern sogar sehr nützlich, weil sie meistens moralisch gültige Wertmaßstäbe implizieren. Auch die Emotionalitäten, die diese Begriffe auslösen, spielen eine große Rolle, z. B. »Ausländerfeindlichkeit« (wer will das schon?) oder »Gerechtigkeit« (wer will das nicht?).

Entscheidend in der deduktiven Vorgehensweise ist also, daß – vereinfacht – ›Allgemeinweisheiten‹ verwendet werden. Die Grundform der Deduktion ist wiederum der sprachliche Dreisatz, gebildet aus

a) **dem 1. Obersatz** (Axiom, meistens eine Allgemeinweisheit) und
b) **dem 2. Obersatz** (meistens eine spezielle ›Weisheit‹), die dann zur
c) **Konklusion** (Schlußfolgerung)

herangezogen wird. Hierzu zwei Beispiele:

1. Obersatz:	**Alle Menschen sind sterblich.**	(Allgemeinweisheit)
2. Obersatz:	**Auch der reichste Mann der Welt ist ein Mensch.**	(Spezielle Weisheit)

Konklusion:	**Also ist auch der reichste Mann der Welt sterblich.**	

Oder:

1. Obersatz:	**Alle Behinderten sind bedürftig.**	(Wer wüßte das nicht?)
2. Obersatz:	**Herr Müller ist ein Behinderter.**	(Das sieht doch jeder!)

Konklusion:	**Folglich ist Herr Müller bedürftig.**	(Der ist doch Millionär ...!)

Es ist nun wichtig, daß der Gegner auf eine **»gedankliche Schiene«** gebracht wird, die – weil es eine Allgemeinweisheit ist – nicht verdächtig erscheint und meistens vom Gegner widerspruchslos akzeptiert wird. Dazu das Beispiel:

1. Obersatz:	**Alle Vögel können fliegen.**	(Das weiß doch jeder!)
2. Obersatz:	**Der Sperling ist ein Vogel.**	(Das weiß auch jeder!)

Konklusion:	**Folglich kann der Sperling fliegen.**	(Das ist doch logisch!)

Das ist zwar immer noch ein banales Beispiel, und den meisten Teilnehmern unserer Rhetorik- und Dialektik-Seminare war bis jetzt nichts aufgefallen. Und doch wurden sie hinter das berühmte Licht geführt, weil sie in eine erste, kleine Falle getappt waren. In diesem Beispiel wurde nämlich als erster Obersatz eine Allgemeinweisheit vorangestellt, über die kaum einer nachdachte, weil ›Vögel eben fliegen können‹. Erst als der logische Dreisatz durch einen neuen zweiten Obersatz geändert wurde, ›fiel der Groschen‹:

*** **Alle Vögel können fliegen.**
*** **Der Strauß ist ein Vogel.**

*** **Folglich kann der Strauß fliegen ...** (Kann er das?)

Er kann es nicht, wie wir alle wissen, und es gibt mindestens fünf weitere Tierarten, die als ›Vögel‹ bezeichnet werden und nicht fliegen können. So lösten auch die nächsten Beispiele prompt Einsprüche aus, obwohl wieder von einer (glaubwürdigen) Allgemeinweisheit ausgegangen wurde:

*** **Schwangerschaften bei Frauen dauern neun Monate.**
*** **Gabi ist schwanger.**

*** **Folglich dauert Gabis Schwangerschaft neun Monate.**

Das ›schluckten‹ die Teilnehmer schon nicht mehr widerspruchslos: *»Es gibt auch Sieben-Monats-Schwangerschaften oder Fehlgeburten nach x Wochen«, «Gabi kann sich ja bereits im fünften Monat befinden, dann stimmt die Konklusion nicht mehr«, »Mit ›Ärzte-Zuschlag‹ dauern Schwangerschaften 40 Wochen«,* usw.

Der erste wichtige Schlüssel zum Erkennen eines dialektischen Redeaufbaus (nach der deduktiven Methode) ist die Verallgemeinerung im ersten Obersatz. Das ist in einfachen Beispielen, wie diese dargestellt wurden, ohne weiteres möglich. Sobald die Beispiele aber komplizierter und mit entsprechender Rhetorik vorgetragen werden, wird das schwieriger. Hinzu kommt etwas sehr Wesentliches: Man muß auf das Erkennen einer dialektischen Vorgehensweise (in diesem Fall Deduktion) ›trainiert‹ sein, also die ›richtigen Antennen‹ haben. Das ist zwar theoretisch möglich, in der Praxis aber muß man davon ausgehen, daß es in einem längeren Gespräch mit einem versierten Dialektiker kaum gelingt, jede dialektische Falle zu erkennen und zu umgehen. Auch in der Literatur finden sich unzählige Beispiele dialektischer Vorgehensweisen, die erst nach mehrmaligem Lesen enttarnt werden können. Wie sollte das unmittelbar und sofort z. B. erst in einem Streitgespräch geschehen? Wer aufmerksam z. B. eine politische

»Was soll ich gesagt haben ...?«
»Unser Herrgott hat gesagt: Wehe Satan ...!«
J. Vogel

Diskussion mit geschulten Rednern im Fernsehen verfolgt, wird – wenn er ehrlich ist – beiden Redeparteien gute Argumentationsführung bescheinigen. Und wer wäre nicht schon einmal in die Sowohl-Als-auch-Position geraten, weil jede Partei eine Argumentation vorbrachte, mit der man sich jeweils identifizieren konnte?

Doch wenn man die Video-Aufzeichnungen sehr interessanter Diskussionen unter dem Aspekt *›Wurde sachlich argumentiert oder manipuliert, und wenn ›ja‹, wie wurde manipuliert?«* nochmals abspielt, kommt man in den meisten Fällen zu der Erkenntnis, daß die Zuhörer auf eine ›gedankliche Schiene‹ gebracht wurden. Das heißt konkret, der Disputant versuchte (oft erfolgreich), mit bestimmten Begriffen, die einem anerkannten Wert- und Normensystem entsprachen, die Zuhörer zu zwingen, in einer bestimmten Richtung zu denken. Daß in der satanischen Verhandlungskunst diese ›gedankliche Schiene‹ aber eher mit **Locken auf eine falsche Fährte** bezeichnet werden muß, sei mit einem Beispiel erklärt, welches ich selbst gerne in meinen Seminaren verwende. Ausgangspunkt ist die Unterscheidung
a) Autorität ... und
b) autoritär.

Eine ›**Autorität**‹, so meine Argumentation, hat es im allgemeinen nicht notwendig, ›autoritär‹ aufzutreten. Wer aber **›autoritär‹** auftritt, will entweder etwas verbergen, verdecken (z. B. eigene Unvollkommenheit) oder hat eine hohe Prestige- bzw. Machtmotivation. Es ist sehr wichtig, daß dieses erkannt und darauf ›reagiert‹ wird. Der Volksmund sagt zwar: *»Bangemachen gilt nicht!«,* aber in der Verhandlungspraxis sieht das ganz anders aus. Oftmals betritt eine Person den Raum – und plötzlich ist dieser Raum ›ausgefüllt‹, scheinbar ist kein Platz mehr vorhanden für eigene Individualitäten (wer wüßte nicht, wie wichtig der ›gelungene Auftritt‹ generell ist). Und wer wüßte nicht, wie viele Zeitgenossen sich eben dadurch blenden und beeindrucken lassen. In den meisten Fällen spielt auch das Drumherum, die Situation, in der sich der andere befindet und durch die man zwangsweise ›geschleust‹ wird, eine große Rolle: der junge Reporter, der die Chance erhält, endlich den Minister interviewen zu können, oder der Journalist, der zum ›Herrn Intendanten‹ gerufen wird, oder die ›nachgeordnete‹ Mitarbeiterin, die zum ›Big Boss‹ bestellt wird, oder der bislang unbescholtene Bürger, der plötzlich ›vor Gericht zitiert‹ wird … usw. Wer hätte da als ›Normalverbraucher‹ nicht ein ›Schmetterlingsflattern‹ in der Magengegend? Und wer – außer den stets ›besserwissenden Maulhelden‹ – würde sich nicht von ›Respektspersonen‹, Situationen und Sachverhalten beeindrucken lassen?

Bereits an dieser Stelle muß also der Hebel angesetzt werden. Weder eine Autorität noch autoritäres Verhalten darf dazu führen, sich selbst ›einschüchtern‹ zu lassen. Einschüchterung kostet entweder Geld oder eigenes Selbstwertgefühl. Beides aber sind kostbare Güter, die nicht verschenkt werden dürfen.
Doch gerade mit diesem Mittel arbeitet man in der ›satanischen Verhandlungskunst‹. Wie immer Autorität, ›autoritäres Verhalten‹ oder beides zusammen eingesetzt werden: das Ziel ist, den Gegner zu schlagen!

Weiter mit dem Beispiel *»auf eine falsche Fährte locken«*. In dem folgenden Beispiel aus meinen Seminaren kommt es mir stets nur darauf an, daß die Teilnehmer *in eine Richtung denken, aber nicht nachdenken,* ***denn wer nachdenkt, fragt. Und wer fragt, zerstört die Vorgehensweise …!*** *Meine verbale und nonverbale Vorgehensweise ist dabei eine Mischung aus ›Autorität, autoritärem Verhalten, Höflichkeit, Hilflosigkeit und täuschendem Vorgehen‹:*

RW: *»Im nächsten Beispiel geht es ums Schachspielen. Nun bin ich selbst kein Schachspieler – das ist auch nicht so wichtig. Wichtig ist lediglich, daß dieses Spiel* ***›unentschieden‹*** *ausgegangen ist. Das nennt man im Schach wohl … äh … um Gottes Willen, das hab' ich vergessen … wie heißt das doch gleich?«* **(Achtung: Täuschung!)**

Teilnehmer: ***»Remis!«***

RW: *»Ach ja! Wie peinlich. Das sollte einem Trainer natürlich nicht passieren! Ich hoffe, Sie nehmen mir meinen kleinen Lapsus nicht übel – ich bitte höflichst um Par-*

*don. Aber dennoch: das Spiel ging ›**unentschieden**‹, also ›**Remis**‹ aus. Aber das ist nicht entscheidend. Entscheidend ist, wie dieses ›**Remis**‹ in der Werkszeitung dargestellt und den Lesern ›verkauft‹ wurde. Hören Sie bitte:*

*In einem autoritär geführten Unternehmen mit dialektisch kaum geschulten Mitarbeitern beschließen der Inhaber (Herr Schlaumeier) und sein Verkaufsleiter (Herr Biedermeier) miteinander Schach zu spielen. Eine Woche darauf stand in der Werkszeitung: **»Herr Schlaumeier errang beim Schachspielen einen ehrenhaften zweiten Platz, während Herr Biedermeier auf dem vorletzten Platz landete.«***

Alle Teilnehmer lachten. Und sofort zog ich die Folie vom Projektor und legte schnell ein neues Beispiel auf:
Thema: Der fehlende Vergleichsmaßstab:
»Ich verachte Bayreuth und Wagner genauso, wie ich immer schon Hitler verachtet habe.«

RW: *»Fällt Ihnen etwas auf?«*
Teilnehmer: *»Klar! Das eine hat mit dem anderen doch nichts zu tun!«*
RW: *»So ist es. Aber dann schlagen wir die Zeitung auf und lesen folgende Schlagzeile:«*

Gauweiler: So geht's nicht weiter
Bahn verdient an Pornos und läßt S-Bahn verrotten

Schlagzeile der Münchner Abendzeitung vom Februar 1988.

Teilnehmer: *»Das hat auch nichts miteinander zu tun!«*

Damit war das ›Ziel‹ erreicht. Das Ziel hieß nämlich: **Auslegen einer falschen Fährte!** Damit sollte erreicht werden, daß die Teilnehmer ›nicht nachdenken‹. Denn wenn sie die Möglichkeit des ›Nachdenkens‹ gehabt hätten, hätten sie herausbekommen, daß es im Beispiel ›Schachspielen‹ kein ›Remis‹ gab, sondern daß Herr Biedermeier gewonnen hat, denn wenn nur zwei miteinander spielen, ist doch der ›Vorletzte‹, also der, der VOR dem Letzten kommt, der Sieger! Üblicherweise legte ich – ohne diese Erklärung – das Beispiel nochmals auf und ließ die Teilnehmer in Ruhe ›nachdenken‹. Es dauerte meist nicht lange, bis sich (oftmals zaghafter) Widerspruch regte. Doch diesen ›zerschlug‹ ich mit massiv vorgebrachten Hinweisen, daß *»ich als Trainer nun mal festgelegt habe, daß dieses Spiel* ***unentschieden*** *ausgegangen sei und sich die Teilnehmer auch daran zu halten hätten!«* Und je mehr Widerstand sich gegen diese autoritären Maßnahmen des Trainers regte, um so mehr verlagerte ich meine Erwiderung, die manchmal auch ›unterhalb der Gürtellinie‹ zuschlug, auf die ›Beziehungsebene‹. (*»Ich kann doch für Ihre Volksschulbildung nichts!«, »Wenn Sie das nicht begreifen, dann stören Sie bitte nicht den Seminarfortgang«, »Ich bin bereit, weil Sie da offensichtlich Probleme mit der Logik haben, Ihnen das nach dem Seminar nochmals zu erklären!«,* usw.)

In den meisten Fällen begriffen die Teilnehmer sehr schnell, welches ›Spielchen‹ der Trainer mit ihnen veranstaltete. Es gab aber auch Seminare, da waren alle Teilnehmer von der massiv vorgetragenen ›Verärgerung‹ des Trainers, ihrer gegenwärtigen ›Autoritätsperson‹, tief beeindruckt – und schwiegen betreten! Aber nicht lange. Denn die rote Karte, die der Trainer gegen sich selbst zog, machte allen Teilnehmern schnell klar, worum es hier eigentlich ging und wie nachhaltig beeindruckend es möglich ist, das Verhalten von Menschen durch eine Autorität und/oder autoritäres Verhalten zu manipulieren, um damit ›satanisch zu verhandeln‹. Und plötzlich erkannten die meisten Teilnehmer, wie oft sie auf diese Art und Weise schon über den Tisch gezogen‹ worden waren. Wer aber über diesen entscheidenden Punkt kommt, **wer**

also über sich selbst die Kontrolle behalten kann und sein **eigenes Verhalten nicht ›fremdbestimmen‹** lassen will, hat die wichtigste Voraussetzung erlangt, auch ›satanischer Verhandlungskunst‹ zu widerstehen.

Die Leser haben im Beispiel ›Schachspielen‹ sicher gemerkt, daß Wörter, die sich ständig wiederholen, in **Fettdruck** geschrieben wurden – im vorangegangenen Beispiel waren es die Wörter **›unentschieden‹** und **›Remis‹.** Es sind **›Schlüsselwörter‹,** die sich der Zuhörer merkt. Damit soll eine sehr erfolgreiche Vorgehensweise aufgezeigt werden, die davon ausgeht, daß sich durch das Aufgreifen von Schlüsselwörtern und deren Verwendung im nächsten Satz eine **»Gedankenschiene«** ergibt, die mittels Deduktion in der Schlußfolgerung zum **»Beweis«** führen soll. Es wird also durch eine ›Verkettung‹ von Schlüsselwörtern manipuliert, und darum nennen wir diese Vorgehensweise auch die **»manipulierte Schlüsselwort-Kette«.**

Wie ein roter Faden ziehen sich diese Schlüsselwörter durch die Argumentation und können – je nach Absicht – erklärt, verworfen, positiv, negativ etc. erläutert und somit in den Text ›eingebunden‹ werden. Das ist eine sehr beliebte (und erfolgreiche) Vorgehensweise bei Politikern, die zu einem Sachverhalt XYZ befragt werden und (meist) emotional besetzte Schlüsselwörter an eben diesen Sachverhalt binden, um diese dann im Syllogismus entweder positiv oder negativ einzubringen. Was sich nun aber so kompliziert und ›rhetorisch geschult‹ anhört, ist in der Praxis relativ einfach, wenn man sich das Schema ansieht, welches dieser Vorgehensweise zugrunde liegt (Fettdruck sind die Schlüsselwörter):

Frage: xxx**XXXX**xxxxxxxxxxxxxxxxxxxxxxxxxxxx
Antwort: xxxxxxxxxxxxxxxxxxxx**XXXX**xxxxxxxxxxxx
xxxxxxx**XXXX**xxxxxxxxxxxxxxxxxxxxxxxxxxxxxxxx
xxxxxxxxxxxxxxxxxxxxxxxxx**XXXX**xxxxxxxxxxxxxxx
xxxxx**XXXXX**xxxxxxxxxxxxxxxxxxxxxxxxxxxxxxxxxx
1. Obersatz: xxxxxxxxxxxxxxxxxxxxx**XXXX**xxxxxx
2. Obersatz: xxx**XXXXX**xxxxxxxxxxxxxxxxxxxxxxx

Konklusion: xxxxxxx**XXXXXXXXXXXX**xxxxxxxxxxxxx

Aus dieser formalen Darstellung ist zu erkennen, daß die Schlüsselwörter direkt zur Konklusion führen. Der Zuhörer wird also auf eine ›Denkschiene‹ gesetzt, die offenbar keine Möglichkeit zuläßt, von der ›geraden Denkschiene‹ nach rechts oder links auszuweichen. Hier muß nochmals Bezug genommen werden auf die Begriffe, die Allgemeinplätze darstellen (Heimat, Ausländerfeindlichkeit, Gerechtigkeit etc.) und die in ein Wert- und Normensystem eingebunden sind (vom ›gesunden Volksempfinden‹ über ›christliche Werte‹ bis hin zur ›Bürgerpflicht‹). Aber nicht nur Politiker haben diesen Bogen raus, sondern auch so manches Nachrichtenmagazin im Fernsehen bedient sich dieses Tricks. Der Zuschauer folgt gebannt den Ausführungen des Moderators, der über Werte redet, die nicht ›in Frage gestellt werden‹ können, führt diese in einem Syllogismus zusammen, entsprechend spektakuläre Filmberichte ›untermauern‹ diesen ›Beweis‹, und es kommt entweder unmittelbar ein neuer Bericht, oder das Magazin verabschiedet sich mit Musik-Getöse. Wie auch immer: Nachdenken unmöglich!

In der Verhandlungstechnik dagegen kann nicht einfach zu einem anderen Thema übergegangen oder die Sendung abgeschaltet werden. Wer eine Vorgehensweise zur eigenen Manipulation erkennt, kann sich wehren – wenn er kann …! Wie dazu das Instrumentarium konkret aussieht, wird am Ende dieses Kapitels zusammenfassend dargestellt und erläutert. Zunächst jedoch weitere Erklärungen zur Induktion.

2.4.2 Induktion

Die Induktion ist die zweite Methode, die erläutert werden soll, und führt vom besonderen Einzelfall auf das Allgemeine, Gesetzmäßige, um daraus die logische Schlußfolgerung zu ziehen. Sie ist quasi eine ›umgekehrte Deduktion‹. Das Beispiel hierzu:

*** **Heinrich ist ein Mensch.**	(Einzelfall)
*** **Alle Menschen sind sterblich.**	(Allgemeinfall)

*** **Folglich ist Heinrich sterblich.**	(Konklusion)

Die Induktion ist als Schlußverfahren wissenschaftlich strenggenommen zwar nicht zulässig, wird aber in der Regel akzeptiert, wenn zwischen der Zahl der Ausgangsfälle und der Zahl der Fälle, auf die geschlossen wird, eine bestimmte Relation besteht.

Das ist z. B. in der politischen Diskussion anders, denn wer achtet in einer politischen Argumentation schon auf wissenschaftliche Akribie? Hier zählt einzig der Effekt, ›wählerwirksam‹ ein Ziel zu erreichen. Als Beispiel sei die ›Asylantendebatte‹ genannt. Zunächst einmal wird mit ›Asylanten‹ ein Begriff verwendet, in dem eher negative Obertöne mitschwingen – im Gegensatz zu dem Begriff ›Asylbewerber‹. Wenn nun aber bereits mit weiteren wertbesetzten Begriffen erkennbar werden soll, daß es Asylbewerber gibt, die sich nicht aus politischen, sondern aus wirtschaftlichen Gründen um ›Asyl bewerben‹, taugt der Begriff ›Schein-Asylbewerber‹ nichts. Wesentlich ›besser‹, weil negativer, klingt der Begriff ›Scheinasylanten‹. Daß es Menschen aus fremden Ländern gibt, die – obwohl sie dort politisch nicht verfolgt werden – mit ihren Mitteln und Möglichkeiten bei uns versuchen, auf wirtschaftlich besseren Füßen zu stehen als in ihrem Heimatland, ist bekannt (merkwürdigerweise wird dabei selten bedacht, daß die Industrienation Deutschland selbst vorwiegend auf den Export in fremde Länder ausgerichtet ist). Und natürlich ist auch bekannt, daß es Betrüger unter den Asylbewerbern gibt, die durch Tricks mehrfach Sozialhilfe abkassieren. Das kostet den deutschen Steuerzahler Millionen und läßt die Volksseele kochen. Weniger Beachtung findet da das Argument, daß alle diese ›ergaunerten‹ Beträge zusammengenommen nicht höher sind als die Schmiergelder (pardon: Auftragsbeschaffungskosten ...), die mancher Groß- oder Rüstungskonzern für die Zuteilung lukrativer Aufträge zahlt. Woher mag *das* Geld wohl stammen ...?

Entscheidend ist aber, daß sich des Volkes Zorn nicht gegen Schmiergelder, sondern gegen ›Betrügereien von Ausländern in der Sozialhilfe‹ richtet. Da sich das einerseits trefflich politisch ›vermarkten‹ läßt, weil es immer noch offene und vor allem latente Ängste gegenüber allem Fremden bei uns gibt, andererseits aber die plumpe Forderung ›Ausländer raus‹ neonazistisch bzw. rechtsradikal und somit ›undemokratisch‹ ist, muß die ›Vermarktung‹ der Ansicht, daß Scheinasylanten ausgewiesen werden müssen, in einen logischen Zusammenhang mit ›unserem Werte- und Normensystem‹ gebracht werden. Das kann – wie wir alle das so oft gehört haben – dadurch erfolgen, daß zunächst über die begrenzte Aufnahmefähigkeit in unserem Land, die angespannte wirtschaftliche Lage und die eigenen, vordringlich zu lösenden sozialen Aufgaben gegenüber ›unseren Mitbürgerinnen und Mitbürgern‹ unter dem Aspekt ›Gerechtigkeit‹ und ›Betrug‹ referiert wird, dann via Schlüsselwörter zu den ›Scheinasylanten‹ geführt und syllogistisch eine Ausweisung geschlußfolgert wird. Im Prinzip also eine ›einfache Sache‹:

***** begrenzte Aufnahmefähigkeit ************
*** Altlasten DDR *****************************
************* wirtschaftliche Lage ***********
***** soziale Aufgaben ***********************
************* Gerechtigkeit *******************
******* Asylanten *****************************
******** Schein und Betrug ********************
*** **Viele Asylanten sind Scheinasylanten.** *****
*** **Scheinasylanten müssen ausgewiesen werden.**

*** **Folglich müssen viele Asylanten ausgewiesen werden.**

Besonders effektvoll kann eine induktive Vorgehensweise dann sein, wenn sie in eine Kette von deduktiv abgeleiteten Argumenten ›eingebaut‹ wird, die miteinander verknüpft sind. Ein Beispiel dazu. Gefordert wird in diesem Beispiel ein **Anti-Terror-Gesetz,** welches in vier Punkten vorgebracht wird:

1. Jede Form des Terrorismus ist mit den Grundrechten in unserer Verfassung, in unserer Demokratie unvereinbar.	*Deduktiver Beginn mit dem ersten Obersatz, einer allgemeinen Wert- und Normenvorstellung der Bürger.*
2. Seit gestern haben wir in unserem Land den Terrorismus, der sich gegen unsere Grundordnung richtet und damit Leben zerstört.	*Noch in der deduktiven Vorgehensweise wird der zweite Obersatz dargestellt, der eine spezielle Erkenntnis darstellt.*
3. In Köln haben die Terroristen durch den kaltblütigen Mord an drei Bürgern bewiesen, daß sie unsere Demokratie und damit unser Leben zerstören wollen.	*Hier erfolgt der ›Einbau‹ einer induktiven Vorgehensweise, indem ein Einzelbeispiel benannt wird.*
------------------------------	
4. Wir müssen deshalb zu einem »Anti-Terror-Gesetz« kommen, damit unsere Demokratie und somit unser Leben geschützt wird.	*Konklusion: Vom Einzelfall der Induktion, aber ›eingebettet‹ in die insgesamt deduktive Vorgehensweise, wird sowohl aus der Induktion wie auch aus der Deduktion die gleiche Schlußfolgerung gezogen.*

Es gibt eine Fülle von Beispielen aus dem politischen Leben, die exemplarisch für die dargestellten Vorgehensweisen sind. Daß insbesondere Politiker-Beispiele verwendet werden, hängt einfach damit zusammen, daß diese via Massenmedien ›frei Haus geliefert‹ werden und somit bekannt sind. Damit werden natürlich Politiker generell ›stigmatisiert‹, d. h. gebrandmarkt. Umfragen aus dem Frühjahr 1993 belegen, daß das Ansehen aller unserer Volksvertreter einen bisher nicht gekannten Tiefstand hat. Verständlicherweise ist das bei Wirtschaftsmanagern anders, denn ihre Vorgehensweisen, die mitunter wesentlich härter, unsozialer und menschenunfreundlicher sind, werden der breiten Masse nicht bekannt. Somit ist die Gattung ›Manager‹, ›Wirtschaftskapitäne‹, ›Führungskräfte‹ etc. eher hoch geachtet. Doch was oftmals an ›satanischer Verhandlungskunst‹ in allen Wirtschaftsbereichen hinter geschlossenen Türen geliefert wird, würde so manchen braven Bürger erschaudern und seine Politikerschelte vergessen lassen …!

Es muß an dieser Stelle nochmals darauf hingewiesen werden, daß Logik nur eine Denkart ist und zur Wahrheit keine Stellung nimmt und darüber hinaus die Logik der Wahrheit oft einen ›Streich spielt‹. Das aber ist in der satanischen Verhandlungskunst ›Methode‹. In zwei Beispielen sei verdeutlicht, daß eine völlig logisch-korrekte Ableitung von Aussagen sowohl eine wahre wie auch eine unwahre Schlußfolgerung zuläßt:

1. Beispiel:

*** **Alle Autos können fliegen.**	(Unwahre Behauptung)
*** **Die Badewanne ist ein Auto.**	(Ebenfalls unwahre Behauptung)

*** **Folglich kann die Badewanne fliegen.**	(Korrekte Konklusion – aber unwahr)

2. Beispiel:

*** **Alle Autos können fliegen.**	(Unwahre Behauptung)
*** **Das Flugzeug ist ein Auto.**	(Ebenfalls unwahre Behauptung)

*** **Folglich kann das Flugzeug fliegen.**	(Korrekte Konklusion – und wahr)

Mit diesen Beispielen soll aufgezeigt werden, daß das Problem im logischen Dreisatz auch darin besteht, daß nur Aussagen erzeugt werden können, die indirekt schon ermittelt wurden. Um überhaupt zu neuen Erkenntnissen zu kommen, müssen wir uns meist mit ›Wahrscheinlichkeiten‹ und oftmals auch mit unbewiesenen Voraussetzungen zufriedengeben. Doch die Gläubigkeit in bezug auf exaktes Denken und die logische Schlußfolgerung behindert sehr oft das ›Ausbrechen‹ aus dem logischen Gedankengebäude. In der satanischen Verhandlungskunst kann das einen Vor- oder einen Nachteil bedeuten: Vorteil, wenn geschickt Schlüsse gezogen werden, die zwar logisch, aber unwahr sind, und Nachteil: wenn das ein ›Verhandlungskünstler‹ nicht kann ...! Logisch.

Um Fehlschlüsse zu vermeiden, geht man in der klassischen Logik von bestimmten Bedingungen aus, die Voraussetzungen für eine gültige Konklusion sind. Man spricht dann von ›Beziehungssatzschlüssen‹ oder ›Implikationsbeziehungen‹. Das in der Literatur oft verwendete Beispiel dazu dürfte von R. Lay stammen, der dieses mit dem Beispiel *»Wenn es regnet, wird die Straße naß«* erläutert hat. Eine solche Bedingung kann **»hinreichend«** oder **»notwendig«** sein. Um das herauszufinden, wendet man die Worte (als Determinanten)

1. »immer wenn ... dann ...«

2. »nur wenn ... dann ...«

an. Damit vermeidet man falsche Schlußfolgerungen. Der Regen ist eine ›hinreichende‹ Bedingung, aber keine ›notwendige‹. Es muß nicht unbedingt regnen, damit die Straße naß wird. Es könnte auch ein Sprengwagen, der Gartenschlauch, die zu weit eingestellte Rasensprenganlage usw. sein. Es ist also nicht unbedingt ›notwendig‹, daß es regnet, damit die Straße naß wird. Mit den beiden Satzanfängen als Determinanten kann man den Fehlschluß verhindern:

Richtig: *»Immer wenn es regnet, dann wird die Straße naß!«*
Falsch: *»Nur wenn es regnet, wird die Straße naß!«*

Im täglichen Umgang miteinander sind Fehlschlüsse an der Tagesordnung, und nicht immer denken sich die Beteiligten allzuviel dabei:

Vater zum Sohn: *»Wenn du Schlagzeug spielst, ist Lärm im ganzen Haus!«*

Eine typische Situation. Der Vater meint natürlich, daß Lärm grundsätzlich nur vom Schlagzeug seines Sohnes erzeugt wird. Er zieht eine falsche Schlußfolgerung, weil er glaubt, es sei eine ›notwendige Bedingung‹ *(»NUR WENN du Schlagzeug spielt, DANN ist Lärm im ganzen Haus«).* Das ist es aber nicht, sondern das

Schlagzeugspielen des Sohnes ist eine »hinreichende Bedingung«, um Lärm im Haus zu erzeugen *(»IMMER WENN du Schlagzeug spielst, DANN ist Lärm im ganzen Hause«).* Es gibt nämlich auch andere Möglichkeiten, Lärm zu erzeugen, wie z. B. das Bohren mit der Bohrmaschine, den Streit mit den Nachbarn usw. Auf die psychologische Wirkung des väterlichen Fehlschlusses beim Sohn wollen wir nicht näher eingehen – vermutet werden kann allerdings der knurrende Widerspruch des Sohnes, weil dieser weiß, daß er nicht der einzige ist, der Lärm erzeugt. Und eine Diskussion darüber, ob die Bedingung ›hinreichend‹ oder ›notwendig‹ ist, wird es wohl auch nicht geben. Sicherlich heißt es statt dessen nur kurz und knapp: *»Schluß mit dem Lärm. Basta!«*

»Seit die Abteilung beschlossen hat, sich aus lauter Angst vor der Revision täglich in die Hosen zu machen, haben wir genau die Leistung, die den vollen Hosen entspricht!«

Vielleicht mag dem einen oder anderen Leser diese Implikationsbeziehung eher als Theorie vorkommen – das ist sie aber keinesfalls! Diese Überlegungen haben sogar eine sehr praktische Bedeutung für die meisten Fehlschlüsse im täglichen Umgang, denn es ist sehr leicht, in eine ›logische Falle‹ zu tappen. Das liegt zunächst einmal daran, daß kaum ein Mensch in der Umgangssprache so spricht, wie es mit unseren Beispielen im Syllogismus aufgezeigt wurde. Wer sagt schon: *»Wenn es regnet, wird die Straße naß!«* Wir sehen die nasse Straße und sagen: *»Es hat geregnet.«* Aber wie bereits gesagt, muß es nicht unbedingt geregnet haben, wenn die Straße naß ist.

Hier ergibt sich allerdings ein fruchtbares Betätigungsfeld in der satanischen Verhandlungskunst. Die Voraussetzungen dazu sind klar: Einerseits verfährt und argumentiert man nach z. B. streng logischen Gesetzen – und darf in nahezu allen Fällen erwarten, daß eine solche Ableitung auch als ›logisch‹ angesehen wird. Wer beschäftigt sich schon ausführlicher mit den Fesseln der Logik, um sagen und mit populären Beispielen belegen zu können, daß streng logische Ableitungen auch eine Menge dummes Zeug produzieren können? Andererseits kann man meistens den streng logischen und einsichtigen Ableitungen nur mit der eigenen Erfahrung oder Einzelbeispielen begegnen, die das Gegenteil aussagen. Auf das häufige Argument der eigenen Erfahrung läßt sich aber kontern:

* *Erfahrung ist immer die Summe aller Irrtümer!*
* *Erfahrung ist immer etwas von ›gestern‹ – und wir sprechen hier von ›morgen‹.*
* *Gegen die Erfahrung des Alters kann die Kreativität der Jugend gesetzt werden!*
* *Jedes Erfahrungsbeispiel kann mit einem Gegenbeispiel widerlegt werden!*

›Logische Verpackungen‹ sind oft uneinnehmbare Festungen. Insbesondere verbal vorgebrachte deduktive Vorgehensweisen, Zirkelschlüsse, Analogieschlüsse usw. sind in der Hitze des Gefechts vom Gegner kaum schnell zu entdecken, geschweige denn zu widerlegen – im Gegensatz zu schriftlichen Formulierungen, bei denen eine Analyse in Ruhe möglich und der Überrumpelungseffekt nicht ohne weiteres möglich ist. Doch je mehr der logische Beweis, d. h. die Konklusion, in Übereinstimmung mit Erfahrungsgrundsätzen des Lebens steht, desto schwieriger ist es, einen ›logischen Fehlschluß‹ aufzuspüren.

Logische Konklusionen dürfen daher keine ›Exoten‹ sein.

Wie schwierig es ist, ein ›logisches Gedankengebäude‹ zu zerstören, mag folgendes Beispiel verdeutlichen, welches im Manuskript zur BR-Hörfunkreihe »Richtig Argumentieren« (1981 TR-Verlagsunion, München) zu lesen ist. In diesem konkreten Beispiel eines Sachverhaltes geht es um das Pro (Befürworter) und

das Contra (Gegenseite) zur gewaltsamen Räumung besetzter Häuser.
Die Argumentation der **Befürworter:**
»Das Recht auf Eigentum wird durch den Artikel 14 des Grundgesetzes gewährleistet. Darüber hinaus ist mit jeder Hausbesetzung der strafrechtliche Tatbestand des Hausfriedensbruchs gegeben. Und wo Strafantrag, Bewilligung und gesicherte Finanzierung vorliegen, sind die Voraussetzungen für eine Räumung klar erfüllt.«
Die **Gegenseite** argumentiert:
»Im Grundgesetz steht, daß Eigentum verpflichtet und auch dem Wohle der Allgemeinheit zu dienen hat. Und in Bayern, Berlin und Bremen ist das ›Recht auf Wohnraum‹ sogar in den Landesverfassungen ausdrücklich verankert, zum Teil sind dafür auch gesonderte Gesetze erlassen. Wo besetzte Häuser gewaltsam geräumt werden oder der Anspruch auf Wohnraum nicht erfüllt wird, wird eindeutig gegen geltendes Recht verstoßen, und es herrscht außerdem noch Verfassungsbruch.«

Aus diesen Beispielen wird deutlich, daß mit logischen Ableitungen die Räumung der besetzten Häuser sowohl gerechtfertigt wie auch verurteilt werden kann. Analysiert man die Texte, so ist in beiden Argumentationen eine deduktiv-logische Vorgehensweise erkennbar. Zunächst wieder die **Befürworter:**

Erster Obersatz: (Allgemeiner Fall)	*Der Staat hat die Aufgabe, gegen Straftaten einzuschreiten.*
Zweiter Obersatz: (Spezieller Fall)	*Bei der Besetzung des Hauses X handelt es sich um eine Straftat.*

Konklusion:	***Also hat der Staat die Aufgabe, gegen die Besetzung des Hauses X einzuschreiten.***

Und nun die Analyse der **Gegenseite:**

Erster Obersatz: (Allgemeiner Fall)	*Der Staat hat durch Gesetze und einige Landesverfassungen die Pflicht, das ›Recht auf Wohnraum‹ zu gewährleisten.*

Zweiter Obersatz: (Spezieller Fall)	*Bei der Besetzung des Hauses X wird das Verfassungsrecht auf Wohnraum in Anspruch genommen.*

Konklusion:	***Die Räumung des besetzten Hauses verstößt gegen geltendes Recht und ist somit verfassungswidrig.***

Hier ergibt sich durch den beiderseitigen Begründungsaufbau eine ›logische Fessel‹, denn die Obersätze der Ableitungen und die Konklusionen ergeben kein neues Argument; sie sind Begründungen bzw. Interpretationen dessen, was schon bekannt ist. Um aus diesem ›Gefängnis der Logik‹ herauszukommen und um den Versuch zu starten, neue, stichhaltige Argumente hervorzubringen, müßten ›richtige Fragen‹ gestellt oder neue Argumente eingebracht werden, z. B. nach den **Vor- und Nachteilen der Räumung.** Zitat aus dem Manuskript der BR-Sendereihe, zunächst wieder die **Befürworter:**
»Je länger der Staat nicht dagegen einschreitet, daß durch Hausbesetzungen Recht gebrochen wird und Gewalt sich ausbreiten kann, desto mehr geht in der Bevölkerung das Vertrauen in unsere Rechtsordnung verloren, mit der Folge, daß zum Beispiel überzeugte Demokraten sich immer häufiger weigern, ihre Strafzettel, aber auch Mieten und Steuern zu bezahlen.«
Nun wieder die **Gegenseite:**
»Je häufiger der Staat einzelnen Menschengruppen ihr verfassungsmäßig verbürgtes Recht auf Wohnraum streitig macht und sie gewaltsam aus Häusern vertreibt, von denen Hunderte aus Spekulationsgründen leer stehen, desto mehr Jugendliche werden radikalisiert und dem Terrorismus in die Arme getrieben.«

Erst durch diese oder eine ähnliche Argumentation ergeben sich neue Gesichtspunkte, die eine fruchtbare Weiterführung der Diskussion ermöglichen. Ein logischer Begründungsaufbau aber ist – wenn die Konklusion den Alltagserfahrungen, dem Werte- und Normensystem etc. nicht direkt widerspricht – eine exzellente Vorgehensweise, sich abzuschotten und das Argumentationsgebäude zu einer nahezu uneinnehmbaren Festung auszubauen.

Natürlich muß damit gerechnet werden, daß das der Gegner auch kann und durchführt. In den meisten Fällen entsteht dann ein Patt bzw. der Eindruck bei (neutralen) Zuhörern, daß beide Gegner offenbar ›gleich gut‹ sind, denn es werden keine neuen Argumente, sondern nur bekannte Positionen vorgebracht.

Als letztes Beispiel, wie sowohl die eine als auch die andere Position durch ›logische Ableitungen‹ in ein ›Gefängnis der Logik‹ und damit zu keinen neuen Erkenntnissen führen kann, seien die Argumentation der Ärzte gegen die Gesundheitsreform und die Gegenposition angeführt. Zunächst gelten Ärzte nach Ansicht weiter Kreise der Bevölkerung in Deutschland als ›Großverdiener‹ – unabhängig davon, ob das stimmt oder nicht. Nun ist zwar ›Gewinnmachen‹ in unserer Wirtschaftsordnung kein Makel, aber mittlerweile ist allen Bürgern bekannt, daß die Kosten im Gesundheitswesen unkontrolliert davonlaufen. Es muß also gespart werden, und da ist eben ›Solidarität‹ von allen Partnern gefragt. Doch jeder Bürger weiß auch, daß ›Solidarität‹ nur so lange funktioniert, wie es nicht an den eigenen Geldbeutel geht. Da machen die Ärzte keine Ausnahme. Also argumentiert **die eine Seite:**

*** *»Profite machen ist in unserer Wirtschaftsordnung legal.*
*** *Ärzte machen Profite.*

\-----------------------

*** ***Also ist das Profitemachen der Ärzte bei uns legal.***

*** *Gegen Profitverluste zu kämpfen ist legal.*
*** *Ärzte kämpfen gegen Profitverluste.*

\-----------------------

*** ***Also ist der Kampf der Ärzte gegen Profitverlust legal.«***

Vielleicht würde ein Teil der Bevölkerung den hehren Anspruch der Hippokrates-Verschwörer nach ›ausreichender medizinischer Versorgung der Patienten‹ auch glauben, wenn nicht bekannt wäre und ›erlebt‹ worden wäre, daß es so entsetzlich viele ›schwarze Schafe‹ unter den ›Halbgöttern in Weiß‹ gibt. Und ›klammheimliche Freude‹ über diese Reform macht sich bei vielen Bürgern breit, wenn sie daran denken, wieviel Millionen Euro ein Chefarzt ›verdient‹ und mit welchem ›Leichtlohn‹ medizinische Hilfskräfte und Pfleger in ihrem Streßberuf auskommen müssen. Doch die Argumente der Ärzte und ihrer Standesvertretung sind auch ›nicht von Pappe‹. Ärzte benötigen Entscheidungsfreiheit in ihren medizinischen Entscheidungen, die auf das individuelle Krankheitsbild der Patienten und nicht auf ein ›Sparkonzept‹ ausgerichtet sein müssen. Und schließlich ist es für jeden gesundheitsbewußten Menschen, insbesondere aber für Kranke, ein gewaltiger Unterschied, ob auf einen neuen Anzug, ein neues Auto usw. oder (scheinbar) auf ›ausreichende medizinische Versorgung‹ verzichtet werden muß.

Darum lautet die Argumentation **der anderen Seite:**

*** *»Jeder Patient benötigt ausreichende medizinische Versorgung.*
*** *Ärzte gewährleisten ausreichende medizinische Versorgung.*

*** ***Also benötigt jeder Patient Ärzte, die ... gewährleisten.***

*** *Ausreichende medizinische Versorgung wird nur gewährleistet ohne Einschränkung durch Sparkonzepte.*
*** *Die Gesundheitsreform ist ein Sparkonzept mit Einschränkung.*

*** ***Also wird ausreichende medizinische Versorgung durch die Gesundheitsreform nicht gewährleistet.«***

Werden diese ›holprigen Syllogismen‹ in die sattsam bekannten, salbungsvollen Worte beider Seiten eingesponnen, so ›hören‹ wir die Grundpositionen der Ärzteschaft und des Gesundheitsministeriums. Beide Positionen bringen substantiell keine neuen Erkenntnisse, weil sich beide im ›Gefängnis der Logik‹ befinden und sich beide Gruppen diese Argumentation wechselseitig – mit unterschiedlichen moralischen Ansprüchen – ›um die Ohren schlagen‹. Diesen ›Fesseln der Logik‹ kann nur entronnen und neue Erkenntnisse können nur gewonnen werden, wenn andere Argumente eingebracht oder/und ›richtige Fragen‹ gestellt werden. Unsere Frage: Ist das Beharren auf diesen Standpunkten Ausdruck ›satanischer Verhandlungskunst‹ ...?

»Die meisten Menschen fallen auf Dialektik rein, weil sie keine Antennen *dafür* und somit keine Waffen *dagegen* haben …!«

Zur Abwechslung ein heiteres Beispiel aus der Unterhaltungsserie ***»Flo und Vati«. Heitere Geschichten um Vater und Sohn.***

Wahrheit und Logik.

Ziemlich geknickt und mit einem blauen Auge kommt Flo von der Schule zurück. Vati erkundigt sich, was vorgefallen sei. Flo berichtet unter Tränen, daß es eine Schlägerei in der Schule gegeben habe. Drei Schüler und der Mathematiklehrer, Herr Sauer, hätten bezeugt, daß Flo diese Schlägerei angefangen habe. Daraufhin mußte er zum Direktor, und nachdem alle Beteiligten gegen Flo ausgesagt hätten, habe dieser ihm mitgeteilt, daß Flo das Gymnasium verlassen müßte. Vati würde in Kürze einen entsprechenden Brief vom Direktor erhalten. Vati ist entsetzt. Er tröstet den bitterlich weinenden Flo und läßt sich den genauen Hergang schildern. Dieser Schilderung zufolge ist der Sachverhalt durchaus nicht so klar, wie ihn die Zeugen darstellen. Besonders der Mathelehrer, den Flo nicht leiden kann, habe leidenschaftlich darauf gedrängt, *»im Namen des guten und friedlichen Rufes des Gymnasiums«* Flo dieser Schule zu verweisen. Besonders fatal: Der Mathelehrer ist ein guter Rhetoriker und hat unklare Situationsschilderungen der Schüler mit Hilfe der Logik als ›wahr‹ nachgewiesen. *»Wie der einen falschen Zusammenhang mit Hilfe der Logik als dennoch richtig darstellen kann«*, sagt deprimiert Flo, *»ist kaum zu knacken. Der behält immer recht. Das macht der im Unterricht immer so, wenn was vorgefallen ist. Darum habe ich auch Krach mit ihm!«*

Vati will den Schulverweis auf alle Fälle verhindern. Er greift zum Telefonhörer, ruft den Direktor an und bittet um ein gemeinsames Gespräch mit allen Beteiligten – auch mit dem Mathelehrer. Danach möge der Direktor entscheiden, ob er bei dem Schulverweis bleibt oder ihn zurücknimmt. Der Termin ist für 14.00 Uhr am nächsten Tag im Konferenzzimmer der Schule vereinbart. Liebevoll streichelt Vati den Flo und bringt ihn zu Bett. Er weiß, daß dem Flo diese Sache sehr zu Herzen geht, weil er ungerecht behandelt wurde. Denn Flo fühlt sich »reingelegt« und ist sehr unglücklich.
Auch Vati geht zu Bett. Aber er kann nicht schlafen und denkt nach …!

Pünktlich um 14.00 Uhr erscheinen Flo und Vati im Konferenzzimmer. Die drei Mitschüler sind schon da, und wenig später erscheint der Herr Direktor gemeinsam mit dem Mathelehrer. Die Begrüßung ist spärlich und kühl. Der Direktor bittet alle Beteiligten Platz zu nehmen und ergreift das Wort:

Direktor: »Nun, meine Herren, wir haben uns hier versammelt, um auf Wunsch des Vaters von Flo nochmals über den ... äh ... bedauerlichen Sachverhalt zu sprechen und ...«

Mathel.: »Obwohl der Sachverhalt klar und eindeutig ist!«

Direktor: »Bitte, Herr Kollege, Sie haben gleich Gelegenheit zur Stellungnahme. Ich möchte aber von allen Beteiligten nochmals den Hergang dieser ... äh ... unerfreulichen Schlägerei hören, um danach endgültig über den Schulverweis zu entscheiden. Mir ist ...«

Mathel.: »Der Verweis ist ja bereits ausgesprochen, Herr Direktor!«

Direktor: »Herr Kollege, ich lasse Sie es wissen, wenn ich Nachhilfeunterricht für meine Entscheidungen benötige. Also: Für meine Entscheidung ist es wichtig, auch die Meinung des Vaters von Flo zu hören. Zunächst möchte ich aber von Flo und den vier Schülern hören, wie sich die Sache denn genau zugetragen hat. Also Flo, beginn' du zuerst, und dann die anderen vier Schüler, Hans, Klaus, Gerd und Max. Bitte!«

Flo: »Ja, also, wir hatten Mathe. Hans sitzt ja hinter mir. Und während ich aufpaßte, hat er mich dauernd mit einem Lineal gepiesackt!«

Direktor: »Was heißt ›gepiesackt‹?«

Flo: »Hans hat mir immer das Lineal in den Rücken gestoßen und mich gestört. Außerdem tat das weh. Nachdem ich zweimal ›Aua, laß das!‹ gesagt hatte, hat mich der Mathelehrer ermahnt, nicht weiter die Stunde zu stören.«

Direktor: »Herr Kollege, stimmt das?«

Mathel.: »Ja, ich habe den Schüler Flo ermahnt, weil er schon die ganze Zeit meinen Unterricht gestört hat. Das macht er übrigens ständig. Der Flo ist ja als ein renitenter und aufsässiger Schüler schon seit ...«

Direktor: »Herr Kollege, zur Sache bitte! So, und Klaus behauptet, daß er das gesehen habe, ist das so?«

Klaus: »Ja, ich habe das genau gesehen. Als die Stunde dann aus war, bin ich gleich rausgegangen, weil ich dringend zur Toilette mußte.«

Direktor: »Und was war dann? Schüler Gerd, was hast du dann gesehen?«

Gerd: »Als der Mathelehrer raus war, ist der Flo auf den Hans losgegangen und hat ihm eine geschmiert. Hans hat aber zurückgeschlagen, und auf einmal haben sich die beiden regelrecht geprügelt.«

Direktor: »Nun, Schüler Max, was hast du gesehen?«

Max: »Also ich bin gemeinsam mit unserem Mathelehrer ins Klassenzimmer reingekommen und da war die schönste Prügelei zwischen Flo und Hans ausgebrochen.«

Direktor: »So. Aha. Herr Kollege, bitte. Was war dann?«

Mathel.: »Ich kam noch einmal kurz ins Klassenzimmer zurück, weil ich das Klassenbuch vergessen hatte. Ich sah, wie der Flo auf den Schüler Hans losging und auf ihn einprügelte. Herr Direktor, Sie können sich gar nicht vorstellen, mit welcher Brachialgewalt dieser, ich muß schon sagen: ›Schläger‹ auf den armen Schüler Hans eingeschlagen hat. In diesem Moment hat mir der Schüler Hans so leid …«

Direktor: »Ja, ja, Herr Kollege. Bitte um Kurzfassung. Flo, was sagst du denn dazu?«

Flo: »Also die ganze Stunde hat mich Hans mit dem Lineal gepiesackt und mir auch weh getan. Logo, daß ich ihm eine geschmiert habe. Hans hätte die Ohrfeige als Revanche hinnehmen können. An der Prügelei ist er doch schuld. Er hat doch angefangen.«

Direktor: »Und Schüler Hans, was sagst du dazu?«

Hans: »Naja, es stimmt zwar, daß ich ein bißchen mit dem Lineal rumgefummelt habe. Aber muß er mich gleich deswegen verprügeln? Ich habe mich doch nur gewehrt. Also die Prügelei hat der Flo eindeutig angefangen.«

Direktor: »Herr Schubert (Vati), wie beurteilen Sie denn diese üble Angelegenheit?«

Vati: »Nun, Herr Direktor, wie es scheint, ist die Prügelei doch nur deswegen entstanden, weil Schüler Hans den Flo die ganze Mathestunde über geärgert hat. Prügeln ist sicherlich keine Lösung für einen Streit und somit falsch. Aber folgerichtig müßten doch nun beide Schüler des Gymnasiums verwiesen werden.«

Mathel.: »Mein lieber Herr Schubert, ich glaube, Sie verkennen da den wahren Sachverhalt. Immerhin habe ich die Prügelei gleich zu Beginn beobachtet. Was immer der Grund sein mag, er ist ja umstritten, wie wir alle hörten: ›piesacken‹. Naja, wenn das alles war ..., so ist es doch unglaublich, daß Schüler Flo heimtückisch auf einen ahnungslosen Mitschüler losgeht, um ihn elend zu verprügeln. Was glauben Sie, was uns die Eltern von Schüler Hans erzählen, wenn wir das Kind nicht vor Schlägern in unserem Gymnasium schützen?! Ich weiß nicht, verehrter Herr Schubert, wie weit Sie in der Logik bewandert sind, bitte, ich möchte Ihnen nicht zu nahe treten, aber es ist doch logisch, daß wir den ertappten Sündenbock bestrafen und nicht die Unschuldigen. Das ist doch logisch, oder wollen Sie etwas anderes sagen?«

Vati: »Herr Sauer (Mathelehrer), Sie nehmen ja stets so auffällig die Logik in Anspruch ...«

Mathel.: »Tja, wohl war, wohl war! Ohne die Logik kommen wir weder im Mathematikunterricht zurecht noch im Leben, Herr Schubert ...!«

Vati: »Nun gut. Wären Sie denn alle damit einverstanden, daß sozusagen die Logik entscheidet, ob Flo mit dem Schulverweis bestraft wird oder nicht?«

Mathel.: »Bitte, bitte!«

Direktor: »Hmm. Einverstanden.«

Vati: »Nun, Herr Sauer, die Logik ist die Straße zur Wahrheit, sagt der Volksmund.«

Mathel.: »Sehr richtig!«

Vati: »Die Logik ist aber nur eine Denkart und hat mit der Wahrheit nichts zu tun. Wenn ich sage ›Das ist logisch‹, heißt das doch noch längst nicht, daß das Gesagte auch wahr ist.«

Mathel.: »Na, dann besuchen Sie doch mal meinen Mathematikunterricht. Dann verstehen Sie den Zusammenhang zwischen ›Wahrheit und Logik‹ sicherlich etwas besser!«

Vati: »Warum nicht? Einverstanden. Was kann ich denn da lernen?«

Mathel.: »Zunächst müssen wir von einem ›Axiom‹ ausgehen, also einer als ›wahr‹ angenommenen Anfangsaussage. Das ist meine Beobachtung über die Schlägerei, die der Schüler Flo begonnen hat. Danach lassen sich alle weiteren Aussagen, das nennt man ›Theoreme‹, durch rein logische Ableitung auf dieses Axiom zurückführen. Die logische Ableitung erfolgt durch die ›Deduktion‹ als Grundform des logischen Schließens. Man unterscheidet zwei Fälle: Wenn A, dann B; nun aber A, also B, das heißt ›modus ponens‹; wenn A, dann B; nun aber nicht B, also auch nicht A, und das heißt ›modus tollens‹. Das Ganze nennt man ›Axiomatisierung‹, d. h. Umwandlung einer Theorie in ein axiomatisch-deduktives System, und wird als die strengste Form eines wissenschaftlichen Aussagesystems angesehen.«

Direktor: »Aber Herr Kollege, bitte nicht so kompliziert. Wir sind doch nicht alle Mathematiker. Können Sie das denn einmal verständlich auf unseren gegebenen Sachverhalt übertragen?«

Mathel.: »Natürlich. Also: Immer wenn es regnet, ist die Straße naß. Das ist unser Axiom. Deduktion: Nun ist die Straße naß. Folglich: Es hat geregnet. Das ist logisch.«

Direktor: »Aber es könnte doch auch ein Hund auf die Straße gepinkelt haben!«

Mathel.: »Aber, ich bitte Sie, Herr Direktor …!«

Vati: »Also nehmen wir doch mal ein weiteres Beispiel. Alle Vögel können fliegen. Der Spatz ist ein Vogel. Folglich kann der Spatz fliegen!«

Mathel.: »Sehr richtig, weil es eben logisch ist!«

Vati: »Logisch schon, aber nicht wahr. Verändern Sie doch einmal die Sätze wie folgt: Alle Vögel können fliegen. Der Strauß ist ein Vogel. Folglich kann der Strauß fliegen. Kann er das …?«

Mathel.: »Ha! Ihr Anfangsaxiom war falsch. Darum mußte die Konklusion auch falsch sein.«

Vati: »Also muß ›logisch‹ nicht gleichzeitig ›wahr‹ heißen?«

Mathel.: »Langsam, langsam. Ihre Anfangsaussage muß natürlich stimmen, und die stimmte bei Ihnen nicht.«

Direktor: »Herr Kollege, bitte das Beispiel zu unserer Sache …!«

Mathel.: »In unserem Fall: Alle ertappten Schläger müssen unser Gymnasium verlassen. Flo ist ein ertappter Schläger. Folglich muß Flo unser Gymnasium verlassen. Das ist logisch – und wahr!«

Vati: »Also gut. Dann geht es in diesem Fall nur um die Anfangsaussage, die wahr sein muß. Dann wäre auch die logisch abgeleitete Schlußfolgerung wahr, wenn sie logisch ist?«

Mathel.: »So ist es!«

Vati: »Dann bitte ich Sie, Herr Sauer, mir ein paar Fragen zu beantworten. Zwei Schüler kommen zu Ihnen. Ein friedfertiger und ein streitbarer. Beide wollen lernen. Sie können aber nur einen aufnehmen. Wer wird den Unterricht von Ihnen bekommen?«

Mathel.: »Natürlich der Friedfertige.«

Vati: »Ist das sinnvoll? Wäre es nicht besser, den Streitbaren zu nehmen, denn dieser ist aktiv, belebt doch den Unterricht und fordert Sie. Wird der Streitbare also den Unterricht bekommen?«

Mathel.: »Na schön, was soll's? Also dann der Streitbare.«

Vati: »Ist das sinnvoll? Wäre es nicht besser, den Friedfertigen zu nehmen, denn dieser stört nicht den Unterricht, obwohl er nichts bringt. Wird der Friedfertige also den Unterricht bekommen?«

Mathel.: »Also bitte. Sag' ich ja. Der Friedfertige.«

Vati: »Ist das sinnvoll? Wäre es nicht besser, beide würden den Unterricht bekommen, denn der Streitbare belebt den Unterricht, und der Friedfertige stört den Unterricht nicht. Werden also beide den Unterricht bekommen?

Mathel.: »Was soll das eigentlich? Warum fragen Sie denn nochmals?«

Vati: »Weil es doch sinnvoll wäre, keinem der beiden den Unterricht zu gewähren, denn der Streitbare stört nur den Unterricht, und der Friedfertige bringt nichts.«

Mathel.: »Na, hören Sie mal! Sie drehen es ja immer so, wie es Ihnen in den Kram paßt!«

Direktor: »Tja, ich verstehe auch nicht ...«

Vati: »Nur Geduld, meine Herren. Auch in meinen Fragen habe ich die Anfangsaussagen ›friedfertig‹ und ›streitbar‹ als ›wahr‹ vorausgesetzt. Wenn es nach Ihrer Logik geht, Herr Sauer, dann kann ich nunmehr wie folgt ableiten:
Nichts ist für ihr Gymnasium besser als ein friedlicher Schüler.
Unser streitbarer Flo ist besser als nichts.
Folglich ist unser streitbarer Flo besser als ein friedlicher Schüler.«

Mathel.: »Also ich bin empört! So geht' s doch nicht. Sie stellen ja die ganze Logik auf den Kopf. Nein, so geht das nicht. Ich protestiere energisch!«

Direktor: »Aber Herr Kollege, jetzt verstehe ich *Sie* nicht. Sie waren doch damit einverstanden, daß die Logik über den Verbleib des Schülers Flo entscheiden soll. Ich muß zugestehen, daß Herr Schubert in seinen Beispielen logisch nachgewiesen hat, daß ein streitbarer Flo besser ist als ein friedlicher Schüler. Vorausgesetzt, die Anfangsaussage stimmt. Und die scheint mir im Falle ›Flo‹ nicht so klar zu sein, wie sie dargestellt wird. Aber vielleicht, lieber Herr Kollege, führen uns die Beispiele auch zu der Erkenntnis, daß die Logik eine Fessel sein kann. Um sich davon zu befreien, wäre doch ein ganz normales Gespräch unter vier Augen das Beste. Mein lieber Flo, hast du Herrn Sauer nicht etwas zu sagen ...?«

Flo: »Naja, schon, also irgendwie ...!«

Direktor: »Ach bitte, Herr Kollege, wäre es nicht möglich, sich mit dem Schüler Flo ein paar Minuten draußen auf dem Flur zu unterhalten?«

Mathel.: »Dazu wäre ich bereit.«

Der Mathematiklehrer und Flo gehen auf den Flur, und man sieht, wie die beiden sich unterhalten. Der Mathelehrer reicht Flo die rechte Hand und legt seine linke Hand auf Flo's Schulter. Beide lächeln und kommen zurück.

Direktor: »Meine Herren, liebe Schüler. Wir sind soeben alle Zeugen geworden, wie warmherzige Menschlichkeit über sachliche Logik gesiegt hat. Das wäre ohne das Verständnis des Herrn Kollegen Sauer nicht möglich gewesen ...«

Mathel.: »Aber Herr Direktor, ich bitte Sie ...! Das ist doch meine Aufgabe als Pädagoge ...!«

Direktor: »Nun, damit verfüge ich, daß der Schüler Flo weiterhin in unserem Gymnasium verbleiben kann. Aber mein lieber Flo, Frieden ist in Zukunft angesagt!«

Flo: »Logisch!«

Flo und Vati verabschieden sich von den anderen. Auf der Treppe sagt Flo zum Vati:

Flo: *»Du, Vati, ich hab' dich schrecklich lieb. Das ist* ***wahr ...!«***

Vati (stolz): ***»Logisch ...!«***

2.4.3 Unfaire Analogien und Zirkelschlüsse

»Wenn Sie auf das Problem X mit der Maßnahme Y reagieren, dann schießen Sie mit Kanonen auf Spatzen. Sie machen aus einer Mücke einen Elefanten! Kein vernünftiger Mensch wird dieses Problems wegen die Gerichte bemühen. Wir hatten damals doch einen vergleichsweise ähnlichen Fall, wo es auch darum ging, daß ...

usw.« Wir alle kennen solche Vergleiche und wissen, was damit gemeint ist. Doch oft bekommen wir auch als Antwort zu hören, daß ›die Vergleiche hinken‹. Der Grund für diese Form der Argumentation ist, daß wir nach Analogien suchen. Darunter verstehen wir die Ähnlichkeit zweier Systeme in bezug auf ihre Funktion und ihre Strukturen, wobei – je nach Problemlage – eine teilweise Übereinstimmung ausreichen kann, die auch in Modellen darstellbar ist. Ein Beispiel dazu:

»Die Kernspintomographie ist ein Schichtbildverfahren ohne Strahlenbelastung, welches den Kopf nicht insgesamt, sondern scheibenartig durchleuchtet. Man kann sich das vorstellen als einzelne, dünne Scheiben, die von einem Apfel geschnitten werden. Die Analysewerte jeder einzelnen Scheibe sind ergiebiger als die vom ganzen Apfel.«

Ein Analogieschluß ist allerdings nicht zwingend, weil er nicht wahr sein muß, aber er eignet sich sehr gut dazu, schwierige Sachverhalte anschaulich zu erklären. Im Prinzip sind Analogien und deren Schlüsse vergleichbar mit Indizien und Indizienurteilen. Und die können richtig oder falsch sein, so, wie eine Analogie fair oder unfair sein kann. Damit ist der Analogieschluß ein beliebtes Mittel, einen Gegner lächerlich oder unglaubwürdig zu machen. Das entscheidende Merkmal (oder besser: der Trick) dieser Vorgehensweise besteht darin, daß das vorangestellte Argument unbewiesen bleibt – die Analogie und der Analogie*schluß* aber sollen die Richtigkeit oder Falschheit eines Argumentes durch bildhafte Vergleiche untermauern bzw. ›beweisen‹. Das hat zwar mit logischer Argumentation nichts zu tun, ist aber im Prinzip nicht unredlich. ›Satanisch‹ wird es erst, wenn ein Gegner lächerlich gemacht oder verunglimpft werden soll. Dazu einige Sätze aus einem Fernsehinterview mit *Norbert Blüm* vom August 1980, in dem Blüm die Nichtanwendung des Ausbildungsgesetzes, welches die Sozialdemokraten erlassen haben, kritisiert:
»Der Staat hat so ein Ausbildungsgesetz erlassen, von dem die Sozialliberalen sich nicht trauen, es anzuwenden. ***Das ist so, wie wenn Sie eine Maschine kaufen, aber Angst haben, sie anzustellen, weil die Sicherung durchfliegt.«***

›Satanisch‹ handeln diejenigen, die im Vorsatz komplizierte Sachverhalte mit Fremdwörtern zusätzlich verschleiern, sich also als ›kompetenter Fachmann‹ präsentieren, und im Nachsatz den ›kleinen Mann auf der Straße‹ mit einer kumpelhaften Sprache für ihre Ziele gewinnen wollen. Das Beispiel (1986, Minister *G. Stoltenberg*):
»Die Struktur der Steuerreform ist so determiniert, daß die Gewinne der Besserverdienenden kumulativ erfaßt und progressiv besteuert werden – also mehr Steuergerechtigkeit. ***Wenn Sie das ablehnen, dann erklären Sie mal dem Kumpel, der für sein Geld hart malochen muß, warum er vergleichsweise mehr Steuern zahlen soll als z. B. ein Unternehmer!«***

Ein Beispiel mit ›demagogischer‹ Wirkung, welches große Proteste bei der Opposition hervorrief, lieferte Heiner Geißler über die Schulden, die von den Sozialdemokraten gemacht wurden:
»Wenn jeder Mensch seit Geburt Jesu Christi 5,– DM Schulden gemacht hätte, dann entspräche das dem Schuldenberg, den die Sozialdemokraten uns überlassen haben.«

Nun weiß man allerdings auch, daß Analogien und Beispiele stets ›hinken‹ und daß das vom Gegner auch gesagt wird. Und oftmals ist man mit einem Beispiel ›geplatzt‹, wenn es dem Gegner gelingt, ein treffenderes Beispiel zu bringen. Eleganter und wirksamer ist daher die Verwendung von Zirkelschlüssen. Es wird das, was begründet werden soll, als bereits bewiesen vorausgesetzt. Der Volksmund sagt: *»Hier beißt sich die Katze in den Schwanz!«* Diese Vorgehensweise ist vergleichbar mit dem Satz: *»Ein Haus ist ein Haus, weil es ein Haus ist.«* Das ist zwar nicht falsch, aber es ergeben sich keine neuen Erkenntnisse, es ist eine Scheinargumentation. Dazu folgendes Beispiel:
»Daß gute Baukenntnisse und logisches Denken für die Ausübung des Architektenberufes unerläßlich sind, zeigt sich schon daran, daß zum Architekturstudium nur zugelassen wird, wer über einen entsprechenden Lehrabschluß im Bauhauptgewerbe und die mittlere Reife verfügt.«

Daß für die Ausübung des Architektenberufes logisches Denken und Baukenntnisse erforderlich sind, ist sicherlich richtig. Die

Notwendigkeit dessen allerdings von den Zulassungsbestimmungen zum Studium abzuleiten, ist ein Scheinargument, denn es wird die Behauptung mit sich selbst bewiesen. Es muß also, um keinen Zirkelschluß entstehen zu lassen, der Satz geteilt werden, und zwar z. B. wie folgt:
»Gute Baukenntnisse und logisches Denken sind für die Ausübung des Architektenberufes unerläßlich./Zum Studium wird nur zugelassen, wer … usw.«

Wer das erkennt, dem kann auch das folgende Scheinargument nichts mehr anhaben, welches wir in den 70er Jahren doch recht häufig in den Uni-Seminaren hörten:
»Der Anspruch des Marxismus ist schon deswegen berechtigt, weil er die politische Theorie derjenigen Klasse ist, die den gesellschaftlichen Fortschritt trägt.«

Auch dieser Satz muß getrennt werden. Er wird dann zwar auch nicht sympathischer, aber es ist zumindest kein Scheinargument mehr:
»Der Anspruch des Marxismus ist berechtigt./Er ist die politische Theorie derjenigen Klasse, die … usw.«

Die Leser haben sicherlich gemerkt, daß eine Scheinargumentation vorwiegend dann entsteht, wenn zwei Sachverhalte mit den Wörtern »weil, deswegen, somit« usw. verbunden werden. Das tritt z. B. im täglichen Arbeitsleben sehr häufig auf, und viele nehmen es hin, ohne sich etwas dabei zu denken, wie z. B. bei folgender Scheinargumentation:
»Der Chef hat recht, weil er jahrelang die negative Erfahrung mit dem Sachverhalt gemacht hat und somit die Dinge besser beurteilen kann als Sie!«

Wer ist schon in der Lage, sofort einen Zirkelschluß erkennen zu können? Bei den genannten, einfachen Beispielen mag das sicher noch möglich sein. Sehr schwierig wird es allerdings dann, wenn die Argumentation kompliziert ist und außerdem in eine ›uns fremde Sprache‹ gekleidet wird, so z. B. für Nichtjuristen in die juristische Sprache. Der Professor für Strafrecht *F. Haft* gibt in seinem Buch ›Juristische Rhetorik‹ (Freiburg 1978) ein interessantes Beispiel eines logischen Fehlers aus dem juristischen Alltag: ***»Das Landgericht hielt die Glaubwürdigkeit der Aussage eines Belastungszeugen für ›in hohem Maße durch die Tatsache erhärtet, daß nach der bestimmten Bekundung des Zeugen der Angeklagte diesen beim Zusammentreffen im Gebäude der Kriminalpolizei vor der Vernehmung durch die Erklärung, er werde alles abstreiten und der Zeuge solle das auch tun, zu einer unrichtigen Aussage zu veranlassen suchte.‹ Wenn der Zeuge, so argumentierte das Landgericht, sich dann gleichwohl durch seine Bekundungen über die Straftat als Beteiligter selbst mitbelastet habe, stehe die Wahrheit seiner Aussage und seine Glaubwürdigkeit außer Zweifel.«***

Was war geschehen? In einfachen Worten ausgedrückt: Der Zeuge hat ausgesagt, den Angeklagten im Gebäude der Kripo getroffen zu haben. Dieser habe ihm gesagt, er solle alles abstreiten, denn er, der Angeklagte, werde das auch tun. Dennoch, so das Gericht, habe er sich ›mitbelastet‹, und deswegen … ist er glaubwürdig … und sagt die Wahrheit. F. Haft sagt dazu: *»Hier wird die Glaubwürdigkeit aus einer Voraussetzung, nämlich einer Aussage des Zeugen, gefolgert, bei der man selbst wieder die Glaubwürdigkeit des Zeugen voraussetzen muß. Man sieht, wie sich die Begründung im Kreise dreht.«*

3. Luzifers Strategien und Taktiken

Es gibt im Prinzip so viele Strategien und Taktiken in der ›satanischen Verhandlungskunst‹, wie es Sachverhalte und Charaktere gibt. Es ist unmöglich, sie alle zu beschreiben. Aber das ist auch nicht erforderlich, denn im Grunde haben alle Strategien und Taktiken eines gemeinsam: Sie sprechen das eigene Verhalten als eine ›Strategie‹ an und sind ausschließlich auf den Gegner gerichtet, um die Verhandlung zu gewinnen. Dieses Verhalten muß keineswegs den inneren Überzeugungen entsprechen, es muß nur eines: zum Ziel führen! Damit ist klargestellt, daß es eine Zieldefinition geben muß, d. h., der Verhandler muß sich darüber im klaren sein, ***was*** er eigentlich erreichen will. In schwierigen Verhandlungen sollten daher auch **Teilziele** definiert werden, weil oftmals ein unrealistisches Gesamtziel den Keim des Verlierens in sich trägt. Der Grund ist einfach. Es werden nämlich auch dann – vermutlich – eine falsche Strategie und falsche Taktiken verwendet, wenn der Verhandler über das Ziel hinausschießt. So kann es dazu führen, daß die Verhandlung mit einem zu hoch angesetzten, unrealistischen Ziel infolge einer z. B. zu aggressiven Strategie und den entsprechenden Maßnahmen entweder abgebrochen wird oder – was sicher für den Verhandler noch schlechter ist – weitere Verhandlungen durch die nächsthöheren Vorgesetzten geführt werden (siehe Taktiken im Abschnitt 3.2).

Ein Beispiel hierzu:
Das Verhandlungsziel XY soll durch eine unnachgiebige, harte Strategie erreicht werden. Verhandlungsgegner ist der Geschäftsführer A., begleitet durch seinen Verkaufsleiter B. Im Verlaufe der Verhandlung setzt die eigene Seite nun oftmals aggressive

Taktiken gegen beide Verhandlungsgegner ein, wie z. B. gezieltes Unterbrechen, Bestreiten von Tatsachen, unfaire Attacken auf der emotionalen Beziehungsebene usw. Es wird nicht lange dauern, bis die Gegenseite die Verhandlung abbrechen wird – und zwar schon deswegen, weil sich der Geschäftsführer in Gegenwart seines Verkaufsleiters – unabhängig vom Verhandlungsgegenstand – diese Art der Verhandlungsführung gar nicht leisten kann.

Es ist erstaunlich, wie viele ›Verhandler‹ glauben, eine harte Verhandlung müsse unbedingt auch mit harten Worten und Maßnahmen zu tun haben.
Ein eigenes Erlebnis:
Anläßlich der Schlußabrechnung eines Bauunternehmens im Rahmen einer Großbaustelle erzielten wir als entscheidungsbefugte Vertreter des Bauträgers mit dem verantwortlichen Bauleiter des Bauunternehmens einen beiderseits akzeptablen Kompromiß, der von unserem Chef akzeptiert wurde – wenn auch knurrend. Doch plötzlich eröffnete uns die Gegenseite, daß die Gesamtergebnisse noch einmal verhandelt werden müßten; als ebenfalls entscheidungsbefugter Verhandlungsvertreter wurde ein Herr G. von der Baufirma benannt. Mit grimmiger Miene, vom Habitus her furchterregend und ›bewaffnet‹ mit mehreren Akten, betrat dieser Herr G. den Raum, grüßte kurz, nahm Platz, ergriff sofort das Wort und stellte klar, daß der ausgehandelte Kompromiß auf gar keinen Fall akzeptabel sei, weil … und nun folgte ein Feuerwerk von Beschuldigungen, Angriffen, Unterstellungen, Verdrehungen etc. Unsere Seite nahm die Attacken gelassen hin, stellte da und dort eine Frage, die dann aufbrausend und sehr aggressiv beantwortet wurde. Man spürte förmlich, wie dieser Herr G. mit einer Überrumpelungstaktik eine Entscheidung zu seinen Gunsten erzwingen wollte. Doch wir taten etwas anderes. Nach geraumer Zeit sagte ich zu ihm: *»Verehrter Herr G., wir haben Ihren Ausführungen sehr aufmerksam zugehört und uns Ihre wesentlichsten Forderungen notiert. Wir werden das mit unserem Chef besprechen und geben Ihnen das Ergebnis dann bekannt. Auf Wiedersehen!«* Seine Entrüstung darüber konnte Herr. G. kaum verbergen und stellte noch einige Drohungen in den Raum (z. B. keine Durchführung der Restarbeiten/Außenanlagen, was in der Tat

ein harter Brocken für uns gewesen wäre; Stichwort: Mietereinzug). Damit hatte sich die Gegenseite aber in eine sehr schlechte Position manövriert, denn nun hatten wir die Möglichkeit, auf Zeit zu spielen. Und das taten wir gründlich. So wurde eine längst fällige Abschlagszahlung erheblich gekürzt und diese auch noch lange hinausgezögert – an die (für das Bauunternehmen sehr wichtige!) Schlußzahlung war gar nicht zu denken. Wir teilten jetzt die Forderungen der Gegenseite in einzelne Streitpunkte und setzen für jeden Punkt eine gesonderte Verhandlung mit Herrn G. an. Das Ergebnis war stets gleich: keine Einigung. Zur Schlußverhandlung wollten wir erst wieder kommen, wenn die Mehrzahl der einzelnen Streitpunkte geklärt sei (siehe Abschnitt 3.2.1.12 ›Salamitaktik‹). Damit vergingen Wochen. Zwar hatten wir den Nachteil in Kauf zu nehmen, daß die Restarbeiten/Außenanlagen tatsächlich nicht durchgeführt wurden, aber das ließ sich als sogenannte ›nachgeschobene Forderung‹ prächtig in eine zukünftige Verhandlung einbringen (siehe Abschnitt 3.2.2.6, ›Nachgeschobene Forderungen‹). Die einziehenden Mieter und Käufer trösteten wir für diesen Mangel mit einem ›Zuckerl‹ (Geschenke, Hilfeleistungen beim Einzug etc.) – mithin ein ›Taschengeld‹ für den Bauträger. Dennoch: Die ganze Sache roch nach einem Rechtsstreit, und den wollten wir unter allen Umständen vermeiden, weil wir nach der Sachlage nicht in allen Punkten gute Karten hatten. Darum taktierten wir mit immer neuen Maßnahmen – und jede für sich ›zog Zeit‹. Nach mehreren Wochen tauchte plötzlich der oberste Boß der Baufirma beim Bauträger mit den Worten auf: *»Das ist doch alles Unsinn, wir müssen schließlich mal zu einer Lösung kommen!«* Der Grund seines Erscheinens war klar: Geld! Denn eine Baufirma hat zur Durchführung ihres Auftrages zunächst einmal sehr hohe Vorauszahlungen zu leisten, und auch ein solides Bauunternehmen ist irgendwann einmal an der Grenze der Liquidität angekommen. Vereinbarungsgemäß nahmen wir an diesem Vier-Augen-Gespräch ebensowenig teil wie etwa Herr G. (siehe Abschnitt 3.2.2.10 ›Das Einlullen‹). Unser Chef hatte nun alle Trümpfe in der Hand und informierte uns später über das Gespräch: Zunächst ›bedauerte er zutiefst diese unerfreuliche Entwicklung, die keine gute Voraussetzung für ein weiteres Zusammenarbeiten sei, was doch beide Seiten wünschen und wol-

len‹, welches der Bauunternehmer bestätigte. Er gewährte dem Bauunternehmer eine Sofortzahlung von 90 % auf den damals ausgehandelten Kompromiß via Barscheck, wenn er 1. diesen Kompromiß akzeptiert, 2. auf 5 % der Forderung zur Abgeltung der ›Schadensersatzansprüche‹ der Mieter an den Bauherrn verzichtet und 3. die Restarbeiten innerhalb von drei Wochen erledigt. Danach würden die restlichen 5 % der Summe bezahlt, und damit wäre dann das Bauobjekt abgerechnet. Keine Überraschung: Er willigte ein und unterschrieb die (vorbereitete) Vereinbarung. Der Erfolg lag also ganz auf unserer Seite. Insgesamt hatten wir, die Zinsen eingerechnet, einen satten Gewinn gemacht. Wir arbeiteten später noch mehrere Male mit diesem Unternehmen zusammen.
Was aus Herrn G. wurde, wissen wir nicht. Wir haben ihn nicht mehr gesehen.

»Ich glaube, es war Juni,
als wir Sie als Verhandlungs-
spezialisten einstellten …!«

3.1 Diabolische Strategien

Strategien haben die Aufgabe und den Zweck, den Weg festzulegen, auf dem das angestrebte Ziel erreichbar ist. Es ist ein genauer Plan des eigenen Vorgehens, ein definiertes Ziel zu erreichen, indem man diejenigen Faktoren, die in die eigene Aktion hineinspielen können, von vornherein einkalkuliert – also der gesamte Weg zum Ziel wird ›vorgedacht‹. Damit wird deutlich, daß die richtige Strategie das Kernstück in der satanischen Verhandlung ist. Welche Strategie nun ›richtig‹ ist, ist abhängig von dem Verhandlungsgegenstand, den beteiligten Personen und der Situation. Strategie ist nicht zu verwechseln mit Taktik. **Die Taktik kann im einfachen Fall beschrieben werden als die Maßnahmen, mit denen man die Strategie umzusetzen sucht.** Ein guter Taktiker muß darum noch lange kein guter Stratege sein – und umgekehrt. Erst wenn die richtigen Taktiken im Rahmen einer richtigen Strategie eingesetzt werden, kann ein Ziel wie geplant erreicht werden. So ist es erklärbar, daß man ohne weiteres mit der richtigen Strategie in eine Verhandlung geht, in der Verhandlung aber dennoch verliert, weil man die falschen Taktiken anwendet.
Aber es ist auch nicht möglich, nur taktisch vorzugehen, also keine Strategie zu haben – obwohl gerade ***das*** der wohl häufigste Fall ist. Oftmals verliert man durch das Taktieren nämlich das eigentliche Ziel aus den Augen, insbesondere dann, wenn die Gegenseite so geeignet auf die eigenen Taktiken reagiert, daß diese ihre Wirkung verlieren.

Es wird daher ein ***Konzept*** benötigt, in dem alle Ziele, der Weg und die Maßnahmen definiert sind. Ein Konzept besteht aus drei Teilen: ***Ziel, Strategie und Taktiken (Maßnahmen).***
Zunächst muß es also darum gehen, ein ***Ziel*** festzulegen. Danach muß die Frage geklärt werden, mit welcher ***Strategie*** dieses Ziel erreicht werden soll. Erst nach genauer Definition dieser Punkte können die ***Taktiken*** benannt werden, mit denen man die Strategie umzusetzen sucht.

ZIEL	***Was wollen wir erreichen?***
STRATEGIE	***Wie wollen wir das erreichen?***
TAKTIK	***Mit welchen Mitteln können wir das erreichen?***

Das muß insgesamt keine wissenschaftlich exakte Arbeit sein, die aufwendig niedergeschrieben wird. Aber es hat sich in vielen Fällen bewährt, die genaue Zieldefinition (z. B. mit dem beteiligten Mitarbeiter) schriftlich zu formulieren (evtl. mit Teilzielen in einem bestimmten Zeitrahmen). Das dient der eigenen Disziplinierung und ›Stärkung der Kampfkraft‹ vor allem dann, wenn es um längerfristige Verhandlungen geht. Denn oftmals ist es so, daß neue Situationen neue Aktionen erfordern. Man ist dann sehr schnell geneigt, auch das ursprüngliche Ziel aufzugeben. Das geschieht häufig, wenn die Gegenseite ebenfalls nach einer klar definierten Strategie und handfesten Taktiken verhandelt.

Es wäre eindeutig falsch, diese konzeptionelle Reihenfolge nicht einzuhalten oder eine Stufe zu überspringen, etwa nach dem Motto: *»Wir wissen schon, was wir wollen!«* Oder: *»Was heißt Strategie? Wir werden unser Ziel mit knallharten Mitteln durchsetzen!«* Das Aufgeben einer vorher festgelegten Strategie mit den dazugehörenden Taktiken ist eine folgenschwere Entscheidung, die nur dann getroffen werden sollte, wenn durch bestimmte Maßnahmen der Gegenseite die Erreichung des ursprünglichen Zieles aussichtslos geworden ist. Das Erreichen eines Zieles ist aber nicht nur von rein sachlichen Erwägungen bestimmt, sondern in den meisten Fällen durch emotional determinierte Faktoren. Das macht eben auch das Durchhalten einer Strategie so schwierig und spektakuläre ›Prestige-Taktiken‹ verlockend. Aus vielen Beispielen von (meist verlorenen) Schlachten in Kriegen ist bekannt, daß das Ziel »Halten um jeden Preis« weniger militärstrategische Ursachen hatte, sondern vielmehr im Prestige der einen oder anderen Kriegspartei lag. Die meist schrecklichen Folgen sind bekannt.

Mit welcher Strategie nun letztlich ein Ziel erreicht werden kann, ist stets abhängig vom Sachverhalt. Es ist naturgemäß nicht möglich zu sagen, mit der Strategie A und den entsprechend zugehörenden Taktiken erreicht man das definierte Ziel X. Wichtig ist jedoch stets der gesetzte **Zeitrahmen.** So kann das definierte Ziel *›Zahlungsverzögerung, Endpreis drücken, Zinsgewinne etc.‹* mit der langfristigen Strategie *›Zeit gewinnen‹* erreicht werden. Um aber nur einen Preis zu drücken, könnte theoretisch auch die kurzfristige Strategie *›Gegner unter Druck setzen, Drohungen und Einbringen der Konkurrenz‹* erfolgreich sein. Jede dieser Strategien erfordert entsprechend geeignete Taktiken, um diese zielorientiert umzusetzen. Die Auswahl der Taktiken wiederum ist meistens abhängig von den beteiligten Personen und den Situationen, in denen sich der Gegner – und man sich selbst – befindet. **Generell gilt also, daß jede Strategie einzig und allein dazu dient, ein Ziel zu erreichen.**

Der ›satanische Verhandlungskünstler will gewinnen‹ – und zwar unter allen Umständen. Daher kommt für ihn eine *›Gewinner-Gewinner-Strategie‹*, wie sie in der Fachliteratur in den letzten Jahren vielfach beschrieben wurde, von vornherein nicht in Frage. Daß er allerdings dem Gegner das Gefühl läßt, daß auch dieser gewonnen hat, ist eine taktische Maßnahme im Rahmen einer klaren ***›Gewinner-Verlierer-Strategie‹***. Auch ein Kompromiß ist strenggenommen ein Ergebnis des ›Gewinnenwollens‹, denn dieser kann nur dann zustande kommen, wenn man selbst aufgrund vorhandener Tatsachen keine Möglichkeit hatte, seine eigene Position voll durchzusetzen. Noch weiter: Ein Kompromiß kann sogar ein großartiger Verhandlungserfolg für eine Partei sein, die nach Sachlage eigentlich hätte verlieren müssen. Und damit wird auch deutlich, warum es in vielen bekannten Verhandlungen, z. B. bei politischen, arbeitsrechtlichen, gewerkschaftlichen oder sonstigen Verhandlungen, oftmals nur Kompromisse gibt. Denn wo tritt schon der Fall auf, daß die eine Verhandlungsseite nur aus *Engelchen* und die andere nur aus *Teufelchen* besteht? In den Fällen, in denen beide Seiten ein klares Verhandlungskonzept haben, bestehend aus Ziel, Strategie und Taktiken, entscheidet letztlich die konsequent angewandte Taktik der festgelegten Strategie. Und darum sprechen wir auch von einem *›gewieften‹* oder *›klugen Taktiker‹*, denn dieser hat es in der Hand, mit der *richtigen Taktik* die Strategie umzusetzen, damit *sein Ziel erreicht* wird.

Nehmen wir als bekanntes Beispiel die Tarifauseinandersetzungen zwischen der öffentlichen Hand und der Gewerkschaft ÖTV. Vor laufenden Kameras erklärt die ÖTV-Vorsitzende ihre Streikziele: 9 % mehr Lohn für alle im öffentlichen Dienst. Ungerührt steht der Innenminister daneben und erklärt anschließend, daß mehr als 4 % ›aufgrund von XY usw. nicht drin wären‹. Beide wissen aber schon jetzt, daß sie ihre angekündigten Ziele nicht erreichen werden, denn es sind auch nicht ihre wahren gesteckten Ziele. Es wird also ein Kompromiß gefunden werden müssen, der – wie alle vorher wissen – so um die 5–6 % liegen wird. Dennoch wird gestreikt, und zwar ziemlich lange und mit sehr unschönen, teils auch üblen Folgen für die Bevölkerung. In der Tat einigen sich beide Parteien nach wochenlangem Streik auf 5,5 %. Prompt wird der Ruf laut: Hat sich das eigentlich gelohnt, und ist es wirklich so wichtig, ob der öffentliche Dienst 1 % mehr oder weniger Lohn bekommt?

Um die Frage beantworten zu können, muß man wissen, was für die eine wie auch die andere Verhandlungsseite ein halbes Prozent, sowie in Prestige wie auch in DM ausgedrückt, bedeutet. Für die Vertreter der ÖTV war es außerordentlich wichtig, ›*deutlich über 5 %*‹ zu kommen; damit war das ›*schändliche Angebot der Arbeitgeber von 4 % abgeschmettert*‹ – ein Prestigeerfolg (wenn auch ein bescheidener, der nachträglich verbal ›*geschönt*‹ werden mußte). Für die Arbeitgeber sind 0,5 % mehr Lohn Millionenbeträge, die das große Loch in der Haushaltskasse weiter vertiefen. Darum sind auch Verhandlungen um Zehntelprozentbeträge von außerordentlicher Bedeutung. Mit einem jeweils definierten Ziel in der Schublade verhandelten beide Parteien nach der Strategie ›*auf Zeit spielen*‹ mit den dafür geeigneten Maßnahmen (siehe auch Abschnitt 3.2.2.5). Die ÖTV wußte, daß mit der richtigen Taktik nach einer bestimmten Zeit der Unmut der Bevölkerung über die Müllberge, die stillstehenden öffentlichen Verkehrsmittel, die mangelnde Versorgung von Kranken, Alten und Schwachen etc. sich gegen die (hartherzige) Politik richten würde. Die Arbeitgeber wußten, daß auch einer so starken Gewerkschaft wie der ÖTV irgendwann einmal ›*die finanzielle Puste ausgehen wird*‹; erboste Gewerkschaftler sprechen darum auch in solchen Fällen von einer ›*Plünderung der Gewerkschaftskassen*‹.

Interessant ist anläßlich dieser alljährlich wiederkehrenden Prozeduren zu beobachten, mit welchen taktischen Maßnahmen beide Seiten ihre Strategie umzusetzen suchen (abwechselnd Flächen- und Schwerpunktstreiks, Druck ausüben, Ankündigungen, Versammlungen, Interviews, Verdächtigungen, Widersprüche, Bluffs, Erklärungen, Drohungen etc.). Um diese taktischen Maßnahmen geht es eigentlich, weil beide Parteien die offensichtlich gleiche Strategie anwendeten. Denn erst als die Lage sich durch die taktischen Maßnahmen im Rahmen der Strategie *›auf Zeit spielen‹* nahezu dramatisch zugespitzt hatte, einigten sich die Parteien in einer 24-Stunden-Marathon-Verhandlung und präsentierten einer teils erleichterten, teils verdutzten Öffentlichkeit ihren 5,5-%-Kompromiß (die dann auch erkannte, daß offensichtlich diesmal auf der Arbeitgeberseite die ausgebufften Teufelchen saßen ...!).

3.1.1 Strategie des unberechenbar negativen Verhaltens

Mit dieser Strategie geht es darum, daß generell eine klare Einschätzung des satanischen Verhandlers verhindert werden soll. Hier mischen sich im Grunde Taktiken und Tricks – vorrangig zu dem Zweck, den Gegner zu demoralisieren und zu verunsichern. **Er soll durch diese Strategie *Verhandlungsfehler machen,*** die sich im wesentlichen darauf gründen, daß der Gegner vorwiegend auf der *emotionalen Beziehungsebene* angegriffen wird. Die Voraussetzungen dazu sind Kaltschnäuzigkeit, Gewissenlosigkeit, Schamlosigkeit und eine gekonnte Portion Schauspielkunst. Die Umsetzung der taktischen Maßnahmen wird konkret durchgeführt mit dem gezielten Einsatz des *›teuflischen Instrumentariums‹* (siehe Kapitel 2).

3.1.2 *Strategie des ›scheinbar positiven/neutralen‹ Verhaltens*

Ausgebuffte satanische Verhandlungskünstler ›schwören‹ auf diese Strategie, weil – im Gegensatz zum ›unberechenbar negativen Verhalten‹ – die wahren Absichten (vorerst) vernebelt werden. Hinzu kommt, daß sich insbesondere Manager in den oberen Etagen nicht gerne ein unberechenbar negatives Verhalten mit den dazugehörenden Taktiken leisten können und wollen. Hier wird oftmals eine elegante Strategie bevorzugt, bei der der Verhandler versucht, scheinbar sachlich zu sein oder eine Richterrolle einzunehmen bzw. als Moderator zu fungieren. Das bedeutet für die Taktiken, daß diese weniger von Vordergründigkeit und – wie auch immer gearteter – Aggression bestimmt, sondern vielmehr von Geist und klugem Denkvermögen geprägt sind. Das heißt aber keinesfalls, daß die Grundabsicht der Verhandlungsstrategie von Entgegenkommen, Offenheit oder gar Fairneß gekennzeichnet wäre. Im Gegenteil. Es sind nur die Methoden und die Art und

Weise, worin sich dieses Verhalten von anderen unterscheidet – es ist nicht das Ziel. Für einen satanischen Verhandlungskünstler heißt das Ziel auch und gerade hier: ***Gewinnen und siegen um jeden Preis.*** Er setzt dazu die offensichtlich positiven rhetorischen und nonverbalen Elemente ein – allerdings fast ausschließlich zur Täuschung seines Gegners (siehe Abschnitt 2.2 und 2.3). Übrigens:
Einen Schönheitspreis will der satanische Verhandlungskünstler nicht gewinnen ...!

3.2 Diabolische Taktiken

Daß es nicht möglich ist, die Vielfalt aller Strategien und Taktiken aufzuführen und zu beschreiben, wurde ebenso bereits erwähnt wie der Hinweis, daß eingesetzte Taktiken *zum Sachverhalt, zu den Personen und zur Situation* passen bzw. geeignet sein müssen. In vielen Fällen ist es angebracht, sich in einer Verhaltensstrategie zu bewegen, die von Taktiken bestimmt wird, die in ihren Formen und Arten vergleichbar sind. Dennoch gibt es auch eine Vielzahl von Fällen, in denen erst das *Wechselbad* von unterschiedlichen Taktiken erfolgreich ist. Im folgenden werden Taktiken beschrieben, die von den zwei Grund-Verhaltensstrategien ›**unberechenbar negativ**‹ und ›**scheinbar positiv/neutral**‹ ausgehen, aber durchaus wechselseitig austauschbar sind – also nur eine grobe Zuordnung ohne Anspruch auf Vollständigkeit oder Anwendungsstringenz. Entscheidend ist bei beiden Verhaltensstrategien immer, daß man mit diesen Strategien grundsätzlich *unfair* verhandelt, weil man **auf alle Fälle gewinnen** will – ohne Rücksicht auf den Gegner. Sie sind also schon von ihrer Grund***absicht*** her *›teuflisch‹*, weil sie mit den dazugehörenden Taktiken weder auf Fairneß noch auf Konsens, sondern einzig und allein auf ›**Siegen um jeden Preis**‹ angelegt sind.

3.2.1 Zum unberechenbar negativen Verhalten

3.2.1.1 Tatsachenbestreitung – Bluff – Gegenteil

- ***Bluffen: die Drohung und/oder der Brief vom Rechtsanwalt***
- ***Verneinung und den Sachverhalt positiv ›umdeuten‹***
- ***Argument des Gegners ›übersetzen‹***

»Nach juristischer Prüfung des Sachverhalts habe ich meine Anwälte mit der Einreichung einer Klage beauftragt. Zur Klagemeidung gebe ich Ihnen jedoch hiermit die Möglichkeit, mir bis zum 1.1. verbindlich zu erklären, daß die Vertragsbedingungen von Ihnen bis zum 20.1. vollinhaltlich erfüllt werden. Sollte dieses nicht geschehen, werden wir nach Ablauf dieser Frist unverzüglich Klage beim Landgericht erheben.«

Unabhängig davon, daß ein gewiefter Taktiker aus solchen Formulierungen schon den Bluff erkennt, gehört der Bluff ebenso zum Instrumentarium des satanischen Verhandlungskünstlers wie die Tatsachenbestreitung. Vermutlich weiß der betreffende Anwalt noch gar nichts über das Mandat zur Einreichung einer Klage. Natürlich soll der Gegner vorerst nur erschreckt und zur Handlung gezwungen werden, denn jeder weiß, daß vor allem Zivilprozesse oft langwierig und teuer sind – und damit läßt sich trefflich ›bluffen‹.

»Ich mache Sie haftbar!
Wir sehen uns vor Gericht!«

»Ach, wissen Sie, werter Kollege, von unterschiedlichen Rechtsauffassungen lebt ein ganzer Berufsstand – und gar nicht mal so schlecht.«

Und diese ›Karte kann weiter gereizt‹ werden. Es ist nämlich keinesfalls selten, daß ein Kläger mit seinem Anwalt die Übereinkunft trifft, mittels eines gepfefferten Schreibens vom Anwalt den Forderungen Nachdruck zu verleihen – auch wenn beide, Anwalt wie auch Kläger, sich von vornherein darüber im klaren sind, daß eine Klage sinnlos ist – z. B. der schlechten Ausgangslage wegen. Und manche greifen zu dem Trick, einen sehr bekannten *›Promi-Anwalt‹* diesen Brief schreiben zu lassen – auch wenn's teurer ist. Doch wer als Nichtjurist einen Brief vom gegnerischen Anwalt bekommt, wundert sich oft über den ersten Satz. Darin werden meist die *›doch so klaren Tatsachen‹* rundweg bestritten. Eine mögliche, ärgerliche Reaktion: *»Das werde ich dem aber beweisen!«*, ist genau das, was der gegnerische Anwalt beabsichtigte, denn nun trägt der Kläger die Beweislast. Und da bekanntlich kein Gericht verurteilt, was nicht bewiesen wurde, kann's ganz schön spannend werden. Aber Vorsicht! Selbst wenn es gelingt, einen Sachverhalt XY zu beweisen, so findet ein cleverer Anwalt in manchen Beweisen eine Schwachstelle, ein Haar in der Suppe. Diese Schwachstelle kann z. B. eine widersprüchliche Zeugenaussage, ein verlorengegangenes Dokument, eine nicht rechtsgültig erstellte Unterlage usw. sein. Aus dieser Schwachstelle wird dann für den Anwalt der stärkste Punkt in einem Streit. Auch ›fand‹ so mancher Anwalt (unter Zuhilfenahme von ›Getreuen‹) einen neuen Beweis (wie immer dieser zustande kam ...!). Hauptsache, dieser neue Beweis ist ›rechtens‹ – auch wenn er ›link‹ ist. Diese Vorgehensweise ist meistens allerdings ›auf Zeit‹ angelegt

In einer Verhandlung, die eher kurzfristigen Charakter hat, ist die ***Verneinung*** eine ausgezeichnete Möglichkeit, den Spieß umzudrehen – sei es, um den Gegner zu verunsichern oder ihn zumindest zu einer (gewünschten) emotionalen Erregung zu bringen. Wichtig ist hierbei, daß auch Kinesik, Mimik und Gestik so einbezogen werden, wie es in Abschnitt 2.3 beschrieben wurde. Stellt der Gegner nun den Sachverhalt dar, so bleibt man völlig unbeweglich, gibt keinerlei Stimuli ab, zeigt eine starre Mimik bzw. Gestik und wartet geduldig auf das Ende der gegnerischen Darstellung (kein Kopfschütteln, kein freundliches Lächeln, keine hochgezogenen Augenbrauen etc., nur ein Pokerface). Danach sagt man ein bestimmtes, deutliches ***»Nein«*** und beginnt seinerseits mit der Darstellung aus der eigenen Sicht. Versierte Taktiker bringen sogar die Variante fertig, daß sie während der gegnerischen Darstellung positive Stimuli geben, indem sie mit dem Kopf nicken, die Augenbrauen erstaunt hochziehen, lächeln, auf das Ende der Darstellung warten, eine kurze Pause von zwei bis drei Sekunden machen, ihre Mimik verhärten, dann ein schneidiges ***»Nein«*** sagen und die eigene Position kurz, aber knallhart präsentieren.

Generell ist die Verneinung nahezu jeder Aussage nicht einfach. Dies setzt nämlich voraus, daß eine Alternative sofort benannt werden kann. Dennoch ist diese Methode geeignet, den Gegner zu verunsichern, ihn wütend zu machen, ihn in eine Rechtfertigungsecke zu seinen Aussagen zu treiben. Wer sich in dieser Technik üben will, sollte damit beginnen, die allgemeinen Floskeln wie *»Machen Sie mal ruhig!«* oder *»Naja, wenn Sie meinen …!«* oder *»In Ordnung!«* – so berechtigt sie auch sein mögen – umzukehren und zu sagen: *»Nein! Da gibt es bestimmt eine andere Lösung!«* Und in der Tat, es gibt keinen Bereich des Lebens, in dem es nicht mindestens *eine* Alternative, *eine* Gegenposition gibt (siehe auch Abschnitt 3.2.1.3, ›Dagegensein‹). Es kommt nur darauf an, diese Gegenposition schnell aus unserem Gedächtnis ›abzurufen‹ und sie dem Gegner als Alternative zu präsentieren. Ein gutes Hilfsmittel dazu ist die sofortige ›Infragestellung‹ der Meinung des Gegners, z. B.:
»Das ist noch die Frage, ob das stimmt, was Sie sagen …!« Oder:
»Kann man das tatsächlich, so wie Sie es tun, formulieren? Was hält uns davon ab, darüber noch einmal nachzudenken?« Oder:
»Das ist zunächst Ihre Auffassung zum Sachverhalt XY. Lassen Sie uns aber einmal eine andere Sache aufgreifen, um Klarheit zu gewinnen, nämlich YZ …!«

Die Darstellung des Gegenteils kann aber nicht nur aus der bloßen Verneinung einer Position kommen. So gibt es mehrere Umkehrmethoden, die je nach Streitgegenstand mehr oder weniger gut geeignet sind, das Gegenteil zu beweisen. Bewährt hat sich die ***›Widerlegung ad absurdum‹***, die allerdings bekannt ist, häufig angewendet wird und nicht immer zum Ziel führt, weil sie durch-

sichtig ist. Diese Taktik besteht darin, daß ein eigentlich vernünftiges Argument des Gegners so in das Extrem gesteigert wird, daß nur noch Unsinn dabei herauskommen kann. Dadurch soll das Argument des Gegners ad absurdum geführt und der Gegner möglichst lächerlich gemacht werden. Ein Beispiel hierzu:
»Wenn man Ihrem Vorschlag folgt, Herr Kollege, jeglichen Kernkraftwerksbau trotz steigenden Energiebedarfs einzustellen, dann heißt das doch in letzter Konsequenz, daß die Lichter bald ausgehen werden und wir alle im Dunkeln sitzen!« …
Nachsatz zur Lächerlichmachung:
»… Was geistig übrigens für Sie, Herr Kollege, ja nichts Neues wäre …!« Oder:
»… Wie groß sind denn Ihre Erfahrungen, im Dunkeln zu sitzen …?« Oder:
»… Und wie sagte schon Konfuzius: Es ist besser, eine Kerze anzuzünden, als im Dunkeln zu sitzen …!«

Eine andere, bereits in der Antike bekannte Methode besteht darin, ***aus Vorteilen Nachteile zu machen – und umgekehrt*** *(retorsio argumenti).* Statt mit der eigenen Gegenposition sofort Druck beim Gegner zu machen, hört man ihm aktiv zu und reflektiert seine Auffassungen *(»Wenn ich Sie recht verstanden habe, dann …, dazu gehört noch … usw.«)* mit passenden Ergänzungen (siehe Abschnitt 2.2.4, Der kontrollierte Dialog). Damit vermittelt man dem Gegner das Gefühl und die (trügerische) Sicherheit, daß man seine Argumentation *›so noch nicht betrachtet hat‹*, daß von ihm also wertvolle Hinweise geliefert wurden und daß man überhaupt in den Standpunkten gar nicht so weit auseinanderliegt, wie es zunächst den Anschein hatte. Danach dreht man den Spieß um und kontert:
»Gerade deswegen sollten wir, um Nachteile zu vermeiden … usw.« Oder:
»Das aber genau ist die Situation, die wir vermeiden müssen, wenn … usw.«

»Herr Minister, haben Sie gelogen ...?«
»Aber nein! Das war nur ein taktisches Abweichen von der erkannten Wahrheit zum Zwecke der Aufrechterhaltung der Kommunikation, und – zwischenmenschliche Kommunikation ist bekanntlich etwas sehr Wertvolles. Wenn man das ablehnt, lehnt man wertvolle menschliche Kontakte ab!
Wollen Sie das ...!?? Na, also ... !!«

Eine äußerst wirksame und sehr häufig angewandte Methode besteht darin, mit der Doppeldeutigkeit von Wörtern bzw. extremen Varianten und Wortneuschöpfungen von Reizwörtern einen Sachverhalt umzudeuten. So wird z. B. der ›*Protestant*‹ bei den Evangelischen zum ›*Ketzer*‹ bei den Katholiken. Und umgekehrt kann der Protestant den Katholiken ›*erzkonservativ*‹, ›*weltfremd*‹ oder ›*papstgläubig*‹ schimpfen. Was der eine ›*Frömmigkeit*‹ oder ›*Gottseligkeit*‹ nennt, ist bei dem anderen ›*Scheinheiligkeit*‹ oder ›*Aberglaube*‹. Der eine sagt ›*die Geistlichen*‹, der andere ›*die Pfaffen*‹.

so wird …	dann …
aus ›*Glaubenseifer*‹	›*Fanatismus*‹,
aus ›*Ehebruch*‹	›*Fehltritt*‹, ›*Seitensprung*‹, ›*Galanterie*‹,
aus ›*Witz*‹	›*Zote*‹,
aus ›*Bestechung*‹, ›*Vetternwirtschaft*‹,	›*Einfluß, Verbindung*‹,
aus ›*Bestechungsgeldern*‹	›*Auftragsbeschaffungskosten*‹,
aus ›*Liebe*‹	›*emotionale Fixierung*‹
aus ›*Sehnsucht*‹	›*subjektiv erlebte Mangellage*‹
aus ›*Kind*‹	›*Objekt elterlicher Fremdbestimmung*‹
aus ›*Eltern*‹	›*Bezugspersonen*‹
aus ›*Atommüllkippe*‹	›*Entsorgungspark*‹,
aus ›*Sparaktionen am Bau*‹	›*schlichte Zweckmäßigkeit*‹,
aus ›*ungepflegtem Rasen*‹	›*spontane Begrünung*‹,
aus ›*Projekt stoppen*‹	›*Null-Investition*‹,
aus ›*fehlenden Straßenpfosten*‹	›*Fahrbahnrand-Liberalisierung*«,
aus ›*Sparen*‹	›*antizyklische Finanzstrategie*«,
aus ›*gezieltem Todesschuß*‹	›*finaler Rettungsschuß*‹,
aus ›*multikultureller Gesellschaft*‹	›*multikriminelle Gesellschaft*‹,
aus ›*Steuern*‹	›*Einnahmeverbesserungen*«, ›*Gebühren*‹, ›*Solidaritäts- oder Sonderabgaben*‹,
aus ›*Oppositioneller*‹	›*Linker*‹,
aus ›*Patriot*‹	›*Rechter*‹, ›*kalter Krieger*‹,
aus ›*politischem Skandal*‹	›*künstlich erzeugte Kampagne*‹,
aus ›*umbringen*‹ *(Krieg)*	›*ausschalten, neutralisieren*‹,
aus ›*Terrorangriff*‹	›*Raketen lenken sich ins Ziel*‹,
aus ›*zerfetzten Leibern*‹	›*Kriegsnebenschäden*‹,
aus ›*Völkermord*‹	›*ethnischen Säuberungen*‹
usw.	

Die ›Verpackung‹ solcher gezielten Beschönigungen oder Verunglimpfungen ist sehr unterschiedlich – je nach Gegner und Sachverhalt. Eine direkte Bezeichnung des Gegners mit verunglimpfenden Begriffen wirkt meist plump und verdächtig. Wirksamer ist der **›Einbau in eine Interpretation‹.** Das bedeutet, daß die Auffassung des Gegners mit geeigneten Formulierungen ***›übersetzt‹*** werden muß:
»Mit anderen Worten meinen Sie, daß ...!«
»Damit wollen Sie doch zum Ausdruck bringen ...!«
»Praktisch bedeutet das ...!«

Diese ›Übersetzung‹ hat entweder zum Ziel, daß die neue Formulierung angreifbar ist oder daß der Sachverhalt umgedeutet wird, denn Wörter sind mit Werten besetzt, und ein Wert kann bekanntlich hoch oder niedrig sein.
Zum Beispiel:
Ein Politiker hat sich von einem Unternehmer zu Urlaubsreisen und sonstigen Gefälligkeiten einladen lassen. Das wird bekannt – und die Presse spricht von ›*Bestechung*‹. Der Politiker wehrt sich, indem er **umdeutet:**
»Das Ereignis ist nicht negativ zu werten, denn es geht bei verantwortlichen Politikern in jeder Volkswirtschaft um Einfluß und Verbindungen, damit Investitionen in Deutschland, und nicht im Ausland, getätigt und deutsche Arbeitsplätze geschaffen werden.«

Ist dieser Politiker schamlos genug, kann er nun noch ›obendraufsatteln‹:
»Wenn Sie das bezweifeln, dann fragen Sie mal die vielen Arbeitslosen, was denen wichtiger ist: ob ein Politiker seine Verbindungen in der Wirtschaft nutzt, um Arbeitsplätze für sie zu schaffen, oder ob er Ihrer Darstellung folgen soll und sie somit arbeitslos bleiben!«

3.2.1.2 Unwahrheiten und Täuschung

– vorsätzliche Unwahrheiten
– unwahre Behauptungen aufstellen

»Diese Maschine wurde erst vor zwei Jahren gekauft, praktisch kaum genutzt, aber immer regelmäßig gewartet.«

»Dieses Fahrzeug hat ca. 30 000 Kilometer [Kilometer] und ist nur von einem Kfz-Meister gefahren worden.«

»Für diese Vorarbeiten an der Fassade habe ich 120 Lohnstunden bezahlen müssen.«

»Nein, ich habe nichts zu verzollen.«

»Nein, Herr Wachtmeister, ich habe nichts getrunken. Ich komme gerade vom Krankenhaus, wo meine beiden Kinder schwer krank liegen.«

Es gibt Zeitgenossen, die behaupten ernsthaft: Würde von allen Menschen das christliche Gebot *»Du sollst nicht lügen«* konsequent beachtet, gäbe es keinen Fortschritt. Darüber mag streiten, wer will. Unstreitig ist jedoch die Tatsache, daß es seit Adam und Eva die Lüge als **›vorsätzliche Unwahrheit‹** gegeben hat. Sie ist damit das älteste Mittel zum absichtlichen Betrug. Bereits die alte Verkäuferregel *»Jeden Morgen steht ein Dummer auf; man muß ihn nur finden!«* involviert Aspekte des Betruges (Stichwort *›Dummer‹*). Kaum ein Verkäufer kann aber heute darauf verzichten, entweder etwas zu verheimlichen oder etwas zu beschönigen, denn schließlich ist nicht alles Gold, was glänzt. Allerdings ist unvollständige Information nicht in jedem Fall dasselbe wie Betrug (vgl. Abschnitt 3.2.2.8). *»Falle nicht auf Werbung rein!«* – ist sicherlich eine Empfehlung aus der Erfahrung heraus. Und die Erfahrungen, die Verbraucher mit irgendeinem Artikel gemacht haben, waren keinesfalls stets immer so, wie es die Werbung ›versprach‹. Es ist aber müßig und fruchtlos, darüber zu debattieren, ob die eine oder andere Maßnahme als **›Schwerpunkt-Information‹** unter Außerachtlassung der Randbedingungen, die nämlich ein ganz anderes Bild zeigen würden, bereits als ›absichtlicher Betrug‹ zu bezeichnen ist. **Entscheidend ist, daß es die ›vorsätzliche Unwahrheit‹ gibt und der satanische Verhandlungskünstler diese selbstverständlich dann einsetzt, wenn sie ihm nutzt.**

»Lügen muß man können«, sagte die Ehefrau, als sie ihren Ehemann überführte, der *›angeblich im Sportverein‹* oder *›in einer wichtigen Besprechung‹* war. Da die Lüge in den meisten Fällen mit Vorsatz erfolgt, ist sie bei vielen Menschen begleitet von einem inneren Erregungszustand. Die Folge: der berühmte rote Kopf, Schweißperlen im Gesicht, feuchte Hände, wacklige Knie, unsichere Mimik etc. Bei den Profis ist das anders. *»Die Lügen wie gedruckt«, »Der lügt, ohne rot zu werden«* usw. sind Bezeichnungen für Zeitgenossen, die mit der Lüge skrupellos *ganz normal* umgehen, weil diese zu ihrem *›satanischen Instrumentarium‹* gehört.

Eine taktische Variante der Lüge ist das ***›Aufstellen unwahrer Behauptungen‹.*** Diese sind sogar außergewöhnlich wirksam, weil sie im Moment der Darstellung in den meisten Fällen nicht widerlegbar sind. Die Methode besteht darin, eine Behauptung aufzustellen, von der man weiß, daß sie gegenwärtig und ohne besonderen Nachweis nicht zu widerlegen ist. Erfolgt das Aufstellen der unwahren Behauptung mit der entsprechenden Überzeugungskraft, so sehen viele unkritische Teilnehmer das schon ›fast als einen Beweis‹ an. Der Unterschied ist einfach: Eine Behauptung ist subjektiv, ein Beweis objektiv.

Beispiel:

Behauptung:	*»Mit diesem Auto können Sie 180 km/h fahren.«*
Beweis:	Technische Daten des Fahrzeuges, Probefahrt etc.

»Wenn Sie aufhören, über uns Lügen zu verbreiten, werden wir aufhören, die Wahrheit über Sie zu verbreiten ...!«

Nun ist aber in den meisten Fällen ein Beweis der Behauptung oder eine Widerlegung nicht ohne weiteres möglich. Entscheidend wird nämlich sein, ***wer*** beweispflichtig ist – oder werden wird. Im täglichen Leben sind diese Probleme bekannt: Anläßlich einer Steuerprüfung behauptet der Prüfer aufgrund bestimmter Verdachtsmomente, daß der Steuerpflichtige Geld für eine Sache erhalten und den Betrag X nicht versteuert hat. Der Steuerpflichtige ist nun beweispflichtig. Daß es *›viel schwieriger ist, etwas zu beweisen‹*, als eine Behauptung aufzustellen, ist nicht etwa nur eine Binsenweisheit, sondern insbesondere in Rechtsstreitigkeiten eine *›scharfe Waffe‹*. Darum ist oftmals die *›Umkehr der Beweislast‹* das Ziel von Anwälten.
In der satanischen Verhandlungskunst ist das Aufstellen unwahrer Behauptungen eine wirksame Taktik, wenn z. B. Zeit gewonnen, der Gegner irritiert und zu Zugeständnissen erpreßt werden soll.
Selbst wenn es dem Gegner gelingt, den Beweis des Gegenteils zu erbringen, stehen viele Möglichkeiten offen, das *›Ereignis zu relativieren‹* oder ›umzudeuten‹:
»Das habe ich ***so*** *nicht gesagt!«*
»Das Ereignis hat zwar so nicht stattgefunden, aber es bleibt doch die Frage, warum Sie ausgerechnet …« usw.

3.2.1.3 »Dagegensein«

–ständiges ›Dagegensein‹ als Methode, um den Gegner zu zermürben, zu demoralisieren

Viele Verhandlungspartner neigen dazu, ihrem Gesprächspartner da und dort auch einmal recht zu geben – aus unterschiedlichen Gründen. **In der folgenden Taktik geht es aber darum, durch ein hartnäckig-freundliches und dauerhaft-ständiges Dagegensein den Gegner zu zermürben.**
Diese Vorgehensweise erfordert hohe Selbstdisziplin!

Methode:
Es kommt darauf an, daß Sie zu den Schlüsselbegriffen Ihres Gegners sofort die Gegenposition aus dem Gedächtnis ›abrufen‹ und diese in einen logischen Zusammenhang bringen.

Dieses ›schnelle Abrufen‹ ist im Prinzip nicht schwierig, weil uns allen zu einer Position die Gegenposition bekannt ist. Das ›schnelle Abrufen‹ ist nur eine Frage der Übung und vor allem – der mentalen Einstellung. Es ist also unbedingt erforderlich, daß der satanische Verhandlungskünstler schon mit der Grundhaltung *»Ich werde ständig dagegen sein«* in ein Gespräch geht oder z. B. nur zu einem bestimmten Verhandlungspunkt diese Grundhaltung einnehmen will. Jede Position hat auch immer eine Gegenposition, jedes Pro auch ein Contra. Hier einige Beispiele (nach H. Ch. Altmann, München, Heyne 1991):

Pro	**Contra**
Entspannung	Abschreckung
Durchsetzung	Imponiergehabe
Vergessen	Unaufmerksamkeit
Religiosität	Abhängigkeit
Lebensabend	Hilflosigkeit
Einordnung	Selbstverleugnung
Spannung	Angstmache
Spaß	Naivität
Information	Belehrung
Unabhängigkeit	Isolation
Sport, Spaß	Streß
Erfahrung	Irrtümer
Kommunikation	Manipulation
Diskretion	Feigheit
Wahrheitsfindung	Verletzung der Intimsphäre
Entscheidungskraft	Feudalismus
Opposition	Pessimismus
Fortschritt	Entfremdung
Interesse	Neugier
Zölibat	Homosexualität
Eigenbedarf	Schmuggel
usw.	

Die Vorgehensweise ›Dagegensein‹ ist immer gleich und kann wie folgt beschrieben werden:

1. **Unbedingt zuhören (keine Miene verziehen, keine Stimuli geben, keine vorzeitige Wortergreifung, nur den Blickkontakt halten – und über die Gegenposition nachdenken.**
2. **Mit einer geeigneten Redewendung die Aussagen des Gegners in Frage stellen und dann die Gegenposition logisch darstellen** *(induktiv = vom Einzelnen auf das Allgemeine – oder deduktiv = vom Allgemeinen auf das Einzelne, siehe Abschnitt 2.4, Dialektik).*
3. **Den Abschluß möglichst immer mit einer (auch provozierenden) Frage bilden. Bei der Antwort des Gegners wieder mit Punkt 1 beginnen, usw.**

Redewendungen, um das ›Dagegensein‹ zu beginnen:

- *»Ist das eigentlich so, wie Sie das darstellen, denn wir müssen doch bedenken, daß … usw.!*
- *»Zunächst einmal muß man wissen, daß es … usw.!«*
- *»Ihre Auffassungen über den Sachverhalt XY sind sicherlich sehr interessant, aber wichtiger ist vor allem, daß … usw.!«*
- *»Der Sachverhalt muß doch anders dargestellt werden, und zwar … usw.!«*
- *»Ihre Darstellung ist hoch interessant, aber die Kernfrage lautet doch! … usw.«*
- *»Es bleibt zunächst einmal dahingestellt, ob das so zutrifft, wie Sie es schildern. Vor allem muß man bedenken … usw!«*
- *usw.*

Wichtig ist vor allem, daß Sie ruhig, freundlich und hartnäckig bleiben. Keine Reaktionen (Kopfschütteln, Unterbrechen, Stimuli [*»nein …«* etc.], erkennbare Mimik, Gestik und Körpersprache) zeigen, während der Gegner redet!!!

Falls Ihnen momentan nichts Passendes einfällt, arbeiten Sie mit **Gegenfragen:**

- *»Wie kommen Sie da drauf?«*
- *»Warum glauben Sie, ist das so richtig, wie Sie es darstellen?«*
- *»Jede Medaille hat zwei Seiten. Wo bleibt die zweite Seite?«*
- *»Wie wichtig ist für Sie eigentlich eine andere Meinung?«*

Sie müssen jetzt versuchen, Ihre Meinung zu der vom Gegner geäußerten Position mit einer Gegenposition als Schlüsselwort in eine **logische Abfolge** zu bringen (vgl. hierzu Abschnitt 2.4). In dem folgenden Beispiel geht es um die Frage, ob es eine *objektive Kommunikation* geben kann oder ob *Kommunikation* auch *Manipulation* ist. Der Disputant geht in diesem Beispiel *deduktiv* vor:

1. Obersatz: *Jede objektive Kommunikation erfolgt durch Menschen.*

2. Obersatz: *Menschen haben ein subjektives Wertsystem und manipulieren.*

Konklusion: *Also liegt in jeder Kommunikation auch Manipulation.*

Im Zusammenhang gesprochen:
»Jede Kommunikation muß und wird immer durch Menschen gestaltet, indem diese Informationen austauschen. Das heißt, auch wenn die Objektivität gewahrt werden soll, wird diese doch durch das Subjekt, also den Menschen, interpretiert; sie wird also subjektives Wertsystem mit allen Möglichkeiten des Subjekts, nach dem eigenen Wertsystem zu interpretieren und zu manipulieren. Damit liegt in jeder Kommunikation auch die Manipulation durch das Subjekt.« (Jetzt **Angriff** durch Nachsatz:) **»Wie kommt es, daß Sie diesen entscheidenden Aspekt nicht gesehen/bedacht haben?«**

Den hohen Wert dieser Vorgehensweise erhält die Argumentation durch die am Schluß gestellte, offene Frage mit provozierendem Charakter. Nun kann der Disputant von der eigentlichen objektiven Kommunikation zum Subjekt kommen und hat damit einen wesentlich größeren Spielraum, um ›dagegen zu sein‹, nämlich ›gegen das Subjekt‹. In den meisten Fällen ist es ratsam, zum Schluß eine offene Frage zu stellen (siehe Abschnitt 2.2.1 ff.):

- *»Haben Sie diese (meine) Position auch bedacht?«*
- *»Wie kommt es, daß Sie diese Position nicht gesehen haben?«*
- *»Was glauben Sie, welche Argumente wiegen stärker, und warum?«*

Nach Ihrer Schlußfrage und der Antwort Ihres Gegners nun wieder mit Punkt 1 der Vorgehensweise beginnen.

»Satanische Verhandlungskunst? So etwas kennen wir bei uns nicht. Wir praktizieren den ›freien Meinungsaustausch‹: Die Mitarbeiter kommen mit ihrer Meinung zum Chef – und gehen mit seiner …!«

3.2.1.4 Verunsicherung – Verwirrung – Abbruch

–gezielte Verunsicherung des Gegners
– Verwirrung stiften: unrichtige Argumente unterstellen
– ›Notbremse‹ ziehen: Gespräch abbrechen/vertagen

Kunde: *»Herr Meier, durch ein zufällig mitgehörtes Gespräch erfuhr ich, daß Ihre Firma uns bisher ihre Produkte nach der Verkaufsliste B anbietet, die wesentlich ungünstiger ist als die Liste A. Wenn das zutrifft, müssen wir unsere Geschäftsbeziehungen zur Disposition stellen!«*

Verkäufer: *»Von wem haben Sie das gehört?«*

Kunde: *»Herr Meier, Sie werden doch nicht im Ernst erwarten, daß ich hochkarätige Leute denunziere. Verlassen Sie sich darauf, daß ich diese Information so gehört habe, oder glauben Sie, ich bin ein Lügner?«*

Verkäufer: *»Ich kann Ihnen versichern, daß das nicht zutrifft.«*
Kunde: *»Herr Meier, wir sind sehr beunruhigt und haben seitens der Geschäftsleitung schon darüber gesprochen sowie entsprechende Maßnahmen vorbereitet. Es wird auf Ihre heutige Bereitschaft ankommen, uns mit einem ›Good-will-Angebot‹ entgegenzukommen.«*

Den Gegner zu verunsichern gehört zum Standardrepertoire in der satanischen Verhandlungskunst. Die Möglichkeiten sind unerschöpflich. Sie können sowohl in der Rhetorik, Dialektik und Kinesik liegen wie auch im *›Zaubern eines Kaninchens aus dem Hut‹* oder in der Schaffung einer entsprechenden Situation.
In dieser Taktik mischen sich viele bereits genannte Taktiken, wie z. B. das Aufstellen bewußter Unwahrheiten, der Bluff, die Täuschung usw. Ein Händler nannte uns seine Taktik: Er wußte, wann ein Außendienstmitarbeiter eines Baustoffherstellers kam. Er inszenierte im Vorzimmer einen Heidenkrach und kam dann ziemlich gereizt zu diesem Mitarbeiter. Durch permanentes Unterbrechen, Aufbrausen und Drohgebärden, aber dennoch stets mit dem Hinweis, Produkte dieser Art kaufen zu wollen, verunsicherte er den Verkäufer derart, daß dieser zu mehr Zugeständnissen bereit war als seine Kollegen.

Ein Verkäufer möchte zu guten Preisen verkaufen, ein Einkäufer möchte zu möglichst geringen Preisen einkaufen – das ist die simple Plattform, auf der sich in den meisten Fällen das Verkaufsgeschehen abspielt. Die Verkäufer lernen darum, mit dem Kunden umzugehen, die Einkäufer lernen wiederum, jede vorbereitete Verkaufstaktik zu durchkreuzen – mit welchen Mitteln auch immer. Ein gefährliches Mittel ist der **täuschende Einsatz der Mimik und der Körpersprache.** Da die meisten Einkäufer einen Verkäufer eher von oben herab behandeln, ist folgende ›Einkäufer-Methode‹ nicht erfolglos:

Verkäufer X hat einen Termin beim Einkäufer Y. Verkäufer X möchte für 1200 verkaufen, Einkäufer Y will höchstens 1150 bezahlen. Statt nun den Verkäufer X – wie üblich – von oben herab zu behandeln und ihm ständig mit der Masche ›zu teuer‹ in den

Ohren zu liegen, empfängt er den Verkäufer X sehr freundlich, fragt nach der Gesundheit, den Geschäften, der Familie, bietet Getränke an, spricht über sich selbst und bittet dann den Verkäufer X, seine interessante Produktpalette vorzustellen. In Vorfreude darauf, daß er bestimmt für 1200 abschließen wird, legt Verkäufer X mächtig los. Doch während der Produktpräsentation geschieht mit der Mimik und der Körpersprache des Einkäufers Y folgendes:

Zunächst sitzt er in offener Haltung und freundlicher Mimik dem Verkäufer X gegenüber. Aber langsam, nach und nach, verdüstert sich seine Mimik, er zieht die Stirn in Falten, seine Gesichtszüge fallen scheinbar nach unten, er verschränkt Arme und Beine, zieht den Kopf ein und lehnt sich zurück. Dabei blickt er den Verkäufer X ohne Abwendung mit dieser düsteren Miene an, ohne ein Wort zu sagen und ohne daß er weitere, negative Stimuli gibt (z. B. mit dem Kopf schütteln). Er sitzt in seiner ablehnenden Art nur ganz einfach da, sieht Verkäufer X an und hört zu.

Es dauert nun wahrlich nicht lange, bis Verkäufer X (vermutlich falsch) reagiert: *»Äh, 'tschuldigung, is' was?«* Doch selbst, wenn Verkäufer X sein angelerntes Verkäuferwissen anwendet, indem er eine offene Frage stellt, hat Einkäufer Y gelernt, wie man solche Fragen abblockt: *»Bitte machen Sie zunächst weiter!«* Verständlich, daß Verkäufer X nun nervös wird und sein Geschäft gefährdet sieht, jedenfalls zum Angebot von 1200. Also bietet er, um überhaupt zu einem Abschluß zu kommen, für 1100 an. Erst jetzt zieht Einkäufer Y die dem Verkäufer X bekannten Register: *»zu teuer«, »beim Wettbewerb günstiger«, »Mengenrabatt«, »Jahresbonus«* usw. Vielleicht gelingt es ihm sogar, noch ein paar Punkte herunterzuhandeln. Aber selbst wenn mit 1100 das Ende der Fahnenstange erreicht ist, hat Einkäufer Y auf jeden Fall gewonnen, denn sein Ziel war 1150. Der Rest ist Routine.

Das ***›Zaubern eines Kaninchens aus dem Hut‹*** gehört zu den beliebtesten Methoden der Verunsicherung. Dazu kann ebenso das *›rein zufällige Telefongespräch des Wettbewerbers‹* gehören, das mitten in die Verkaufsverhandlung platzt (und vom Kollegen aus dem Nebenzimmer geführt wird ...), wie etwa das deutlich sichtbare Schreiben mit Briefkopf vom Anwalt, Wettbewerber usw.

Ein Baustoffhändler erzählte uns in einem Seminar, daß er immer zwei bis drei Wettbewerbsprodukte (es ging um Dachziegel) in Folie verpackt mit Firmenaufdruck lagerte. Je nachdem, welcher Verkäufer nun kam, ließ er stets das Wettbewerbsprodukt vor seinem Büro sichtbar aufstellen. Mit diesem Bluff und dem Hinweis auf die *›zufriedenstellenden Geschäftsbeziehungen mit dem Wettbewerber‹* gab er dem Verkäufer nun eine Chance, bei ihm einzusteigen, zu Sonderkonditionen – versteht sich.
Von denen kam der Verkäufer allerdings niemals wieder runter ...!

Eine andere Variante zur Verunsicherung sind ***›zufällige Gruppengespräche‹***. In dieser Taktik geht es darum, einen Verhandlungspartner oder Verkäufer mit Personen zu konfrontieren, die er entweder nicht kennt oder als Störenfriede bereits kennengelernt hat. Die Möglichkeiten, hierbei fundamentale Fehler zu machen, sind nahezu grenzenlos – insbesondere dann, wenn es sich um ein *›eingespieltes Team‹* handelt.

Ein Beispiel:
Ein Verkäufer hat einen Termin bei einem Kunden bekommen und vermutet, es würde ein Zweiergespräch. Plötzlich bittet jedoch der Kunde noch andere Beteiligte hinzu – oder schlimmer noch: zufällig vorbeikommende Kollegen gesellen sich hinzu ... und natürlich haben alle etwas ganz Wichtiges zu sagen (vgl. hierzu auch Abschnitt 3.2.2.9 »Das Good-bad-play«). Nur wirklich erfahrene Verkäufer- und Verhandlungsprofis machen in solchen Situationen keinen Fehler, denn die meisten sind schon deswegen verunsichert, weil sie nicht wissen, welche Kompetenzen die Unbekannten haben – und wer stellt schon die *gefährliche Frage* nach der Kompetenz in Gegenwart anderer ...? Gefährlich deswegen: Was soll der Betreffende denn sagen? *»Ich bin nachgeordnet, gleichwertig, höher«* – oder was? Ein gefährliches Pflaster, wie jeder Verhandler und Verkäufer weiß – und darum: bestens geeignet zur Verunsicherung.

Auch in der satanischen Verhandlungskunst geht es irgendwann mal nicht weiter, und man muß Zeit gewinnen – es muß eine ›Not-

bremse‹ gezogen werden. Die *›Notbremse Verwirrung stiften‹* wird wie folgt gezogen:
Man unterschiebt dem Gegner Argumente, die dieser gar nicht gesagt hat, sondern andere Verhandlungsteilnehmer. In dem Moment, da der Gegner protestiert, verlangt man eine Klarstellung; entweder man selbst oder der eigene Kollege bemerkt, daß die Vielzahl der Argumente inhaltlich kaum noch zu überblicken sei, bzw. er unterstellt, daß es den anderen Teilnehmern ebenso geht, und bittet den Gegner, die Argumente nochmals zusammenzufassen:
»Herr Meier, bitte entschuldigen Sie. Es geht mir ausschließlich um den Fortgang dieser Verhandlung, damit wir nicht auf der Stelle treten. Aber vielleicht geht es den anderen auch so, daß die Vielzahl der Meinungen und Auffassungen zu unserer Problematik kaum noch überblickt werden kann. Ich muß Sie bitten, an dieser Stelle die Streitpunkte nochmals zusammenzufassen.«

Kein Zweifel – das wird der Gegner gerne tun. Doch in diese Zusammenfassung hakt man wiederum ein, **indem man Reihenfolge wie auch Richtigkeit in Frage stellt** und *›sich fragt, warum der Partner so unseriös vorgeht‹*. Je nach Verhandlungsziel könnte man dann die Verhandlung vertagen:
»Meine Herren, es war meine Absicht, ein für alle Beteiligten positives Verhandlungsergebnis zu erzielen. Durch den Argumenten-Wirrwarr und die daraus entstandene Atmosphäre sehe ich dieses Ziel gefährdet – das wäre für uns alle schlecht. Ich schlage daher vor, die Verhandlung auf nächste Woche zu vertagen. Wäre Ihnen Montag um 14.00 Uhr oder Dienstag um 9.00 Uhr recht?«

Jetzt können zwei Situationen entstehen:

Entweder:
1. Der Vertagung wird zugestimmt – dann gewinnt man wertvolle Zeit, eine neue Strategie zu entwickeln. Außerdem werden die Partner durch die Demonstration der Stärke verunsichert.

Oder:
2. Die Verhandlung geht weiter, aber mit deutlich positiverer Einstellung des Gegners, weil dieser weiß, daß man sonst rigoros abbricht.

Insbesondere dann, wenn man selbst schlechte Karten hat, ist die gezielte Demonstration der Stärke zwar eine sehr gewagte, aber auch mutige Taktik, die keineswegs erfolglos ist – hierzu gibt es aus nahezu allen Bereichen des Lebens hervorragende Beispiele.

»Was? Keine Gehaltserhöhung? Aber Chef, wir haben doch unser Baby schon nach Ihnen benannt ...!«

3.2.1.5 Den Gegner ständig provozieren

- ***auf der emotionalen Beziehungsebene den Gegner attackieren und sich ›erstaunt‹ entschuldigen***
- ***plötzlich ›verborgene Motive beim Gegner entdecken, die erklärbar sind, wie z. B. die ›sexuelle Verdrängung‹, die gesicherten Erkenntnisse der Sexualwissenschaft und der Gegner als ›sexuell Verklemmter‹ ...***

Der Zweck dieser Taktik liegt darin, den Gegner durch Unverschämtheiten und Schikanen zum Zorn zu reizen. Der Sinn dieser Taktik liegt darin, daß die meisten Menschen außerstande sind, im Zorn richtig zu urteilen und ihren Vorteil wahrnehmen zu können. Das wirkt dann besonders effektiv, wenn man sich nach dieser unfairen Attacke *(scheinheilig)* entschuldigt. Zunächst wird versucht, durch unfaire Äußerungen auf der emotionalen Beziehungsebene den Gegner in Wut zu bringen:

»Sie hören sich wohl gerne reden, wie?«

»Wer hat Ihnen denn diesen Unsinn auf Ihr Manuskript geschrieben?«

»Ihr Auftritt ist ja bemerkenswert. Aber wissen Sie eigentlich, was Ihre Frau jetzt gerade macht?«

»Wieviel verdienen Sie eigentlich?«

»Bringen Sie erst einmal Ihr Äußeres in Ordnung. Dann reden wir über Ihre innere Haltung!«

»Vergessen Sie ja nicht, in der Pause einen Kaffee zu trinken, sonst müssen Sie sich nachher wieder durch Reden wachhalten!«

»Sie haben ja eine schöne Stimme, aber was Vernünftiges hört man nicht von Ihnen!«

»Reden Sie nur so weiter. Bei Ihrer Arbeit ist das kein Wunder!«

Bleiben Sie ruhig bei dieser Meinung. Für SIE ist die gut genug!«

»Sie müssen sich einfach mal ernsthaft bemühen, Sachverhalte zu begreifen. Auch wenn's Ihnen schwerfällt!«

»Was meinen Sie – hat sich mit Ihrer schwachen Antwort Ihr Image nun verbessert oder verschlechtert?«

»Ach wissen Sie, Herr Kollege. Mancher, der glaubt, er sei beschlagen, merkt gar nicht, daß er im Grunde nur behämmert ist!«

»Können Sie auch mal etwas zur Sache beitragen, statt nur forsche Forderungen (dummes Zeug etc.) in den Raum zu stellen?«

»Herr Kollege, Sie schweigen? Das ist ja ein ganz neuer Ton, den Sie da anschlagen!«

»Ihre Meinung ist zwar von vorgestern. Aber alle alten Sachen werden mit der Zeit wertvoller!«

»Seitdem Ihre Firma beschlossen hat, aus lauter Angst vor der Revision sich täglich in die Hosen zu machen, liefern SIE genau die Leistung, die den vollen Hosen entspricht!«

»Das haben Sie schön gesagt, Herr Kollege. Vielleicht kriegen Sie dafür das Kamener Kreuz am Bande!«

»Herr Kollege, es ist bewundernswert, wie Sie das selbstgestellte Problem gelöst haben. Leider war es das falsche Problem!«

»Ich habe im Grunde viel Verständnis für den Kollegen. Bis vor fünf Jahren dachte ich auch noch so!«

»Herr Kollege, Sie stehen im Mittelpunkt – und somit allen im Weg!«

»Ich warte, was von Ihnen noch kommt. Vermutlich halten Sie Ihre Argumente noch in Reserve, denn was Sie da gerade gesagt haben, können doch unmöglich Ihre besten Argumente gewesen sein!«

»Ihr Redebeitrag ist zu Ende. Ich danke Ihnen für dieses Gewäsch!«

»Gegen Ihren Vertriebsdienst sind freilaufende Hühner eine geschlossene Kampfformation!«

Wichtig vor allem: DU-Botschaften (siehe Abschnitt 2.2.4): *»**Sie** sind es doch gewesen, der …!«* oder: *»**SIE** sollten mal endlich …!«* usw. Die Reaktionen des Gegners auf diese bewußt provozierenden Bemerkungen lassen nicht lange auf sich warten: geharnischter Protest, Aufregungen, wütende Entgegnungen usw. Dann aber argumentiert der Provokant ›unschuldig‹ und ›völlig erstaunt‹:
»Es ist mir völlig unerklärlich, warum der werte Herr Kollege so zornig ist. Ich schätze ihn als seriösen Menschen, und was ich gesagt habe, war doch anders gemeint, als er es verstanden hat. Aber,

werter Herr Kollege, es muß ja Gründe geben, warum Sie so unsachlich reagieren. Vielleicht sind es gar Ihre schwachen Argumente ...?«

Nochmals: Der Sinn liegt darin, daß die meisten Menschen im Zorn außerstande sind, richtig zu urteilen. Oft wird dann in der Wut vom Gegner versucht, mit der Brechstange an die Probleme heranzugehen, zu übertreiben, selbst unsachlich zu werden. Hierin sieht der satanische Verhandlungskünstler seine Chance, z. B. unbedachte Äußerungen des Gegners zum Dreh- und Angelpunkt weiterer Gespräche zu machen.

»Ihr Hotel ist ein Saftladen ...!!«
»Wenn Sie das sagen ...! Aber was macht das schon, wenn **SIE** das sagen ...!?«

Zweifellos schamlos und schäbig sind Ableitungen aus der Sexualpsychologie, wenn sie als ›Waffe‹ eingesetzt werden – die redlichen wie die unredlichen Ableitungen, die nachprüfbaren ebenso wie die unprüfbaren, die gesicherten wie die ungesicherten. Hieß es früher noch schlicht: *»Du hast 'ne Macke!«* oder: *»Haben Sie Komplexe?«*, so werden heute raffinierte, sog. *›Ableitungen aus den Erkenntnissen der Sexualpsychologie‹* verwendet, um den

Gegner als Mensch in Mißkredit zu bringen. Wer heute das Nacktbaden befürwortet oder ablehnt, öffentliche Bordelle fordert oder verhindert, wer die Abtreibungsgesetze oder den Drogenkonsum liberalisieren will, die Todesstrafe fordert oder sie ablehnt, Gewalt verherrlicht oder verhindert, Pazifist oder Militarist ist, wer fleißig oder faul ist, ehrlich oder unehrlich, ruhig oder aufbrausend, anständig oder unanständig: sie alle sind dem Einwand ausgesetzt, daß ihre Verhaltensweisen, Einstellungen und Überzeugungen auf *›sexuellen Verdrängungen‹* beruhen, die *»sich nachweisen lassen! Denn schon Sigmund Freud hat festgestellt, daß …!«* Der Psycho-Altmeister Freud würde sich im übrigen glücklich schätzen, daß er die Mischung seiner wissenschaftlichen Arbeit in heutigen Tagen mit Scharlatanerie, schamloser Halbbildung und unseriösen Absichten nicht zu erleben braucht.

Und doch ist das Beschreiten dieses Feldes für die satanische Verhandlungskunst unverzichtbar. Im Grunde kann der Gegner hehre, solide und moralische Motive haben – und fair verhandeln wollen, um z. B. nach seiner Auffassung zu einem beiderseits akzeptablen Kompromiß zu gelangen. Den satanischen Verhandlungskünstler interessiert jedoch die Fairneß nicht: Er will über den anderen siegen. So leitet er das Handeln des Gegners aus *›sexuellen Verdrängungen‹ der gestörten Kindheit‹* ab, so, wie es *den gesicherten Erkenntnissen der Sexualwissenschaft entspricht‹* – und degradiert den Gegner zum Verklemmten. Und wer glaubt und folgt schon den Argumenten eines sexuell Verklemmten …?
Der satanische Verhandlungskünstler wappnet sich darum stets mit einigen Theorien und Fachtermini aus der Sexualpsychologie. Besonders verblüffend ist es, bekannte Untersuchungen und bekannte Namen mit frei erfundenen Studien und Namen in Verbindung zu bringen, denn welcher Nichtfachmann hat schon die Übersicht und Kenntnis über alle Sexualtheorien:
»Nun, Herr Kollege, Sie kennen ja sicherlich den neuen Kinsey-Report. Interessant ist, daß das Gegenstück von George Gofman, die Gofman-Studie – übrigens z. Zt. in Amerika ein Bestseller – genau das Problem behandelt und die Ursachen beschreibt, die ganz offensichtlich Ihrem Verhalten zugrunde liegen. Den sollten Sie mal lesen, Herr Kollege! Das würde Ihnen sicher helfen!«

Eine weitere zynische Methode der Provokation besteht darin, dem Gegner in ruhigem, eher traurigem Tonfall die ›Grundfrage‹ vorzutragen, *»... daß Optimisten für eine gesunde Dynamik des Lebens und Pessimisten für eine krankhafte Stagnation bekannt sind. Doch für krankhafte Pessimisten bietet die Medizin heutzutage gute Lösungen, weil nachgewiesen ist, daß Mißmut meistens ein Galleleiden ist. Manchmal sind es auch nur die Gallensteine ...!«*

3.2.1.6 Das Hindernisrennen

- ***zu Beginn deutlich abgegrenzte Forderung als unumstößlich aufstellen und Tatsachen schaffen***
- ***die Salamitaktik anwenden***
- ***planvolles ›Abhandelnlassen‹ bei gleichzeitiger Aufstellung neuer Forderungen zu anderen Verhandlungspunkten***

Fassungslos stehen die meisten Menschen heute vor der geschichtlichen Tatsache, daß Hitler seit der Machtergreifung der Nationalsozialisten bis zum Ausbruch des Zweiten Weltkrieges der Welt seine territorialen Forderungen an Europa abpreßte – und sie scheinbar mühelos alle bekam. Daß er ab dem 1. September 1939 seine Forderungen mit kriegerischen Mitteln durchzusetzen versuchte, ist ebenso bekannt wie seine furchtbare Gesinnung. Heute wissen wir, daß Hitler durchaus nicht aus der Position der Stärke verhandelte – jedenfalls nicht zu Beginn seiner Beutezüge. So hätte ihm der Einmarsch in das entmilitarisierte Rheinland, das Zerreißen des ›Versailler Vertrages‹, die einseitige Kündigung des Flottenvertrages mit England, der Einmarsch in die Tschechoslowakei usw. frühzeitig den Kopf kosten können, wenn er es mit entschlossenen Gegnern zu tun gehabt hätte. Aber als sich die Gegner zum Widerstand zusammenfanden, war es bereits zu spät. Es bedurfte eines furchtbaren Krieges mit über 50 Millionen Toten, um dem Spuk ein Ende zu bereiten.

Ein weiteres Beispiel aus heutigen Tagen ist der **Balkankrieg.** Er kann als **Musterbeispiel** dafür dienen, wie es zwei fanatisch-entschlossenen Machtpolitikern gelingt, mit **satanischer Verhand-**

lungskunst der Welt ihren furchtbaren Willen aufzuzwingen, obwohl ›Serbien‹ (als Name) vielen Menschen bestenfalls vom Jugoslawien-Urlaub und von der ›serbischen Bohnensuppe‹ bekannt war. Heute müssen wir die grausame Wahrheit zur Kenntnis nehmen. Die Führungsclique eines kleinen, wirtschaftlich unbedeutenden Landes stellt eine unumstößliche Forderung auf – und erreicht diese Punkt für Punkt durch Schaffung von Tatsachen. Dabei schrecken diese Horden auch nicht vor einer Waffe zurück, die es bisher nicht als gezielte Kriegstaktik gegeben hat: der systematischen Vergewaltigung von über 50 000 moslemischen Frauen. Hierbei geht es nicht um Auswüchse von Kriegsgegnern, die – so unmenschlich sie sind – es in Kriegen immer gegeben hat, sondern **es geht gezielt darum, den Gegner von außen und gleichzeitig von innen anzugreifen,** was bis jetzt nur als ›Sabotageakte, Spionage‹ usw. bekannt war. Doch die Taktik der Serben ist besonders perfide: Jeder weiß, daß nach dem Koran Frauen, die von einem anderen Mann als ihrem eigenen ›berührt‹ wurden, als ›unrein‹ gelten und verstoßen werden. Man könnte das bezeichnen als ein modernes, besonders widerwärtiges ›Trojanisches Pferd‹, wobei diese Frauen unfreiwillig und gezwungen die Rolle der ›Kämpfer nach innen‹ übernehmen (Stichwort: Verwirrung stiften, Mißtrauen schaffen, Dezimierung der Kampfkraft des Gegners usw.). Insgesamt gelangen – vor den Augen der ganzen Welt – durch erschütternde Berichte die zur Erreichung dieser Ziele angewendeten Grausamkeiten in eine Tiefe des Grauens, in die kein Wort mehr hinabreicht.
Doch was haben diese und andere Grausamkeiten mit der Verhandlungstaktik der Serben in Genf zu tun?

Dafür gibt es zwei Gründe. Zum einen wurde – wie im Falle Hitlers und anderer – durch unentschlossene, zerstrittene Gegner den Verantwortlichen nicht rechtzeitig Einhalt geboten, was bei konsequenter Anwendung beschlossener Sanktionen durchaus möglich gewesen wäre (›Genscher-Strategie‹). Jetzt ist nur noch eine umfassende militärische Aktion möglich – also die Katastrophe. Zum anderen konnte erfolgreich Zwietracht und Mißtrauen unter den verbündeten Kriegsgegnern erzeugt werden. Nun – und das soll dieses Beispiel zeigen – konnten und können die verantwortlichen Serbenführer in Genf alle Register der satanischen Verhandlungskunst ziehen – und … **gewinnen,** z. B.:

- *unumstößliche Forderungen aufstellen, planvolles ›Abhandelnlassen‹ bei gleichzeitiger Aufstellung neuer Forderungen zu anderen Verhandlungspunkten,*
- *Drohungen jeder Art ausstoßen,*
- *sich weigern, zu verhandeln, um Zugeständnisse zu erzwingen,*
- *künstliche Vermehrung der Streitpunkte/Nebenkriegsschauplätze schaffen,*
- *ständig neue Forderungen einbringen,*
- *ein scheinbar ausgehandeltes Konzept durch Alternativen erschüttern,*
- *zum Schein auf ein Verhandlungsgespräch eingehen und sich dann daran nicht halten,*
- *durch Verzögerungstaktik Gegner unter Entscheidungsdruck setzen, auch: die Erwartung der Welt/Erfolgsdruck an die Unterhändler ausnutzen,*
- *das Einlullen der Konferenzteilnehmer,*
- *unwahre Behauptungen aufstellen,*
- *ständiges ›Dagegensein‹ und Wahrheiten rundweg abstreiten,*
- *Bestreiten und Umdeuten von Tatsachen,*
- *durch vereinzelte Greueltaten der Gegenseite das ›Katyn-Syndrom‹*[1] *erzeugen, also ›induktiv‹ vorgehen,*
- *Streßsituationen schaffen, den Sachverhalt zerreden, dann relativieren,*
- ***usw. usw.***

Das Ziel und die Taktik der Serben sind so klar, wie sie plump, eiskalt und durchsichtig sind:

1. *Zeit gewinnen und Fakten schaffen.*
2. *Die (berechtigte) Hoffnung haben, nach Erreichung aller Kriegsziele durch das Abhandelnlassen einzelner Punkte die Aufhebung der Sanktionen und somit die großserbische Souveränität zu erreichen.*

---

[1] Katyn, sowjetische Ortschaft bei Smolensk, bei der die deutsche Wehrmacht 1943 ein Massengrab fand = Erschießung von über 4100 polnischen Offizieren durch Sowjets im Mai 1940, welche von den Nazis propagandistisch sehr erfolgreich ausgenutzt wurde.

Aus der Makrosituation ›Balkankrieg‹ lassen sich taktische Vorgehensweisen für die Mikrosituation ›Verhandlungen‹ ableiten – ob geschmackvoll oder nicht. Denn sie gibt es nun einmal, diese satanische Verhandlungskunst, und es ist sicherlich besser, diese Methoden offenzulegen und die Abwehrmaßnahmen zu beschreiben, um zu warnen – statt erneut ins Messer zu laufen. Wenngleich diese Taktik mit Hindernisrennen bezeichnet und damit auch sprachlich verniedlicht wurde (zumindest was die geschilderte Makrosituation anbelangt), so ist diese Vorgehensweise dennoch ein erprobtes und bewährtes Mittel in der satanischen Verhandlungskunst. Das Aufstellen einer deutlich abgegrenzten, also exakt definierten, unumstößlichen Forderung zu Beginn einer Verhandlung mit der gleichzeitigen Schaffung von Fakten und Tatsachen ist eine Taktik, die – wie immer abhängig vom Sachverhalt, von der Situation und den Personen – dann besonders treffsicher gelingt, wenn *›gleichzeitig der Gegner von innen angegriffen‹* wird. Das kann dadurch geschehen, daß Verhandlungspartner gegeneinander ausgespielt werden oder daß man gezielt Gerüchte ausstreut oder einen Gegner unter Druck setzt, weil man ›etwas Brisantes von ihm weiß‹, usw.
Es geht mit dieser Taktik also darum, den Gegner gezielt gleichzeitig von außen und von innen anzugreifen.

Ein Beispiel:
Ein Bauträger verhandelte mit einem Bauunternehmen über die Schlußabrechnung einer Großbaustelle mit sechs Wohnblocks. Es ging – wie könnte es anders sein – für beide Seiten um viel Geld. Der Bauträger verlangte, daß das Bauunternehmen die in wenigen Fällen mangelhaften Außengerüste komplettierte (Volleinrüstung) und darüber hinaus die Zuwegung zu den einzelnen Blocks befestigte, damit andere Unternehmen bis an die Blocks vorfahren konnten. Beide Forderungen waren für die termingerechte Erstellung weiterer Arbeiten (Fassade etc.) erforderlich, waren jedoch nach Auffassung des Bauunternehmens in der Ausschreibung mißverständlich formuliert worden, obwohl solche Aufgaben – wie bisher immer üblich – zu den Aufgaben eines Bauunternehmens gehören. Die Verhandlungsposition des Bauunternehmens war klar: Erstellung und Genehmigung eines Nachtrags-

angebotes. Der Bauträger lehnte das ab. Es kam zur ersten Verhandlung, in der die unterschiedlichen Positionen aufeinanderprallten. Die Verhandlung wurde auf die nächstfolgende Woche verschoben.

Währenddessen räumte das Bauunternehmen in wesentlichen Teilen die Baustelle, rüstete einen der sechs Wohnblocks auf eigene Kosten völlig ab und hinterließ eine Zuwegung, die nicht geeignet war, diese mit LKW zu befahren. Ob berechtigt oder unberechtigt: eine Klärung hätte nur ein gerichtliches Verfahren bringen können – das wußte trotz großer Worte das Bauunternehmen (und der Bauträger, der pünktlich die Wohnungen verkaufen wollte und mußte ...!).

In der zweiten Verhandlungsrunde wurde nun der Bauunternehmer mit der Drohung konfrontiert, daß der Bauträger eine andere Firma mit der Erledigung der Arbeiten beauftragen und ihn verklagen werde. Er nahm dieses gelassen hin und bemerkte lediglich, daß er dafür bekannt sei, sich nicht unter Druck setzen zu lassen. Außerdem sei seitens seines Unternehmens *›für diesen Fall eine Reihe von Maßnahmen vorbereitet worden, von denen er aber vorerst absehen möchte‹*.

Anläßlich eines Baustellentermins des Ingenieurs vom Bauträger, der die Ausschreibungen im wesentlichen zu verantworten hatte, traf dieser mit dem Bauunternehmer zusammen. Der Bauunternehmer hatte sich sehr gut auf diesen Termin vorbereitet. In der Bauleitungsbaracke unterbreitete er unter vier Augen dem Ingenieur eine Reihe von weiteren Fehlern, wie sie auf einer Großbaustelle nun einmal vorkommen können und im allgemeinen von einem Bauunternehmen ›miterledigt‹ werden – aber von dem Ingenieur zu verantworten waren –, und kündigte die Einbringung dieser weiteren Forderungen in die nächste Verhandlungsrunde an.

Der Bauunternehmer vertagte aufgrund einer ›Krankheit‹ die Verhandlung um eine weitere Woche, welches die Auswirkung hatte, daß die Fassadenfirma ebenso wieder abzog wie die Firmen, die Vorbauten und Anschlüsse nach Fertigstellung der (Teil-)Fassade zu errichten hatten.

In der folgenden Verhandlungsrunde erhielt das Bauunternehmen den Auftrag für das eingereichte Nachtragsangebot. Die Kosten für die erneute Anfahrt, das Ab- und Aufrüsten sowie das Wiederaufstellen abgebauter Anlagen hatte das Bauunternehmen vorher bereits einkalkuliert.

»Allen Gesundheitsreformern wünschen wir ein Frohes Fest und allen Patienten eine schöne Bescherung ...!«

Eine verwandte Taktik besteht darin, die ›**Verhandlungsmasse zu teilen**‹ und zu einigen Punkten einen ›**Verhandlungsspielraum zu schaffen**‹. Das kann z. B. dadurch geschehen, daß diese einzelnen Punkte künstlich erweitert werden (z. B. sog. *›nachweislich entstandene Kosten‹*). In der Verhandlung läßt man sich nun die künstliche Erweiterung zu den Punkten hartnäckig, aber planvoll abhandeln. Gleichzeitig werden **zu anderen Verhandlungspunk-**

ten, die in ihrer Bedeutung wesentlich wichtiger sind, **neue Forderungen** aufgestellt. Je nach Sachverhalt kann somit die Erfüllung der neuen Forderung zu einem wichtigen Punkt bei gleichzeitiger Aufgabe der künstlichen Erweiterung der restlichen Punkte von erheblichem Vorteil sein.

3.2.1.7 Widersprüche entdecken

- ***die ›älteste Klamotte‹ in der Diskussion ständig einsetzen***
- ***Gegner reden lassen, dann ›Widersprüche‹ feststellen und zur ›Tagesordnung‹ übergehen***

Während der studentischen Revolte Ende der 60er Jahre war es ›in‹, über die *›Widersprüche im kapitalistischen System‹* zu diskutieren – ob freiwillig oder unfreiwillig. So ›besuchten‹ uns Architekturstudenten in der Uni geschulte und redegewandte Marxisten, die Seminare und Vorlesungen umfunktionierten. Es handelte sich vorwiegend um die Behauptung, daß wir zu ›angepaßten Erfüllungsgehilfen der Wirtschaft‹ (Sprachgebrauch: Ausbeuterklasse) ausgebildet *(›dressiert‹)* werden. Dabei gingen die Marxisten geschickt vor. Statt flammende Reden zu halten, verwickelten sie uns in Diskussionen, bei denen sie ständig Widersprüche bei uns entdeckten. Wir griffen diese sofort auf, widersprachen, stellten richtig, erklärten, verteidigten usw. Die ununterbrochen aufgestellte Behauptung des Widerspruchs heizte das Diskussionsklima an, und wir argumentierten sehr häufig mit Einzelbeispielen. Das führte in unserem Zorn dazu, daß wir bei einigen Beispielen übertrieben. Diese Übertreibung aber war es, die aufgegriffen, analysiert und widerlegt wurde. Mit der Widerlegung der Übertreibung war es nun einfach, die gesamte Argumentation zu dem Beispiel umzudrehen und insgesamt zu widerlegen. Wir befanden uns, trotz leidenschaftlichen Engagements, durch diese Taktik ständig in der Defensive. Unsere Felle schwammen davon – nur selten gewannen wir einen Diskussionspunkt. Einer dieser Marxisten, ebenfalls ein Architekturstudent, verstand diese Taktik besonders gut, gegen ihn war kein Ankommen. Sein Stündchen schlug erst, als er seinen Semesterentwurf (großzügige, ›gedrehte‹ Wohnanlage für Arbeiter) abliefern mußte: Alle Wasserleitungen und Fallrohre der oberen Stockwerke gingen mitten durch das untere Treppenhaus …!

Die Behauptung, **Widersprüche beim Gegner** entdeckt zu haben, ist eine der wohl ältesten und zuverlässigsten dialektischen Vorgehensweisen in nahezu jedem Gespräch. Wenn ein Teilnehmer nur kurz spricht, so kann man vermeintliche Widersprüche als **›Verwirrungstifter‹** verwenden. Spricht der Gegner lange, ist es leicht, aus dem Gesagten Widersprüche zu erkennen und sie ihm vorzuwerfen. Um das zu erreichen, sollte man mit Gesprächstechniken und vor allem offenen Fragen arbeiten, die geeignet sind, den Redeanteil des Gegners zu erhöhen (siehe Abschnitt 2.2), denn: **Wer viel redet, bietet viel ›Breitseite‹ und somit die Möglichkeit, direkte, indirekte oder vermeintliche Widersprüche zu entdecken.** Um diese zu widerlegen, muß der Gegner seine Argumentation wiederholen und kommentieren. Der Gegner ist damit ständig in der Defensive, weil er gezwungen wird, seine Argumentation richtigzustellen, zu erklären und zu verteidigen. Doch selbst wenn ihm das gelingt, kommentiert man seine Rede kopfschüttelnd und schulterzuckend:
»Also, wenn das klar sein soll …! Aber bitte, Herr Kollege, lassen Sie uns weitermachen mit dem Punkt XY …!« usw.

3.2.1.8 Das gleiche Argument

- ***was ärgert den Gegner? Ständige Wiederholung***
- ***auf Schwachstellen rumreiten***
- ***Theorie und Praxis sind zweierlei***

Vorwiegend in den 70er und 80er Jahren entstanden unzählige Sexfilme, deren ›Lebensnähe‹ in den entscheidenden Szenen an Lächerlichkeit nicht zu überbieten ist. Abend für Abend laufen diese *›Liebesgrüße aus der Lederhose‹* über die privaten Fernsehsender. Heute sehr bekannte Schauspieler/innen haben damals als noch unbekannte Akteure – aus welchen Gründen auch immer – mitgewirkt. Es ist erstaunlich, wie gereizt diese Schauspieler heute reagieren, wenn sie auf ihre Jugendsünden angesprochen werden. Im harten Konkurrenzkampf der privaten Fernsehsender wird das sogar als Waffe eingesetzt, um die Einschaltquoten beim Gegner zu verringern. So muß es sich ein bekannter Volksschauspieler und Komödiant gefallen lassen, daß zeitgleich zu seinen populären Sendungen beim anderen Privatsender Sexfilme gezeigt werden, bei denen er aktiv mitwirkte. Peinlich, peinlich!

Wie ungern es Menschen haben und wie gereizt sie reagieren, häufig auch wütend werden, wenn andere auf ihren Schwachstellen ständig herumreiten, ist bekannt. In vielen Fällen erkennt man schon vor einer Verhandlung Punkte, von denen man weiß, daß diese den Gegner ärgern – oder aber diese Punkte werden durch den Verhandlungsverlauf entweder offengelegt oder erzeugt. **Da es darauf ankommt, daß der Gegner in Wut versetzt wird, damit er ›Breitseiten‹ bietet, reitet man argumentativ auf diesen Schwachstellen herum.** Je nach Reaktion des Gegners gibt es eine Vielzahl von Möglichkeiten zu reagieren: von der Verständnislosigkeit hinsichtlich des Gegners Überreaktion, nur »weil man einen Sachverhalt klären wollte«, bis hin zum Abbruch des Gespräches bzw. zur Verhandlungsvertagung. Wird der Gegner unerwartet böse, so *›hat man ihn erwischt‹*, denn es ist zu vermuten,

»Ich wiederhole mich, weil ich versuche, Ihrer bescheidenen Intelligenz Rechnung zu tragen. Seien Sie mir doch dankbar dafür ...!«

daß ihm mehr anzuhaben ist, als man jetzt weiß. Auf dieser schwachen Stelle herumzureiten, kann darum auch bedeuten, daß man noch mehr als im Moment erreichen kann.

Gelingt es ›mangels Masse‹ oder Kenntnissen nicht, einen konkreten Schwachpunkt zu finden, so besteht fast immer die Möglichkeit, mit dem **›Theorie-Argument‹** diese Taktik durchzuführen. ***»Das mag in der Theorie richtig sein, in der Praxis ist es falsch!«*** Durch diese sophistische List gibt man die Gründe zu und leugnet doch die Folgen. Die Annahme ist: Was in der Theorie richtig ist, muß auch in der Praxis zutreffen – und wenn das nicht der Fall ist, dann liegt ein Fehler in der Theorie vor, indem etwas übersehen oder nicht in Ansatz gebracht wurde. Somit ist die Theorie falsch.
Jeder Wissenschaftler wird dem Argument: *»Das ist doch Theorie!«* eher verständnislos gegenüberstehen und sagen: *»Richtig. Das ist meine Theorie!«* Im umgangssprachlichen Bereich ist die Formulierung Theoretiker keineswegs immer positiv – im Gegenteil. Wer z. B. im produzierenden Gewerbe oder im handwerklichen Bereich tätig ist, läßt sich durchaus nicht widerspruchslos sagen, er sei ein Theoretiker, denn das ist gleichbedeutend damit, daß derjenige nicht in der Lage ist, die ihm gestellte Aufgabe so zu lösen, daß sie ein praktisches, gebrauchsfertiges Resultat hat.

Der Theoretiker ist also ein sicher interessanter Mann – gebraucht wird allerdings der Praktiker. Demzufolge ist das Argument ›Theorie und Praxis sind zweierlei‹ so zu verstehen, daß nur die Praxis im Grunde lebenserhaltend ist – Theorie ist etwas für gute Zeiten und schönes Wetter. In Verhandlungen wird es allerdings nur wenige Vorschläge geben, welche nicht in die Kategorie ›Theorie und Praxis‹ einzuordnen wären. **Es ist aber sehr wichtig, daß diese Einordnung behutsam und raffiniert erfolgt – also keine plump-direkten Vorhaltungen.** Es muß argumentiert werden, daß der Vorschlag in der Sache recht logisch erscheint. Aber dann muß an einem populären Beispiel gezeigt und bewiesen werden, daß dieser Vorschlag in der Praxis undurchführbar ist – aber: *»Theoretisch ist es ein guter Vorschlag …!«* Der Gegner ist somit zum Theoretiker disqualifiziert – für jeden Praktiker ein (fast) tödliches Attribut.

3.2.1.9 Fachausdrücke/Fremdwörter – Wortschwall

- ***den Gegner mit Fachausdrücken/Fremdwörtern ›erschlagen‹***
- ***Scheinangriff starten***
- ***auf einen Schelm anderthalbe setzen oder: ›niederquatschen, was das Zeug hält‹***

Langsam, sehr langsam lernen die Mediziner, ihren Patienten verständliche Erklärungen über deren Zustand abzugeben. Dennoch gibt es viele Ärzte, die nur oder zum größten Teil mit Fachausdrücken Patienten belehren. Unausgesprochen steht für Patienten das Gefühl dahinter, daß der Arzt die Krankheit und die erfolgreiche Bekämpfung der Krankheit genausogut kennt *und kann,* wie er den Fachausdruck dazu kennt. Schon *Goethe* wußte:
»Gewöhnlich glaubt der Mensch, wenn er nur Worte hört, es müsse sich doch auch etwas denken lassen.«
Der österreichische Dichter *Hugo von Hofmannsthal (1874–1929)* beschrieb es wie folgt:
»Für gewöhnlich stehen nicht die Worte in der Gewalt der Menschen, sondern die Menschen in der Gewalt der Worte!«

In der heutigen Zeit erfolgt die Verblüffung sehr oft mit (häufig sinnlosen) Fremdwörtern und modernen Begriffen (Mehrkammer-System, Dosierkugel, Drei-Wege-Katalysator, multikulturelle Gesellschaft usw.). **Die Taktik besteht darin, einem Gegner das, was er normalerweise nicht versteht, so mitzuteilen und den Eindruck zu erwecken, daß er ganz einfach nicht das Wasser reichen kann.** Dazu eignet sich manchmal sogar ein gelehrt und tiefsinnig klingender Unsinn, vorgeschwatzt mit ernsthafter Miene und ausgegeben als ein unbestreitbarer Beweis für die eigene These – wenn es denn nur fachkundig ist. Besonders tückisch ist diese Taktik, wenn man Fremdwörter zunächst so gebraucht, daß sie entweder jeder versteht oder – zunächst – erklärt werden. Der Gegner wird dieses mit »Selbstverständlich« oder »Ist mir bekannt«

quittieren. Was er nicht weiß, ist, daß mit den nächsten Erklärungen und Argumenten Fremdwörter und Fachbegriffe verwendet werden, die ihm mit Sicherheit **nicht** mehr bekannt sind (siehe hierzu Abschnitt 2.2.4). Er wird quasi ›überrollt‹. Es sei denn, er findet den Mut zu fragen:
»Pardon. Bisher habe ich alles verstanden. Aber Ihre jetzigen Fachausdrücke XY kenne ich nicht. Bitte erklären Sie mir diese!«

»Haben Sie thesaurierten Kaviar?«
»Nein, mein Herr. Wir sind ein anständiges Restaurant!«

Eine besondere Spezies, die mit dieser Taktik bestens umzugehen versteht, sind die Psychologen. Sie entsprechen der Rollenerwartung, die an sie gestellt wird – und antworten fachlich mit häufiger Verwendung des Begriffs *»psychologisch gesehen«* oder *»Die Psychologie spricht da von einem XY-Syndrom«* oder *»Die wissenschaftliche Psychologie hat herausgefunden, daß …«*. Sie vertrauen darauf, daß die wenigsten Menschen wissen, daß **Psychologie als Wissenschaft vom Erleben und Verhalten des Menschen** so umfangreich ist, daß sie in viele Disziplinen aufgeteilt ist, die kaum einer alle kennen und aus allen Spezialgebieten mit fundiertem Wissen alles erklären kann. Und obwohl die Psychologen mehrheitlich in ihren Rollenerwartungen überfordert sind, haben sie meistens nichts dagegen, wenn man sie als moderne Medizinmänner ehrt und adelt. Der Psychologe ist der, der den tieferen Einblick hat, der das erkennt, was der normale Mensch nicht erkennen kann, der also das Unnormale erklären und somit Lebenshilfe geben kann: Das ist die Erwartung. Und sie spüren die Macht, die sie damit über andere Menschen besitzen – und nutzen sie.
Wer ein Spezialwissen hat oder in der Lage ist, mittels Fremdwörtern und Fachausdrücken dieses unerkannt vorzugaukeln, hat stets die ›besseren Karten‹ und kann Macht ausüben. Aus der Gruppendynamik ist bekannt, daß es in einer informellen Gruppe meistens einen *Gruppenführer,* einen *Spezialisten,* die *Mitläufer* und den *Außenseiter* (jedes Dorf hat seinen Dorftrottel) gibt bzw. die Rollen sich herausschälen. Es läßt sich mit entsprechenden Seminarübungen zu fachspezifischen Themen sehr gut nachweisen, daß die **stärkste Kraft in der Gruppe stets der Spezialist** ist. Niemand traut sich, ihm zu widersprechen – aus Angst, sich zu blamieren. Der Gruppenführer wird sehr häufig durch das Wissen des Spezialisten in eine Rolle gedrängt, die auf rein organisatorische und formale Aspekte beschränkt bleibt. Das ist in Verhandlungen, in denen es um Spezialprobleme geht, nicht anders.

Hierzu gehört auch die Methode, ***›auf einen Schelm anderthalbe setzen‹***. Damit ist gemeint, daß die eigene Attacke entsprechend deutlicher ausfällt als der gegnerische Angriff. Das kann auch durch den **›Bluff mit dem Wortschwall‹** erfolgen, wobei es wichtig ist, daß dazu die entsprechende Gesprächstechnik verwendet wird (z. B. Überraschende-Pausen-Technik, siehe Abschnitt 2.2.4). Die Taktik ***›niederquatschen, was das Zeug hält‹*** bringt zwar selten in der Sache etwas, aber sie ist geeignet, den Gegner wütend zu machen.

Meistens entsteht im Rahmen eines Disputes auch die Frage, **wer der Schuldige ist,** und plötzlich dreht sich die Diskussion nur noch um diese Frage. Gerät der satanische Verhandlungskünstler in diese Situation, so hilft nur die Flucht nach vorne:

»Es ist ein Grundsatz von mir, Beschuldigungen anzuhören und zu gehen. Werde ich also weiterhin beschuldigt, bin ich gezwungen zu gehen. Mein Vorschlag lautet darum ...!«

Sofern es keine weiteren Konsequenzen hat, bewährt sich auch folgende Formulierung zur Verblüffung:

»Ich erkenne eines, meine Herren: Sie brauchen einen Schuldigen. Also gut, ich übernehme die Schuld. Und nun sprechen wir vom eigentlichen Thema, nämlich ...!«

3.2.1.10 Extreme Forderungen – ›mein letztes Wort‹

- ***durch Aufstellen extremer Forderungen Vorteile erzielen***
- ***Gegner in Streß versetzen durch das ›letzte Wort, andernfalls‹ ...!***

Wer jemals südländische oder arabische Basare besuchte, kennt das Ritual: Der Verkäufer nennt einen hohen Preis, der Kaufinteressent nennt einen wesentlich geringeren Preis. Nun beginnt das Preisgefeilsche, und beide wissen, daß man sich irgendwo in der Mitte treffen wird. Wer den hohen Preis ohne Verhandeln zahlt, gilt z. B. für Araber schlicht als dumm.

Es gibt selbstverständlich auch die andere Möglichkeit, nämlich zuerst einen Preis deutlich unter dem tatsächlichen Wert zu bieten.

Das Beispiel:

Herr Fröhlich möchte sein geliebtes und gepflegtes Auto verkaufen und fährt damit zum Gebrauchtwagenhändler. Seine Preisvorstellung liegt, nachdem er sich etwas informiert hat, bei 80.000,— €. Der Händler, der einen Blick für Autos hat, erkennt ebenfalls, daß das Auto noch einen Wert von 80.000,— € hat, und er könnte es mit mindestens 10 % Zuschlag weiterverkaufen. Er wäre aber ein schlechter Gebrauchtwagenhändler, wenn er 70.000,— € bieten würde. Also bietet er 40.000,— € und begründet das Angebot mit *»derzeitig schwieriger Marktlage, jede Menge dieser Autotypen zu diesem Preis auf dem Markt zu bekommen, Kilometerstand, sehr schwer weiterverkäuflich«* usw. Die gute Stimmung von Herrn Fröhlich ist dahin. Er verweist nochmals darauf, daß in dem Preis die Dachgepäckträger, das wertvolle Stereo-Radiogerät und ein kompletter Satz fast neuwertiger Winterreifen enthalten sind. Das war zunächst mal ein Verhandlungsfehler von Herrn Fröhlich, denn er hat die Zusatzausstattung verschenkt. Klar, daß der Händler kontert, daß *diese nichts wert seien.* Der Händler weiß natürlich auch, daß er den Wagen für 40.000,— € nicht bekommen wird, aber er hat es geschafft, die Erwartungen des Kunden runterzuschrauben. Er möchte den Wagen für 60.000,— € erwerben – das wäre dann ein Schnäppchen. Um den enttäuschten Kunden also nicht zu verlieren, entdeckt er plötzlich ein paar gute Dinge an dem Auto (*»Oh, ich sehe gerade, die meisten Autos dieses Typs sind hier unten angerostet. Das ist bei Ihrem Wagen nicht der Fall. Da könnte man ...«* usw.) und beginnt (gespielt widerwillig) zu bieten. Herr Fröhlich lehnt zwar ab, geht aber mit seiner Preisvorstellung runter. ›Merkwürdigerweise‹ hat nun Herr Fröhlich die besseren Argumente – so scheint es jedenfalls, denn der Händler ›muß zugeben‹, daß der Wert höher liegt als sein erstes Angebot. Und plötzlich ist man bei der Summe von 55.000,— € angelangt. In einer Mischung aus Schock und Hoffnung läuft Herr Fröhlich dem Händler nach, als dieser um das Auto rumgeht. Das war ein nächster, nonverbaler Verhandlungsfehler von Herrn Fröhlich, denn der erfahrene Händler merkt nun, daß der Kunde ihm ›nachläuft‹ *(»Hat er's nötig?«).* Herr Fröhlich will aber noch immer nicht verkaufen, denn 65.000,— € sind ›sein letztes Wort‹, zumal er eine ›Investition tätigen muß‹. Das war ein weiterer Verhandlungsfehler von Herrn Fröhlich, denn nun weiß der Händler, daß er den Wagen exakt für 60.000,— € bekommen wird. Der Rest ist Routinesache.

Mit extremen Forderungen bzw. Angeboten in eine Verhandlung zu gehen, ist in vielen Fällen üblich. Der Sinn ist stets der gleiche:

1. *Die Erwartung der Gegenseite soll deutlich verringert werden.*
2. *Man erwartet Vorteile für das Endresultat, indem man davon ausgeht, daß sich beide irgendwie in der Mitte preislich treffen.*

Diese Taktik hat auch eine psychologische Komponente. Sofern es nämlich gelingt, den Gegner am Verhandlungstisch zu halten, kann man ihm den Vorteil verschaffen, daß man sich Stück für Stück – etwa bis zur Mitte – abhandeln läßt. **Für viele Menschen spielt das Erfolgserlebnis allein schon eine große Rolle.** Und da kaum eine Entscheidung auf der reinen Sachebene, sondern zu 95 % auf der Beziehungsebene getroffen wird, kann damit gerechnet werden, daß die Einigung in der Mitte vom Gegner als Erfolg gedeutet wird, um der Interpretation der Unfähigkeit, eigene Vorstellungen durchzusetzen, zu entgehen. Hier spielt es aber eine große Rolle, daß man den Gegner das Gesicht wahren läßt. **Triumphe sollten nicht gezeigt werden.** Man muß dem Gegner auch die Möglichkeit geben, sich geräuschlos zurückzuziehen und sein Prestige zu wahren. Ein guter Verhandlungstaktiker wird also nie zugeben, einen Sieg errungen zu haben, sondern er wird ständig darauf hinweisen, *›weniger erreicht zu haben, als er wollte‹*. In der Diplomatie hat dieser Grundsatz ›Gesetzesrang‹, denn Triumphe hinterlassen das bittere Gefühl der Niederlage bzw. der Erniedrigung und wecken den Wunsch nach Rache.

Ein positives Beispiel aus der Geschichte:
Kurz vor den Wahlen 1957 versuchte Adenauers Pressechef *Felix v. Eckardt* anläßlich der Rückkehr der Saar zur Bundesrepublik Deutschland am 1.1.1957 nach seinen eigenen Worten: *»... einen passenden Mittelweg zwischen öffentlich zur Schau getragener Befriedigung und Schonung des französischen Nationalgefühls zu steuern.«* (F. v. Eckardt: Ein unordentliches Leben, Düsseldorf/Wien, 1967).

Ein negatives Beispiel aus der Geschichte:
Nach dem Ersten Weltkrieg wurde von den Siegern der Versailler Vertrag geschlossen. Diesem zufolge hätte Deutschland bis weit

in das Jahr 2000 Reparationszahlungen an die Kriegsgegner zahlen müssen. Der Vertrag war insgesamt eine einzige Erniedrigung und galt in Deutschland als Schanddiktat. Hitler nutzte geschickt diese negative Stimmung in der Bevölkerung und ›zerriß‹ den Versailler Vertrag. Er verschaffte sich damit auch die Zustimmung in hohen Militärkreisen, die bis dahin schon aus Gründen seines niedrigen Dienstgrades den böhmischen Gefreiten ablehnten. Hitler rächte den verletzten deutschen Nationalstolz dadurch, daß er nach dem Sieg über Frankreich 1940 am gleichen Ort und im gleichen Salonwagen im Wald von Compiègne am 21.6.1940 den Franzosen die Waffenstillstandsbedingungen mitteilte. Ein *›Gedenkstein der Schmach‹* von Compiègne sollte zudem als Antwort auf den Granitfelsen dienen, auf dem die Franzosen 1918 Worte von dem *›verbrecherischen Stolz des Deutschen Reiches‹* eingemeißelt hatten.
In beiden Fällen wurde also dem jeweiligen Gegner jede Möglichkeit genommen, das Gesicht zu wahren, und es wurden statt dessen Rachegefühle erzeugt.

Eine weitere Taktik, die die Absicht hat, den Gegner in Streß zu versetzen, besteht darin, ihm das **›das letzte Wort‹** zu sagen. *»Entweder Sie nehmen das Angebot an oder sie lassen es bleiben!«* Oder: *»Wenn Sie das nicht wollen, werden wir einen anderen Partner beauftragen!«* Oder: *»Das ist mein letztes Wort!«* Zunächst ist es durchaus berechtigt, nach langen Verhandlungen eine Entscheidung zu erzwingen. Das Entscheidende daran ist jedoch, daß man dem Gegner deutlich signalisiert, daß man zu weiteren Gesprächen nicht mehr bereit ist – auch wenn es nicht stimmt. Grundsätzlich kann nämlich bei längeren Verhandlungen davon ausgegangen werden, daß der Gegner an einer Verhandlungslösung interessiert ist. Es muß jedoch der geeignete Zeitpunkt bedacht werden. Eine zu frühe Konfrontation mit dem ›letzten Wort‹ kann dazu führen, daß der Gegner sich entweder löst und bei anderen kauft oder wirksame Gegenmaßnahmen einleitet. Um zum richtigen Zeitpunkt den Streß beim Gegner zu erhöhen, könnte – je nach Sachlage – eine demonstrative Verhandlung mit Wettbewerbern eingegangen werden (siehe auch Abschnitt 3.2.1.11).

3.2.1.11 Drohungen und Konkurrenz

- ***mittels Drohungen den Gegner unter Druck setzen, ihn zwingen wollen***
- ***sich weigern zu verhandeln, um Zugeständnisse zu erlangen***
- ***das gezielte Ausspielen der Konkurrenz, um Druck zu machen***

»Wenn Sie nicht bis zum 1.4. bezahlt/repariert/geliefert usw. haben, werden wir ...« usw.
»Das Problem ist demzufolge mit Ihnen persönlich verbunden. Wenn nicht XY ..., dann werden wir Sie persönlich dafür haftbar machen!«
Druckmittel gehören generell zu den am meisten verbreiteten Taktiken bei Verhandlungen und haben viele Facetten bzw. Spielarten. Dazu gehören auch die legalen Mittel der Androhung einer Klage, der Zwangsvollstreckung, der Weigerung zu verhandeln, der Kontaktaufnahme mit der Konkurrenz usw. Mitunter kann aber die Drohung ein zweischneidiges Schwert sein, nämlich dann, wenn die Drohung nicht wahrgemacht wird. Setzt man z. B. eine bestimmte Frist mit Androhung einer Klage zur Zahlung, Lieferung etc., so sollte die Drohung auch ausgeführt werden. Anderenfalls wird man unglaubwürdig und als Bluffer oder Papiertiger entlarvt. Es ist darum ratsam, zunächst die Drohung *unbestimmt* zu halten bzw. auszudrücken: *»Wir behalten uns weitergehende Schritte gegen Sie vor«,* da man sein Gesicht wahren kann, wenn man nicht zum Äußersten entschlossen ist. **Androhungen sind also eine klassische Taktik mit dem Ziel, die Entschlußkraft des Gegners zu schwächen bzw. zu beeinflussen, um seine eigenen Interessen einseitig durchzusetzen.**
Eine Spielart von Druckmitteln ist das **Setzen von *Bedingungen* mit der Androhung von *Eskalationen.*** Damit ist gemeint, daß während einer Verhandlung die Forderungen laufend erhöht werden, um den Gegner zu zwingen, die vorgegebenen Bedingungen schneller anzunehmen. Der Gegner befindet sich dann eindeutig im Nachteil, wenn man spürt, daß er die Verhandlung unter allen Umständen zu Ende bringen möchte.

Auch hier kann wieder das Beispiel Balkankrieg dienen:
In der Friedenskonferenz in Genf sind die beiden Unterhändler Vance und Owen in der mißlichen Lage, aufgrund der Empörung über die Greueltaten der Serben möglichst schnell Friedenserfolge vorweisen zu können. Die Serben hingegen spielen diese Lage eiskalt aus. Sie setzen Bedingungen, steigern diese systematisch durch Eskalation ihrer Forderungen und stellen in Aussicht, daß nach Erfüllung dieser Forderungen ein dauerhafter Friedensvertrag zwischen den Kriegsparteien geschlossen werden kann. Die Serben machen quasi die Unterhändler damit zu ihren Mitstreitern, und dadurch gelingt es sogar, den zur Verschärfung der Sanktionen entschlossenen deutschen Außenminister in eine peinliche und wirkungslose Wartestellung in der EG-Außenministerkonferenz in Genf zu manövrieren (8.3.1993).

Anbieter von Leistungen kennen den Ausdruck *›Abwehrpreise‹*. Damit ist gemeint, daß der Preis einer Leistung bereits so überzogen ist, daß der Empfänger sie quasi ablehnen *muß*. Hätte der Anbieter aber das Angebot mit den Worten zurückgereicht: *»Wir sind nicht interessiert«*, so wäre das für das Image des Anbieters aus der Sicht des anderen eher negativ. ***Es ist oftmals klüger und besser, an die Wünsche des anderen unerfüllbare Bedingungen zu knüpfen, statt diese direkt abzulehnen.*** *Tengelmann* (Die Kunst des Verhandelns, Heidelberg 1972) berichtet über die Verhandlungen *Hitlers* mit *Mussolini* über einen etwaigen Beitritt zum Polenfeldzug. *Hitler* habe in einem kühlen und kurzen Brief das Schreiben von *Mussolini* beantwortet. Dabei habe er um Angaben über diejenigen Rohstoffe gebeten, die Italien zur Kriegsführung brauche. Darauf habe *Mussolini* derart hohe Forderungen gestellt, daß sie von Deutschland keineswegs hätten befriedigt werden können. Es sei klar geworden, daß es sich um ein *reines Ausweichmanöver* handelte. Das Desinteresse wurde offenkundig.

»Wir sehen uns vor Gericht!« – ist eine Drohung, die oft ausgesprochen wird. Damit soll deutlich gemacht werden, daß jede weitere Verhandlung ausgeschlossen wird. Häufig ›zieht‹ diese Taktik, denn wenn der Gegner dennoch zur Verhandlung ›eingela-

den‹ wird, wurde ihm bereits signalisiert, daß man zum Letzten entschlossen ist. Mit dieser Taktik geht es also entweder darum,

1. *den bloßen Eintritt in die Verhandlung schon als Zugeständnis des Gegners zu nutzen oder*
2. *bereits vor Eintritt in die Verhandlungen Bedingungen für die Verhandlung an sich zu stellen oder*
3. *den Gegner besser kennenzulernen oder*
4. *ein Verhandlungsforum als ›Bühne‹ zu nutzen oder*
5. *durch die Drohung ein günstigeres Endergebnis zu erzielen.*

Als Beispiel kann wiederum die Genfer Friedenskonferenz dienen:
Der bosnische Serbenführer drohte im Februar 1993 mit der Weigerung, weiter zu verhandeln, wenn die anderen Kriegsteilnehmer den von ihm vorgelegten Friedensplan nicht akzeptierten. Der Grund: Er wollte günstigere Ausgangspositionen bzw. Zugeständnisse erlangen und gleichzeitig den Krieg weiterführen. Zeitgleich nutzt er die Konferenz als ›Bühne‹, gibt der Weltpresse professionelle Interviews und beteuert dabei unablässig seine Absicht zu einer dauerhaften Friedenslösung, die *auch im Interesse der bosnischen Serben läge.* Die UNO akzeptiert abermals. Ein Vergleich mit der Taktik Hitlers vor, während und nach dem Münchner Abkommen drängt sich auf.

Tengelmann (1972) berichtet an verschiedenen Stellen über die Verhandlungstaktik *Adenauers* 1955 in Moskau. So stellte *Chruschtschow* an *Adenauer* die Frage, warum eigentlich die Sowjetunion nicht in die Westeuropäische Union aufgenommen worden sei (die Frage war als Vorwurf gedacht). *Adenauer* verwies darauf, daß die Statuten sehr scharfe Rüstungskontrollen enthielten. Er wisse nicht, ob die Sowjetunion nach genauem Studium dieser Statuten überhaupt noch den Wunsch hätte, beizutreten. Damit entfiel eine weitere Erörterung des Themas.
Als es so schien, daß die deutsche Delegation ihr Ziel nicht erreichen würde, bestellte Adenauer das Flugzeug zum Abflug für den nächsten Morgen. Er sorgte dafür, daß die Russen diese Absicht erführen. Es wurde am Abend noch mit Erfolg weiter verhandelt.

Eine weitere taktische Variante von Druckmitteln ist das ***gezielte Ausspielen der Konkurrenz.*** Zunächst auch hier wieder ein Beispiel aus der Geschichte, von dem *Tengelmann* berichtet und das vom Zustandekommen eines Handelsabkommens zwischen Deutschland und Rußland handelt: »Der Erfolg in den Verhandlungen *Molotows* mit den Westmächten sollte ihm dazu verhelfen, günstigere Bedingungen bei *Hitler* herauszupressen. Es kam so, wie *Molotow* erwartet hatte: Indem er *Hitler* mit der Ankündigung eines Abkommens mit den Westmächten nervös machte, zwang er die Deutschen zu größeren Zugeständnissen. Nunmehr lehnte *Molotow* das Angebot der Westmächte ab.«

Der bloße Hinweis, daß *die Konkurrenz preisgünstiger sei,* reicht im allgemeinen nicht aus, um die Gegenseite zu beeindrucken. Entweder hat sie seriös und echt kalkuliert – dann wird sie nicht unter allen Umständen in die niedrigeren Preise einsteigen wollen. Oder sie weiß aus Erfahrung, daß dieser Hinweis ein Bluff ist – dann wird sie selbst pokern. Hier muß der satanische Verhandlungskünstler sich schon etwas anderes einfallen lassen.

Dazu ein Beispiel aus der Baubranche:
Für eine Großbaustelle wurden die Fassadenarbeiten ausgeschrieben und die Unterlagen an mehrere Firmen versandt. Die Angebots-Endpreise wurden in einer ›Submissionsliste‹ zusammengefaßt und wiesen Unterschiede bis zu 20 % vom teuersten bis zum preisgünstigsten Anbieter auf. An dieser Liste wurde allerdings manipuliert, denn die Unterschiede waren nicht so groß, sondern nur 10 %. Die Anbieter haben grundsätzlich das Recht, die Submissionsergebnisse zu erfahren – nicht jedoch Einzelpreise der anderen Anbieter. Anläßlich einer Vergabeverhandlung hat der Vertreter einer Fassadenfirma beim Architekten einen Termin. Der Architekt bietet ihm an, in das preisgünstigste Angebot einzusteigen – was der Fassadenvertreter mit dem Hinweis ablehnt, daß es sich dabei vermutlich um eine Fehlkalkulation handelt, denn insbesondere die Kalkulation der umfangreichen Positionen A–D sei wichtig. Der Architekt darf jedoch die Kalkulation des anderen Anbieters nicht offenlegen. Er hat zwar das Angebot auf dem Tisch liegen, zeigt es dem Vertreter aber nicht. Was der Vertreter nicht weiß, ist, daß der Architekt mittels seines Kopiergerätes ein manipuliertes Angebot mit geänderten Einzel- und Endpreisen vor sich liegen hat. Plötzlich kommt die Sekretärin in den Besprechungsraum und teilt dem Architekten mit, daß draußen ein Bauherr wartet. Der Architekt entschuldigt sich ›für zehn Minuten‹. Als er zurückkommt, hat der Vertreter längst ausführlich Einblick in das manipulierte Angebot genommen und sich eifrig Notizen gemacht. Das genau hatte aber der Architekt beabsichtigt. Am nächsten Tag teilte die Fassadenfirma dem Architekten

mit, daß sie bereit wäre, in das preisgünstigste Angebot einzusteigen.

Ein weiteres Beispiel stammt aus dem Gebrauchtwagenverkauf: Ein privater Autoverkäufer will seinen Wagen verkaufen und inseriert. Es kommt ein Interessent, der – wie so üblich – noch unentschlossen ist, aber dennoch Interesse zeigt. Plötzlich taucht ein weiterer Interessent auf, besichtigt ebenfalls das Auto und macht dieses furchtbar ›runter‹. Er verabschiedet sich mit den Worten, daß es *›noch zwei wesentlich bessere Angebote in der XY-Straße Nr. 10 gäbe‹*. Diese Demoralisierung hat ›gesessen‹ und verringert den Kaufpreis. Was der Verkäufer nicht weiß, ist, daß die beiden sich kennen und diesen Auftritt abgesprochen haben.

»Aber natürlich hat Kollege Meier Gefühle. Und wenn Sie 5 Minuten Zeit haben, können Sie erleben, wie ich sie verletze ...«

3.2.1.12 Salamitaktik oder Gesamtergebnis

- ***entweder versuchen, einen Sachverhalt in einzelne Verhandlungsteile zu zerlegen und einzeln darüber zu verhandeln***
- ***oder bei vorhandener Zerlegung stets auf das gesamte Ergebnis pochen***

Eine erfolgreiche Taktik ist der ***Vorbehalt,*** der ›sowohl als auch‹ eingesetzt werden kann – je nachdem, was man will: Salamitaktik

mit Teileinigungen oder ein Gesamtergebnis. Eigentlich gehört diese Taktik zu den Druckmitteln, wird aber, da sie andere Voraussetzungen hat, in diesem Abschnitt behandelt. Wer ein Gesamtergebnis erreichen will, aber gezwungen ist, in einem Punkte nachzugeben, sollte dieses unter dem ausdrücklichen Vorbehalt tun, daß *›erst das Gesamtergebnis der Verhandlung abgewartet werden müsse‹*. Es wäre sehr gefährlich, einen einzelnen Punkt als ›erledigt‹ zu betrachten, weil damit einerseits ein wichtiges Druckmittel entfällt und andererseits der Eindruck beim Gegner entstehen kann, daß man zu anderen Punkten ebenfalls nachgeben wird.
Wer aber durch schrittweise Erledigung von Einzelpunkten ein insgesamt günstigeres Gesamtergebnis anstrebt, sollte das Verhandlungspaket in einzelne Teilpakete aufschnüren, also die Salamitaktik anwenden.
Wenn das gelingt, kann man zu jedem Punkt eine andere Taktik anwenden. Entscheidend ist dabei, daß ein erreichtes Teilergebnis sehr häufig schon die Voraussetzung für das nächste Zugeständnis

»Verhandeln Sie doch einfach mit Logik!«
»Und wie geht die?«
»Wenn aus einem Raum mit 3 Leuten 5 Leute rausgehen, müssen erst 2 reingehen, damit der Raum leer wird ...«

ist. Es kommt aber immer darauf an, was man nach Lage der Dinge als erfolgversprechender ansieht: Verhandlung scheibchenweise oder Verhandlung en bloc.
Wenn zu vermuten ist, daß eine Aufschnürung des Verhandlungspaketes in Einzelpunkten zu Nachteilen führt, sollte man auf der Verhandlung zum Gesamtergebnis bestehen oder zumindest Einzelpunkten nur unter dem Vorbehalt zustimmen, daß Einigung über das Gesamtpaket erzielt wird.

In der Diplomatie ist es nicht immer klug, mit einem festgeschnürten Paket von Vorschlägen zu beginnen und daran die Bedingung zu knüpfen, daß ›nur darüber insgesamt‹ verhandelt werden kann. Es kann durchaus nützlicher sein, sich in Einzelpunkten durch Vorschlag ›eines Punktes nach dem anderen‹ zu einigen. Beispiel hierzu: Die Verträge Westdeutschlands mit der DDR, Polen und der Sowjetunion in den 70er Jahren.

Besonders in der Politik sind *Rahmenverträge* üblich, die zunächst ein grob abgestecktes Feld beinhalten – sehr häufig jedoch mit beiderseitigen Vorgaben politischer oder sonstiger Art, wie z. B. Kulturabkommen. Erst später werden dann – je nach aktuellem Bedarf – daraus Einzelabkommen verhandelt.
Aus dem täglichen Leben kennen wir auch die Vorteile und Tücken der Salamitaktik. Von dem freundlichen Verkäufer an der Ecke, der uns einmal 20 % Preisnachlaß auf seine Waren gewährte, erwarten und verlangen wir grundsätzlich immer und für alle Waren diesen Rabatt. Für Warenproduzenten ist darum die Preispolitik ein wichtiges Marketinginstrument. Wer sich mit qualitätsgleichen Produkten einen Markt erkämpfen will, ist oftmals gezwungen, z. B. Händlern einen Sonderrabatt einzuräumen. Die Händler werden natürlich diesen Rabatt nun immer verlangen. Ähnlich verhält es sich mit einer Preissenkung z. B. aus Wettbewerbsgründen, die ›schnell gemacht ist‹. Viel schwieriger ist es aber, später die Preise wieder anzuheben.

3.2.1.13 Streßsituationen

– durch bewußtes Schaffen von Streßsituationen die Taktik der psychologischen Kriegführung anwenden

Im Abschnitt 3.2.1.5 (›Den Gegner ständig provozieren‹) wurde die Taktik der gezielten Provokation des Gegners mit der Begründung erläutert, daß ein Mensch im Zorn unsachlich reagiert und zu sachlichen Überlegungen meistens nicht mehr fähig ist.
Im Abschnitt 3.2.1.11 (›Drohungen und Konkurrenz‹) wurde u. a. erläutert, in welche Gefahr sich der Gegner begibt, wenn er signalisiert, daß er an einem schnellen Ende der Verhandlung interessiert ist, oder wenn zumindest vermutet werden kann, daß er die Verhandlung zu Ende bringen will.

Diese Taktiken (und selbstverständlich die anderen ebenfalls) sind die Voraussetzungen für die Taktik ›**Streßsituationen schaffen**‹. Die Frage, welche geeigneten oder ungeeigneten Rahmenbedingungen für Verhandlungen zu schaffen seien, gibt es, seit es Verhandlungen gibt. Sie ist stets davon abhängig, was erreicht werden soll, um welchen Verhandlungsgegenstand es geht und vor allem – mit welchen Personen man es zu tun hat. Wer eine Steuerprüfung zu erwarten hat, von der er annimmt, daß diese Probleme schaffen kann, die aber in einer Schlußverhandlung besprochen werden, wird dem Prüfer, soweit es geht, die bestmöglichen Voraussetzungen schaffen (Räumlichkeit, Kaffee etc.), seine Arbeit durchzuführen (von Ausnahmen abgesehen). Wer eine Besprechung z. B. mit einem Versicherungsvertreter hat, der eine Versicherung verkaufen will, wird sich kaum Mühe geben, für ihn besondere Voraussetzungen zu schaffen.

Mit der Taktik ›**Schaffung von Rahmenbedingungen**‹, um Einfluß auf den Verhandlungspartner (oder Gegner) zu nehmen, wird zu jeder Gelegenheit und in allen Bereichen operiert: Das Antreten von Ehrenkompanien und das Abspielen der Nationalhymnen bei Staatsbesuchen mit entsprechenden Ehrungen, die die Wichtigkeit des Gastes bezeugen sollen (Staatschef kommt selbst zum Flughafen oder aber schickt ein nachgeordnetes Regierungsmit-

»Pardon, verehrte Dame. Stört es Sie, wenn ich rauche ...?«
»Mich stört's nicht mal, wenn Sie brennen ...!«

glied usw.), Unterbringung in Schlössern, Empfänge und Festbankette usw., gehört ebenso dazu wie bei Geschäftsleuten z. B. die Unterbringung in einem First-class-Hotel, ein Festmenü und evtl. ein ›lockeres Abendprogramm‹.

In der satanischen Verhandlungskunst werden diesbezüglich *alle Register* gezogen. Es kommt stets nur darauf an, *was man erreichen will* und *ob man das erreichen kann.* **Das immer noch beliebteste Mittel ist die künstliche Erzeugung von Streßsituationen, um den Gegner dazu zu bringen, sich unbehaglich zu fühlen,** den Wunsch nach baldigem Ende der Verhandlung erwachsen zu lassen und ihn damit zu größeren Zugeständnissen zu bringen. Einige dieser Mittel und Methoden sind folgende:

Methode	**Ziel**
zu langes Warten	den Gegner nervös, unruhig und zornig machen,
gnädiges Empfangen	durch den Verhandlungskontrahenten, um zu demonstrieren, wer die Machtposition hat,
unfreundliches Verhalten der Partner	den Gegner zum Zorn reizen,
ungünstige Sitzposition	bei längeren Verhandlungen Unbehaglichkeit erzeugen, z. B. Rückenschmerzen etc.,
Platzverhältnisse einengen	bewußt die Intimzone des Gegners stören, auch: ständig der Gefahr aussetzen, daß der Kaffee auf die Manuskripte schwappt,
verbale Angriffe auf die Person	Verwirrung stiften, zur Unsachlichkeit reizen,
überhitzte oder eiskalte Räume	den Drang nach baldigem Ende erzeugen,
plötzliches Hinzuziehen von Leuten,	die der Gegner nicht kennt, um Unruhe, Unsicherheit zu verbreiten, den Schwierigkeitsgrad der Argumentation beim Gegner zu erhöhen,
Wegsehen, mit dem Kollegen flüstern etc.,	während der Gegner mit einem spricht, um den Gegner zu verunsichern und zu unbedachten Äußerungen zu bringen,
Entgegennahme von verschiedenen Telefongesprächen	bzw. Störung durch andere Mitarbeiter, um die Argumentation des Gegners zu durchbrechen, ihn zu demoralisieren, nervös und unruhig zu machen,

kurzzeitiges Verlassen des Raumes wg. XY,	um den Gegner ›leerlaufen zu lassen, zu verunsichern, zu ermüden,
falsche oder zu wenige Getränke auftischen,	z. B. süße Limo an heißen Tagen, die noch mehr Durst erzeugt,
künstlich Lärm oder Gerüche erzeugen,	um des Gegners Nerven zu strapazieren,
den Vorschlag machen, die Mittagspause ›durchzumachen,	um schon gegen 14.30 Uhr zum Ende zu kommen‹ (ab 14.00 Uhr dann erledigte Punkte erneut aufgreifen, um die wichtigsten Punkte erst gegen 17.00 Uhr zu verhandeln; besonders wirkungsvoll, wenn der Gegner um 18.00 Uhr am Flughafen sein muß),
usw. usw.	

Die Palette der Mittel zur psychologischen Kriegführung ist nahezu unerschöpflich. Wir haben nur einige Beispiele aufgeführt, die vorwiegend die Rahmenbedingungen bzw. die äußere Situation betreffen. ***Die Wirksamkeit insgesamt zeigt sich aber erst, wenn gleichzeitig auch die anderen diabolischen Taktiken in der satanischen Verhandlungskunst angewendet werden*** (gesamtes Kapitel 3.2).

3.2.1.14 Bestechung – Korruption – Erpressung – Preisabsprachen

Ob diese Methoden allesamt deswegen so beliebt und zum festen Bestandteil unzähliger Deals, Geschäfte, Abkommen, Verhandlungen usw. geworden sind, weil sie *verboten* sind und *strafrechtliche Konsequenzen* zur Folge haben, darüber mag spekulieren, wer will. Als ›sportliche Übung‹ reizen diese Methoden die Beteiligten sicher nicht. Es soll aber bei uns noch Zeitgenossen geben, die, wenn sie diese Begriffe hören, vorwiegend an südliche und arabische Länder, Bananenrepubliken usw. denken. Hohe Wirtschaftskapitäne sagen es deutlich: *»Ohne diese Methoden würde nichts laufen!«* Und wer kennt nicht das Wort: *»Alle Menschen sind bestechlich – es ist nur eine Frage des Preises!«* Wenn das so wäre, dann könnte man daraus ableiten, daß *jeder Mensch seinen Preis hat.* Diese Ableitung scheint Bestätigung durch die spektakulären Bestechungsaffären zu erlangen, die bekannt wurden, obwohl man sich manchmal wundert, mit welchem Taschengeld manche Leute bestechlich sind (Stichwort: Mißtrauensvotum gegen Kanzler Willy Brandt, Bestechung eines Abgeordneten bei dieser Schicksalsfrage mit sage und schreibe nur 50.000,– DM!)

Bekannt und publiziert werden aber – das wissen wir – meistens nur die Fälle, in die Prominente verwickelt sind oder eine andersdenkende Gruppe, der politische Gegner usw. schaden können. Das dürfte aber nicht einmal die Spitze des Eisberges sein, wenn man die Größe des Marktes, die Interessen und vielfältigen Möglichkeiten sowie die unendlichen Facetten in unserer Gesellschaft betrachtet. Da auch nicht klar ist, wann ein Geschenk zur Bestechung wird, haben viele Gruppen, insbesondere der öffentliche Dienst, Ämter, Behörden, Dienststellen usw., sehr detaillierte Richtlinien und Vorschriften erlassen, die diese Frage regeln. Wer also seinem zuständigen Steuerbeamten im Finanzamt ein üppiges Geschenk mit eindeutiger Absicht überreichen will, damit er Nachsicht üben werde, wird Pech haben. Und wer bei einer Polizeibehörde mit großzügigen Geschenken Einfluß nehmen will, muß unter Umständen mit einer Anzeige wegen versuchter Bestechung rechnen. Wer aber z. B. auf dem Land seinem Pfarrer einen saftigen Schinken und eine zünftige Flasche selbstgebrannten Schnaps überreicht, kann zwar noch nicht damit rechnen, daß ihm alle Sünden vergeben werden, aber ›Gottes Zorn‹ wird ihn auch nicht gerade treffen – dafür sorgt schon der Pfarrer …! Es ist also bekanntermaßen nicht einfach, festzulegen, wo ein Geschenk aufhört und wo die Bestechung anfängt. Das hat man in den Fingerspitzen – oder man hat es gar nicht.

Bestechung muß auch nicht grundsätzlich immer mit Geld zu tun haben. Bestechung dürfte aber stets dann vorliegen, wenn jemand

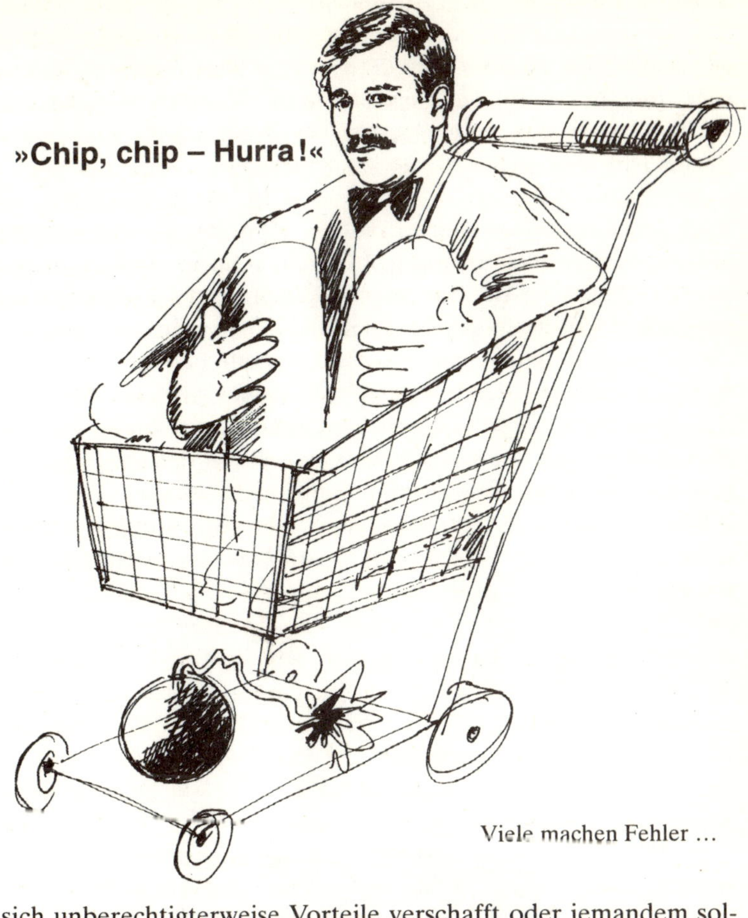

Viele machen Fehler ...

sich unberechtigterweise Vorteile verschafft oder jemandem solche verschafft werden, um eine Sache zu erlangen, an die er (vermutlich) ohne diese Maßnahmen nicht gekommen wäre. Damit sitzt derjenige, der die Bestechung durchgeführt hat, mit dem Bestochenen in einem Boot.

Und es ist gar nicht selten, daß aus der Bestechung eine Erpressung wird.

So wurde z. B. bekannt, daß die Herren westdeutscher Verhandlungsdelegationen in der Ex-DDR abends in ihren Hotelbetten eine hübsche Frau oder einen jungen Mann vorfanden – je nach

Neigung, die von der Stasi zuvor ausspioniert wurde. Daß diejenigen, die diese Sondervergünstigung gerne in Anspruch nahmen, dabei nicht nur abgehört, sondern auch gefilmt wurden, gehörte zur Erpressungstaktik der Stasi. Schwierig war's dann bei späteren Verhandlungen für einige Herren aus Bonn schon, von ›*freien Bürgern aus dem freien Westen*‹ zu sprechen ...!

Noch ungläubiger schauen wir auf die Politiker, die es an einem Mindestmaß an Fingerspitzengefühl fehlen lassen und ›erwischt‹ werden. Da schippern Ministerpräsidenten auf der Luxusjacht eines reichen Unternehmers in der Karibik, lassen sich zu Urlauben einladen und nehmen auch noch ihre gesamte Familie mit. Dümmer geht's nimmer. Daß dieser Unternehmer *rein zufällig* an einem Projekt interessiert ist, welches diese Politiker *für oder gegen ihn* forcieren und ihm erhebliche finanzielle Vorteile verschaffen können, macht die Angelegenheit auch nicht witziger. Witzig ist lediglich die Rechtfertigung des bayerischen Ministerpräsidenten vor dem Parlament (Februar 1993): *»Ich bin nicht bestechlich!«* So, so!

... und müssen lernen!!

Innerhalb des Bereiches Bestechung und Korruption gibt es für Insider hinsichtlich der ›Qualität‹ erhebliche Unterschiede. Der Ingenieur im Tiefbauamt, der nach Vorlage von Ausschreibungsergebnissen einem Unternehmer ›flüstert‹, daß er ihm den Auftrag verschaffen kann, wenn er dafür 100.000,— € erhält, muß damit rechnen, daß er bei künftigen Aufträgen einen Bieter hat, der ›ihm im Nacken sitzt‹ – vor allem, wenn der Bieter nicht bereit ist, bei erneuten Aufträgen nochmals ein Schmiergeld zu zahlen. Der Unternehmer hat also mit seiner Bestechung eines erfolgreich erreicht:
Der Schmiergeld-Empfänger ist in seiner Entschlußkraft gehemmt, obwohl er weiß, daß die Aufwendungen für die Schmiermittel sich letzten Endes in der Preisgestaltung wiederfinden. Wer es schafft, einen Menschen zu bestechen, hat letztlich gegenüber dem Bestochenen immer die besseren Karten.
»Wer gut schmiert, der gut fährt!« – wußten schon die Altvorderen. Aber manchmal kann man auch auf dem Schmiermittel selbst ausrutschen. Und besonders gefährlich wird es für den Bestochenen, wenn er nicht teilen kann. Bei den (diffizilen) Recherchen zu diesem Thema sagte mir ein erfahrener Insider: *»Man muß immer dafür sorgen, daß der andere mit einem vollen Pfund mit drinsitzt!«* Er meinte damit das richtige Teilen, also mindestens 50 zu 50: *»Bei einer Teilung von 90 % für den einen und nur 10 % für den anderen muß auch zu 90% damit gerechnet werden, daß die Sache auffliegt!«*

Weiterhin fallen viele Bestochene später dadurch auf, daß sie mit dem Bestechungsgeld nicht umgehen können. Nicht selten erfüllen sich dann diese Leute Wünsche, von denen sie schon immer geträumt haben: teure Kleidung, Weltreisen, Villa, Sportwagen, Spielkasino, viele Frauen etc., und das, obwohl sie ihrem (einzuschätzenden!) Gehalt nach sich keines dieser Luxusdinge leisten könnten. *»Wenn's dem Esel zu wohl wird, geht er auf's Eis.«* Doch viele ›kleine Nummern‹ sitzen an entscheidenden Schaltstellen in Unternehmen oder Behörden und können ihren Einfluß *für oder gegen den Auftrag* an eine Firma wirksam geltend machen.
Darum haben auch viele große Firmen einen ***›Sonderfonds für Auftragsbeschaffungskosten‹*** eingerichtet …!
In der Welt des Großkapitals und der Hochfinanz ›laufen die Din-

ge anders‹. Hier wird gar nicht erst von Bestechung, Korruption oder ähnlichen unanständigen Dingen geredet, sondern *Provisionen für Vermittlungen gehören ganz einfach zum Geschäft* – ohne daß darauf besonderer Bezug genommen werden müßte. Entscheidend ist hier allerdings die Qualität der Kontakte, die man zu den entscheidenden Personen unterhält – und pflegt; im Volksmund auch ***»Vitamin B«*** genannt. Dabei von einem ›*Ehrenkodex im Großkapital*‹ zu sprechen wäre sicher ziemlich gewagt, aber man darf nicht vergessen, daß sich die wichtigsten Leute kennen. Oft genügt für den Anspruch auf eine Provision ein kleiner Hinweis: *»Arbeiten Sie doch einmal mit der Müller AG zusammen, und wenden Sie sich an Dr. Meier mit einem schönen Gruß von mir!«* Wer ein Spiel nicht mitspielt, ist *eine Person.* Wer sich aber nicht an die Regeln hält, ist *eine Unperson.* Übrigens in der Hochfinanz ein beinahe tödliches Spiel …!

Wenn man sich zu sicher fühlt …
Vor einigen Jahren gab es die Aufdeckung einer ***Preisabsprache*** zwischen den wichtigsten Großunternehmen der Bauwirtschaft. Das Regulativ, solche Absprachen vorzunehmen, ist stets gleich: kontinuierliche Auslastung bei gleichzeitiger Anhebung der Preise – und damit zusätzlicher Gewinn. Das funktioniert im Prinzip so lange, wie es entweder genügend Aufträge gibt oder/und alle Beteiligten befriedigt werden. Nun gibt es aber ein (sehr wahres!) Sprichwort, das lautet: ***Zwei können ein Geheimnis wahren, wenn einer tot ist!*** Das ist aber bestenfalls in Mafiakreisen und natürlich nicht in einer großbetrieblichen Hierarchie möglich. Schlimmer noch: Je größer ein Unternehmen und je hierarchischer der Aufbau, um so mehr Leute ›wissen davon‹, insbesondere dann, wenn eine Preisabsprache öfter geschieht. Mit der ständigen Gefahr wächst jedoch die (vermeintliche) Sicherheit, oder besser: *die Gleichgültigkeit gegenüber der Gefahr;* oft auch der Leichtsinn. Es muß also zwangsläufig zu einer Aufdeckung dieser Machenschaften kommen – das ist nur eine Frage der Zeit. Anzunehmen ist aber, daß das die Verantwortlichen auch wissen oder zumindest damit rechnen. Und ›rechnen‹ werden sie schon, denn was letztendlich als Strafe herauskommt, ist, verteilt man diese Strafe auf alle Beteiligten, ein ›Taschengeld‹ für die Firmen.

3.2.1.15 Gerüchte und Verleumdungen

»Da soll die Sekretärin doch tatsächlich mit dem Chef ...!«
»Der Nachbar Müller, der angeblich beruflich drei Monate in Amerika zu tun hatte, soll in Wirklichkeit im Knast gesessen haben ...!«
»Und haben Sie schon gehört: Der Geschäftsführer soll vorige Woche im Striptease-Lokal ›Rote Laterne‹ gesehen worden sein, sturzbesoffen und auf jedem Knie so eine ... na, Sie wissen schon.«

Wer kennt sie nicht, die kleinen und großen Gerüchte in jedermanns Umfeld? Besonders üble Machenschaften sind Gerüchte und Verleumdungen aber dann, wenn sie als taktisches Mittel in der satanischen Verhandlungskunst eingesetzt werden, um einem anderen bewußt und gezielt zu schaden. Der taktische Einsatz ist deswegen so gefährlich, weil er hinterhältig und nicht direkt erfolgt. Der oder die Betroffene weiß im allgemeinen nicht, wer konkret Gerüchte über die Person oder eine Sache in die Welt gesetzt hat. Sofern es allerdings nachgewiesen werden kann (Dokumente, Zeugen etc.), besteht – wie jeder weiß – durchaus die Möglichkeit, sich erfolgreich zu wehren (Tatbestand der üblen Nachrede, Beleidigung, Geschäftsschädigung usw.). So mußte auch der ›mutige‹ Rosa von Praunheim in seinem Outing-Übereifer erfahren, als er den Schauspieler Götz George öffentlich verdächtigte, ›auf der anderen Seite zu stehen‹, daß falsche Gerüchte dieser Art nicht nur für ihn selbst peinlich sind, sondern auch ganz schön teuer werden können. Recht so.

Doch die meisten Gerüchte lassen sich nicht beweisen, und zwar weder in ihrem Wahrheitsgehalt noch nach ihrer Herkunft. Und das kann das gezielte Ausstreuen von Gerüchten zu einer äußerst gefährlichen Waffe machen.
Ein Beispiel:
Ein kleiner Hersteller von Elektronik-Bauteilen hatte einen größeren Wettbewerber am gleichen Ort, der seit Jahren vergeblich versuchte, diese Firma zu kaufen, um einen lästigen Konkurrenten auszuschalten. Das lehnte die Geschäftsleitung dieses kleinen Familienbetriebes ständig ab, weil sie aufgrund geringerer Kosten günstiger produzieren konnte und es der Firma nicht

schlecht ging. Da tauchten plötzlich einige Gerüchte auf, die ›Firma sei durch Fehlinvestition in äußerste Schwierigkeiten geraten‹. Diese Gerüchte ›aus zuverlässiger Quelle‹ gelangten schnell zur Bank dieser Firma. Diese kündigte nach kurzer Zeit die Kredite, und bald darauf mußte das kleine Unternehmen tatsächlich schließen.

»Schon gehört Frau Müller? Streng vertraulich. Unser Chef hat was mit einer Rothaarigen!«

»Woher wissen Sie das?«

»Top-Info aus zuverlässiger Quelle. Vom Freund eines Bekannten. Dessen Freundin hat eine Freundin, die ab und zu mal das Lokal besucht, wo der Chef gesehen wurde…!«

»Na, bitte. Geahnt habe ich immer etwas. Aber jetzt endlich weiß ich es …!«

In der satanischen Verhandlungskunst ist das Verbreiten von Gerüchten ein beliebtes Mittel, um den Gegner zu verunsichern oder ihm direkt zu schaden. Mindestens aber muß er zu den Gerüchten Stellung beziehen – und wer kann dabei schon gewinnen? Manchmal bedarf es nicht einmal eines großen Aufwandes, um mit einem ›richtigen‹ Gerücht dem Gegner zu schaden.

Ein Beispiel:
Bei einem Bauträger, der ein Wohn- und Geschäftszentrum erstellen wollte, bewarben sich zwei Architekturbüros (gleicher Größe), die in zwei benachbarten Städten ansässig waren. Der Chef des einen Büros hatte u. a. eine schwere Mercedes-Limousine mit einem sehr großen Wohnwagen. Damit fuhr er mit seiner Familie stets in Urlaub. Da ihm aber die langen Reisen zu anstrengend waren und auch öfter im Wohnwagen eingebrochen wurde, entschloß er sich, das gesamte Gefährt, also Auto und Wohnwagen, zu verkaufen, und inserierte in verschiedenen Zeitungen. Das nahm der andere Architekt zum Anlaß, nun gezielt

Gerüchte über seinen Wettbewerber in die Welt zu setzen (*»Der hat geschäftliche Sorgen, Probleme mit seiner Frau bzw. Scheidung droht, hat schon zwei Mitarbeiter entlassen, wird bald sein Büro schließen …«* usw.). Er streute diese Gerüchte bei Handwerkern aus, die für beide Büros arbeiteten. Diese versuchten dann, möglichst schnell an ihr Geld zu kommen. Darüber hinaus suchte er einige Bierlokale in der anderen Stadt auf und erzählte geschickt (stets unter vier Augen), was er wußte. Passieren konnte ihm nicht viel, schließlich hatte er getrunken. Kurz darauf erteilte der Bauträger diesem Architekten den großen Auftrag, obwohl er lieber den anderen Architekten gehabt hätte. Der Grund: Die Angst davor, daß keine Kontinuität in der Bauabwicklung gegeben sein könnte – für den Bauträger ein zu hohes Risiko.

Ähnlich verhält es sich mit der Verleumdung. Das Perfide an einer Verleumdung ist, daß immer etwas ›hängenbleibt‹. Eine volle Rehabilitierung ist zwar rechtlich möglich, aber man schaut diesen Menschen nicht mehr so vorurteilsfrei an wie zuvor. Und wie gemein und menschenverachtend ein falscher Verdacht, eine Verleumdung oder widerwärtige Unterstellung sein kann, ist aus einem prominenten Beispiel bekannt: Ein General der Bundeswehr, bis dato pflichtbewußt und unbescholten, wurde der Homosexualität beschuldigt. Die Verdachtsmomente erhärteten sich, Zeugen traten auf, und dieser General wurde von seinem Dienstherrn fallen gelassen wie eine heiße Kartoffel. Alle Vorwürfe schienen nicht nur zu stimmen, sondern es fanden sich auch willfährige »Menschenkenner«, die aus Verhalten, Aussehen, Gestik, Mimik und Körpersprache usw. des Generals einen ›deutlichen Hang zur Homosexualität‹ glaubten ableiten zu können.

In mühseliger Arbeit und durch das Umfallen mehr als dubioser Zeugen gelang es dem General, nachzuweisen, daß er völlig zu Unrecht verdächtigt worden war. Er wurde dann, wie es so schön heißt, »voll rehabilitiert«. Wurde er das wirklich? Wird der Name dieses Generals genannt, fällt jedem sofort diese »Affäre« ein. Mir sagte ein Zeitgenosse dazu einmal: *»Ich weiß, daß es falsch ist, aber ich kann diesen Mann nicht mehr vorurteilsfrei ansehen.«* Wir können nur erahnen, was in dem Kopf dieses Generals vorgegangen ist, wie ihm zumute war, was er mitgemacht hat – und: was für ein *Mensch* zurückgeblieben ist. Verleumdung wird nach unserem Strafrecht geahndet und bestraft. Doch es bleibt immer mindestens ein Hauch von Ungewißheit, Zweifel und Fragezeichen. Das gilt für den Politiker, der bestechlich gewesen sein soll, für den Makler, der Mieter betrogen haben soll, für die junge Hausbewohnerin, die nachts zahlende Männerbesuche empfangen haben soll, für den Ehemann, der einen Seitensprung verübt haben soll, für den Nachbarn, der sich an kleinen Jungen vergangen haben soll, für den Mitarbeiter, der unredlich gewesen sein soll, für den Mann, der perverse Sexualpraktiken lieben soll, für, für, für ... Es gilt für alle, die verleumdet wurden und so in einen schlimmen Verdacht geraten sind, auch wenn sie diesen vollständig ausräumen konnten. Es bleibt immer irgend etwas zurück.

Das ist das Perfide an einer Verleumdung.
Das ist ein besonders widerwärtiges Vorgehen in der Verhandlungskunst.
Dagegen gibt es kein Mittel, keine Methode, keine Maßnahme, die »vollständig« rehabilitiert – also nicht nur im juristischen Sinne.

Besonders diejenigen, die auf dem Gebiete des Betrügens, der ›baldigen Pleite‹ und der Sexualität verleumdet wurden, dürfen sich nicht scheuen, sich zum frühestmöglichen Zeitpunkt mit allen Mitteln kompromißlos zu wehren. Vor allem vor der Auffassung *»Diesen Vorwürfen sehe ich gelassen entgegen«* oder *»Ich werde mich, wenn es Zeit ist, schon wehren«*, muß dringend gewarnt werden! Die Gründe sind in den obigen Beispielen zweifelsfrei dargestellt worden. Oftmals ist es aber auch so, daß eine »Schamgrenze« überwunden werden muß, die daran hindert, sofort zu handeln – das gilt insbesondere beim Vorwurf »perverser Sexualpraktiken«, der hinter vorgehaltener Hand geäußert wird. Wer wäre denn schon bereit, diesen Vorwurf seinem Familien- und Bekanntenkreis nahezubringen? *»Irgendwie muß man ja darauf gekommen sein, von alleine entstehen diese Vorwürfe nicht«*, ist dann das wohl häufigste (und gefürchtete!) Argument der Zuhörer. Und so gerät der oder die Beschuldigte in eine peinliche Verteidigungsposition, in der dann mit dem Nachweis der ›eigenen normalen Sexualpraktiken‹ operiert wird – allein das ist vielen schon peinlich. Oh, geliebtes Sensatiönchen! Die Ohren der Zuhörer werden immer größer ... Und die Blüten, die dann treiben, sind nicht immer so harmlos, wie sie sich einem Kollegen darstellten, dem perverse Sexualpraktiken nachgesagt wurden. Prompt bekam er eine »Einladung« von einer jungen Dame aus seinem Bekanntenkreis, die ›durchblicken‹ ließ, ihrerseits den unterstellten Praktiken nicht abgeneigt zu sein. *»Aber«,* so berichtete er, *»sie war wohl mehr als enttäuscht über unsere ›stinknormale Nacht‹!«*

Gerüchte, Verleumdung und ihre ›Spätfolgen‹ stammen aus dem Bereich der Intrige und stellen eine der wenigen teuflischen Vorgehensweisen dar, gegen die es kein verläßliches, voll rehabilitierendes Gegenmittel gibt – außer eventuell der Gegen-Verleumdung. Und das ist meistens wirkungslos oder gefährlich. Nochmals: Wird die Verleumdung offiziell und nachweislich geäußert, kann sofort – wenn der Vorwurf nicht stimmt – dagegen geklagt werden.
Aber es gibt eben zwei Methoden, die unangreifbar sind, auch im juristischen Sinne. Die **erste Methode** ist die, ein Gerücht in die Welt zu setzen bzw. hinter vorgehaltener Hand Zweifel und/oder einen Verdacht zu äußern, von dem erwartet werden kann, daß dieser weitergetragen und verbreitet wird – ohne einwandfreien juristischen Beweis darüber, wer die (unwahren) Behauptungen aufgestellt hat (was relativ einfach ist). Die Verleumdung verselbständigt sich, wird interpretiert, ergänzt, weitererzählt und entstellt, also falsch wiedergegeben.

Die **zweite Methode** ist die, Behauptungen in Fragen zu kleiden und sich beim energischen, konsequenten Widerspruch auf *»eine Frage zu berufen, die man doch wohl noch stellen darf«.* Diese Methode wird im Journalismus oft praktiziert, wenn man eine Unterlassungsklage oder einstweilige Verfügung fürchten muß, aber dennoch die Sensation bringen will. **Die Frage selbst ist die schärfste Waffe, aber auch die beste Gegenwaffe, die es in der Rhetorik gibt.** Vorsicht ist dann geboten, wenn eine Frage zur Behauptung ***ent***stellt wird. Das ist vor allem dann der Fall, wenn emotional argumentiert wird und der Gegner an der Antwort des Partners im Grunde gar nicht interessiert ist. Der ausgebuffte Verhandlungspraktiker setzt das aber bestenfalls gezielt als ein Stilmittel ein, damit der Gegner möglichst in einen emotional unkontrollierten Zustand gelangt, den er dann entrüstet anprangert und sich gegen ›solche unsachlichen Ausbrüche entschieden verwahrt‹.

»Die junge Frau von Kollege Neumann soll fremdgehen...!«

»Der arme Kollege Neumann. Aber wer als alter Mann eine junge Frau heiratet, kauft ein Buch, das andere lesen werden...!«

3.2.2 Zum »scheinbar positiven/neutralen« Verhalten

3.2.2.1 Erklärungstaktik

- ***Sachverhalt wiederholen lassen und somit den ›Gegner kommen lassen‹***
- ***gegnerische Angriffe ›weich‹ auffangen***
- ***mit Stimuli, verbalen Reflexionen und Ich-Botschaften arbeiten***

»Guten Tag, meine Herren! Wir wollen in unserem heutigen Gespräch die noch strittigen Fragen klären, die zu den unerfreulichen Maßnahmen geführt haben. Von seiten unseres Unternehmens muß ich jedoch zu Beginn gleich betonen, daß wir auf der Erfüllung der Punkte A–D bestehen müssen. Die Gründe sind bekannt, und wir haben Ihnen diese bereits mehrfach mitgeteilt!«

Im Prinzip ist es gleichgültig, ob man ›*direkt mit der Tür ins Haus fällt*‹, wie das in Deutschland üblich ist (siehe obiges Beispiel),

oder vor dem eigentlichen Gespräch noch einen Small talk setzt, wie es in Frankreich, Holland und vielen anderen Ländern Sitte ist – das ist eine Mentalitätsfrage, die sicherlich in den entsprechenden Ländern nicht unbeachtet bleiben darf. Entscheidend ist in den meisten Fällen aber die Strategie und Taktik, mit der die Verhandlung geführt wird. Wer eine Verhandlung nach dem obigen Muster beginnt, darf sich nicht wundern, wenn er aus der (vermeintlichen) Offensive zunehmend in die Defensive gedrängt wird, was durch ein paar geeignete offene Fragen und eine anschließend induktive Vorgehensweise (z. B. Herausgreifen eines schwachen Details) gut möglich ist.
In der Erklärungstaktik geht es darum, den Sachverhalt nochmals vom Gegner erklären zu lassen. Der Sinn ist es, nicht als erster ein Statement, eine Kommentierung oder Forderung auszusprechen, **da gerade die Erstdarstellung den Widerspruch des Gegners hervorruft.** Der Gegner muß also zuerst reden, denn es ist wichtig, einerseits herauszufinden, ob es Argumente, Forderungen oder neue Sachverhalte gibt, die man noch nicht kennt (Stichwort: ›nicht in's gegnerische Messer laufen‹). Andererseits ist es das Ziel, ein (möglichst schwaches) Detail aus der gegnerischen Argumentation herauszugreifen, welches man zum Gegenstand der eigenen Erwiderung resp. Umkehrung durch eine **induktive Vorgehensweise** macht (siehe Abschnitt 2.4.2).

Diese Taktik hat eine bedeutende psychologische Komponente – sowohl für den Gegner wie auch für den Betreffenden selbst. Das Argument *»Ich weiß ja, was der Gegner sagen will«* ist zunächst fehl am Platz. Der satanische Verhandlungskünstler zwingt sich nämlich bereits zu Beginn zur **Selbstdisziplin,** die als **mentale Einstellung** im weiteren Verlauf der Verhandlung für die Anwendung anderer Taktiken wichtig wird. Dem Gegner wiederum wird ein sehr defensives Verhalten glauben gemacht. Er erlangt möglicherweise die (trügerische) Überzeugung ›der eigenen Sicherheit‹ – und eben das soll er auch. Er soll sich völlig sicher fühlen … und reden! Es versteht sich von selbst, daß die Darstellung des Gegners mit einer ›neutralen‹ Kinesik aufgenommen wird. Empörte Mimik und Gestik verraten die eigene Absicht.
Es ist natürlich wichtig, daß man sich auf eine entsprechende Auf-

forderung zur Darstellung vorbereiten muß. Diese könnte in etwa wie folgt lauten:
»Herr Schneider, wir haben jetzt beide die Möglichkeit, die Verhandlungen aufzunehmen (oder: die Streitpunkte darzustellen, oder: die Forderungen abzuwägen, usw.). Ich wäre Ihnen dankbar (oder: es wäre sinnvoll o. ä.), wenn Sie noch einmal den Sachverhalt, so wie Sie ihn sehen, darlegen. Wir hätten dann die Möglichkeit, uns über eine Lösung zu verständigen.«

Die Vorgehensweise, andere zunächst einen Sachverhalt erläutern zu lassen, ist nicht neu. Es kann daher geschehen, daß der Gegner antwortet:
»Herr Müller, wir sollten hier nicht durch Reden Zeit verlieren. Die Streitpunkte sind ausführlich sowohl mündlich wie auch schriftlich erläutert worden. Kommen wir also zur Sache. Zahlen Sie, oder sehen wir uns vor Gericht?«

Der satanische Verhandlungskünstler wird daraufhin seine Taktik modifizieren, aber nicht verwerfen. Es wird ihm weiter darum gehen, nicht als erster den gesamten Sachverhalt darzustellen. Er weicht etwas zurück, greift sich ein Detail heraus, welches nicht der eigentliche Streitpunkt ist, erläutert dieses kurz und geht dann mit offenen Fragen wieder zur Erklärungstaktik über:
»In Ordnung, Herr Schneider, das ist eine klare Aufforderung, und ich bin einverstanden. Auch Sie kennen meine Forderung, die anders ist als Ihre. Nehmen wir zum Beispiel einmal die verspätete Lieferung vom 8.7. des Jahres. Wir haben damals entsprechende schriftliche Aufforderungen an Ihre Versandabteilung geschickt – aber nichts geschah. Welche Gründe gab es denn, Herr Schneider, daß Sie damals nicht reagierten?«

Herr Schneider muß jetzt antworten – und wird dieses vermutlich etwas ungehalten tun, weil dieser Punkt mit Sicherheit schon diskutiert wurde. Der satanische Verhandlungskünstler weiß das selbstverständlich und hat weitere Fragen vorbereitet (auch Korkenziehermethode genannt):
»Herr Schneider, die Auffassung ist ja nicht neu. Welche Möglich-

keiten sehen Sie denn, zumindest diesen Punkt aus der Welt zu schaffen?«

Dieser Punkt läßt sich natürlich nicht als Einzelpunkt aus der Welt schaffen, sondern nur im Rahmen einer Gesamtlösung. Wenn sich aber der Gegner darauf einläßt, dann ist es geschafft worden, das Verhandlungspaket ›aufzuschnüren‹ und nach Einzelpunkten (evtl. mit ›Vorbehalt‹, siehe Abschnitt 3.2.1.12 ›Salamitaktik‹) zu verhandeln.

Es hat sich bewährt, daß **– deutlich sichtbar für den Gegner – die Streitpunkte während der Erklärung aufgeschrieben werden.** Man wird feststellen, daß viele dabei in einen Diktierstil verfallen – so, als sollte man sich eben alles genau aufschreiben. Das ist eine brauchbare Methode, um mit offenen Fragen den Gegner zu Einzelpunkten weiter zum Reden zu bringen.

In Gruppenverhandlungen kann diese Methode via Flip-chart durch den satanischen Verhandlungskünstler angewendet werden, der damit gleichzeitig versucht, in die Rolle eines Moderators zu schlüpfen – die wichtigste Vorstufe zur Erlangung der ›Richterrolle‹ (siehe Abschnitt 3.2.2.2).

»Der Unterschied zwischen Helmut Schmidt und mir besteht darin, daß ich ungenau richtig liege und er immer exakt falsch liegt!«

Der Erfolg der Taktik ›***mit weichen Techniken hart verhandeln***‹ hat viele Beispiele aus anderen Lebensbereichen.

Beispiel Kornähre:

Trotz hochtechnisierter Methoden sind wir nicht in der Lage, z. B. einen Turm zu bauen, der die Schlankheit einer Kornähre hat. Jeder noch so imposante Fernsehturm ist im Vergleich zur Kornähre ein Stummelchen. Dennoch kann sich die Ähre behaupten, weil sie sich im Winde wiegt, also dem Wind keinen harten Widerstand entgegensetzt, sondern zurückweicht und dann wieder aufrecht steht.

Beispiel Burgmauern:

Als das Schießpulver erfunden wurde, war's vorbei mit der Sicherheit dicker, starrer Mauern. Die Araber erkannten das, und umgaben nunmehr ihre starren Mauern mit einer meterdicken Lehm- und Sandschicht, die die gesamte Energie der abgefeuerten Kanonenkugeln auffing. Die Kugeln konnten nicht durchdringen.

Beispiel schußsicheres Glas:

Schußsicheres Glas besteht aus mehreren unterschiedlich dicken Glasschichten, zwischen die jeweils eine Kunststoffolie (PVB) gebracht wird. Die dünneren Glasschichten werden dabei nach außen, also in Richtung eines Geschosses, angebracht und verteilen die Geschoßenergie in die Folien. Die dickste Glasschicht ist nach innen angeordnet. Das Geschoß kann also nicht durchdringen.

Mit diesen Beispielen soll die Wirksamkeit der Verhandlungstaktik dieses Abschnittes unterstrichen werden. Um mit dieser Taktik den Gegner ›weiter herauszulocken‹ und noch mehr Detailinformationen zu erhalten, ist es sinnvoll, mit einigen erprobten Methoden aus der Psychotherapie zu arbeiten. Der Zweck solcher Methoden ist es, den Gegner dadurch zum Weiterreden zu veranlassen, weil man ihm signalisiert, daß man ihn und seine Forderungen ernst nimmt und seine Gefühle versteht und akzeptiert – was natürlich nur so weit stimmt, wie es für den satanischen Verhandlungskünstler von Nutzen ist:

Stimuli:

Während der Gegner den Sachverhalt aus seiner Sicht vorträgt, gibt man ihm nach einigen Redeabschnitten einen Stimulus, wie

z. B. »hm«, »oh, ja«, »tatsächlich« usw., wobei dieser Stimulus *erst ca. zwei Sekunden nach einer Erklärung gegeben werden soll.* Stimuli können ebenfalls passend zur Aussage mimisch und gestisch abgegeben werden (Bewegungen des Kopfes, Handbewegungen, Hochziehen der Augenbrauen, Verziehen der Mundwinkel etc.)

Verbale Reflexionen:
Hierunter ist zu verstehen, daß man die Auffassung des Gegners an geeigneter Stelle mit eigenen Worten wiederholt. Es ist dabei wichtig, daß die Auffassung des Gegners inhaltlich möglichst genau mit eigenen Worten wiedergegeben wird, wobei auch hier der Ton, die Kinesik, Mimik und Gestik eine unterstützende oder ›verräterische‹ Rolle spielen.
Folgende Satzanfänge haben sich als brauchbar erwiesen:
»Wenn ich Sie recht verstanden habe, sind Sie der Meinung, daß ...!«
»Sie befürchten, daß ...!«
»Habe ich Ihre Auffassung richtig verstanden, daß ...?«
»Sie sind mißtrauisch, weil ...!« usw.

ICH-Botschaften (siehe auch Abschnitt 2.2.4):
Zur ›weichen Technik‹ gehören auch Ich-Botschaften, indem man von sich selbst, seinen Gefühlen etc. spricht (*»ICH fühle mich bei dieser Frage ...«* usw.), statt den Gegner mit Du-Botschaften zu reizen (*»SIE sollten mal endlich ...«* usw.). Damit vermeidet man eine frühzeitige Konfrontation.

Ein eigenes Beispiel:
Als verantwortlicher Bauleiter (RW) eines Bauträgers an einer Großbaustelle war mein Verhandlungspartner der Bauleiter (A) des Bauunternehmens. Er war ein aggressiver, spitzfindiger, streitsüchtiger und höhnischer Mann, mit dem gütliche Einigungen kaum möglich waren. Darum wurde eine Verhandlung angesetzt, an der der Bauleiter (A), sein Chef (B), mein Chef und ich teilnahmen. Absprachegemäß überließ mir mein Chef die Verhandlungsführung unserer Seite. Es dauerte nicht lange, da wurde ich nach allen Regeln von dem Bauleiter (A) beschuldigt. Ich vermied jegliche Methoden der Konfrontation und arbeitete mit

ICH-Botschaften:

RW: *»Es sind nun eine Vielzahl auch von persönlichen Beschuldigungen auf mich zugekommen, und ich muß sagen, daß ich mich nicht wohl fühle!«*

A: *»Ich kann Ihnen ja ein Täßchen Tee kochen. Aber Sie werden noch ganz andere Magenschmerzen kriegen ...!«*

Daraufhin wandte sich erbost sein Chef an ihn:

B: *»Also Herr A., das ist ja nun eine Art und Weise, die muß ich mir aber mal verbitten. Wenn Sie mit diesem Benehmen Herrn RW bisher gegenübergetreten sind, dann ist es doch kein Wunder, daß wir hier zusammensitzen müssen!«*

Daraufhin übernahm er die Verhandlungsführung von seiner Seite, und ich ›trat meine Verhandlungsführung an meinen Chef ab‹. Der Bauleiter und ich schwiegen – ich ohne erkennbare Mimik, der Bauleiter mit wütend-rotem Kopf. Die beiden Chefs einigten sich auf einen für unsere Seite akzeptablen Kompromiß.

Fragetechniken einsetzen – Fragestellungen beanstanden:
Wer fragt, führt das Gespräch. Er hat damit zwar noch nicht die Verhandlung gewonnen, aber er kann die Führung übernehmen und somit die Richtung bestimmen. Welche Fragearten eingesetzt werden, ist abhängig von der Situation resp. dem Verhandlungsverlauf (siehe hierzu Abschnitt 2.2.1 bis 2.2.3).

Die Methode, die Fragestellung an sich zu beanstanden, ist nicht nur z. B. in politischen Diskussionen und Interviews, sondern auch in Verhandlungen äußerst beliebt, denn damit versucht man, die Richtung zu ändern, in die das Interview durch die gestellte Frage (vermutlich) laufen wird. ›Richtig‹ beanstandet, entsteht zudem sehr häufig eine **Peinlichkeit für den Fragesteller,** weil (scheinbar) zum Ausdruck kommt, daß er keine korrekten und präzisen Fragen stellen kann – unterschwellig bedeutet das, ohne die direkte **DU**-Botschaft anzuwenden: **Du** verstehst das Problem nicht, **du** hast dich nicht vorbereitet, **du** solltest das Feld den wirklichen Profis überlassen usw. Mit folgenden Formulierungen kann man die Fragestellung des Gegners ›in Frage stellen‹:

»Zunächst bleibt einmal dahingestellt, ob das die Kernfrage ist, denn ...!«

»Die Frage muß doch anders gestellt werden, und zwar ...!«
»Ich glaube, die Frage stellt sich nicht (oder: anders) ...!«
»Wir müssen die Frage präzisieren. Es muß doch heißen ...!« usw.

Es geht für den satanischen Verhandlungskünstler bei dieser Technik darum, daß er die Problemstellung auf ein ihm genehmes Gleis lenkt und Lösungsvorschläge machen bzw. Antworten geben kann, die er bereits als Zielvorstellung vorher festgelegt hat. Da diese Form der Fragebeanstandung durch die sattsam bekannten Politiker-Interviews bekannt ist, muß damit gerechnet werden, daß auch der Gegner damit arbeitet. Damit man nun nicht die Initiative verliert, muß man diese Methoden abwehren:
»Bitte beantworten Sie zunächst ***meine*** *Frage!«*
»Was hindert Sie denn nun wirklich daran, meine präzise gestellte Frage zu beantworten?«
»Auch das ist sicherlich eine interessante Frage, die wir im Anschluß beantworten können, sofern das nach Beantwortung meiner Frage noch erforderlich ist!«
»Nochmals, Herr Kollege, meine konkrete und klare Frage lautete ...!«
»Pardon, aber Ihre Fragestellung führt uns nicht weiter. Meine Frage lautete ...!«

3.2.2.2 Zerlegen – Analysieren – Relativieren – und ... die ›Richterrolle‹

- ***die »Mörder-Taktik« anwenden – das Ganze zerlegen***
- ***Sachverhalt zerreden – dann relativieren, die Umkehr anwenden, also auf das Ganze pochen***
- ***die Rolle des Richters übernehmen durch: Vorsitz – Moderation – ›Unparteiischer‹ – und schließlich ... ›Recht sprechen‹***

Während des Zweiten Weltkrieges überraschten die Russen die deutsche Wehrmacht mit dem Panzer T 34. Eine der Besonderheiten dieses legendären Panzers bestand darin, daß – nach Expertenaussagen – aus drei defekten T 34 ein neuer Panzer zusammengesetzt werden konnte. In den Nachkriegsjahren versuchte

ich als junger Bub diese Methode bei defekten Radiogeräten anzuwenden, also aus drei defekten Geräten ein gebrauchsfähiges Radio zu basteln. Es kam eine Menge interessanter Dinge dabei heraus – nur keine Musik (›heraus‹ kam z. B. meistens die Sicherung ...).
Fazit: **Das Ganze ist oftmals mehr als die Summe seiner Teile.**

Die folgende Taktik geht von der Umkehrung dieser Erkenntnis aus, denn wenn das Ganze sich aus der Summe aller Teile zusammensetzt, aber die additive Verknüpfung der Teile eben weniger als das Ganze ist, dann muß es, um etwas zu beweisen, darauf ankommen, das Ganze zu zerlegen, zu zergliedern und zu analysieren.
Dieser Taktik bedienen sich mit Vorliebe Juristen, die z. B. die Tat eines Angeklagten relativieren wollen, um so das Strafmaß zu beeinflussen. Wer einen anderen Menschen vorsätzlich umbringt, ist ein Mörder und hat die ganze Strafe des Gesetzes zu erwarten. Wenn der Sachverhalt so klar ist, ist er einfach zu begreifen, und die Höchststrafe findet auch in der breiten Öffentlichkeit Zustimmung. Der Mord an sich soll hier beispielhaft als das *›Ganze‹* angesehen werden.
Doch irgendwie muß der Mörder ja dazu gekommen sein, den anderen Menschen (vorsätzlich) zu töten. Es muß Gründe und Motive geben: vielleicht Entwicklungen, Begebenheiten, Herkunftsfragen, Schlüsselerlebnisse usw. – das soll hier als *›Teile‹* bezeichnet werden. Nun kann man alle analysierten Faktoren, alle Teile wieder zusammenfügen und addieren – es muß nicht zwangsläufig ›ein Mord dabei herauskommen‹. Andere Menschen haben möglicherweise noch ungünstigere Entwicklungen durchgemacht und, statt zu morden, im Gegenteil sich bzw. andere prächtig vermehrt.

Zur ›Mörder-Taktik‹. Der Jurist bzw. der Strafverteidiger geht nun daran, das Leben des Angeklagten in alle Einzelheiten zu zerlegen und zu zergliedern. Die Teile, die ihm angemessen und ergiebig erscheinen, werden besonders analysiert und interpretiert – nach seiner Version. Die Ergebnisse einer Analyse lassen sich nun vortrefflich mit Ergebnissen aus anderen Bereichen bzw. Fällen vergleichen und ... relativieren. So gibt es keinen Aspekt des

»Herr Bundeskanzler, was halten Sie von Prinz Charles?«
»Ich trage immer nur Schals von einer anderen Firma!«

menschlichen Lebens und seiner Entwicklung, zu dem nicht eine medizinische, geistes- oder naturwissenschaftliche Abhandlung vorläge – und wer will sich schon mit der Wissenschaft anlegen ...? Sicher nicht die breite Öffentlichkeit, die mittlerweile das Interesse an dem Fall verloren hat, weil der offensichtlich klare Sachverhalt durch Gutachten, Sachverständige, Analysen, juristische Mehrdeutigkeiten usw. verkompliziert und verschleppt wurde. Und auch das Gericht kann nicht ohne weiteres ›nur den Mord‹

verurteilen, denn wir leben in einem Rechtsstaat, in dem jeder Angeklagte, also auch Mörder, das Recht zur Verteidigung haben und so lange als unschuldig gelten, wie ihnen nicht die Schuld nachgewiesen wurde. Und oft genug erfuhr eine ungläubige Öffentlichkeit, daß das Gericht den Mörder, dessen Tat doch vorher ›ganz klar war‹, freigesprochen oder ein so geringes Strafmaß ausgesprochen hat, daß es einem Freispruch nahekam.
Manchmal helfen auch kleine Zufälle dabei. Vielleicht können sich noch einige an die ›Affäre Globke‹ Ende der 50er Jahre erinnern. Globke war Staatssekretär in der Regierung Adenauer – hatte aber in der Nazizeit ebenfalls ein hohes Amt bekleidet. Das war auch gar nicht verwerflich, denn just in dem Moment, wo er und andere ›auf den Führer vereidigt‹ wurden, trat er in die berühmte ›Nische‹. So'n Glück aber auch. Kein Nazi. Ein ehrenwerter Mann. Und so mancher Strafverteidiger schaffte es, durch entsprechende Gutachten nachzuweisen, daß der Mörder, just in dem Moment, wo er zustach, sich für diese Sekunden in einem Zustand geistiger Umnachtung (Unzurechnungsfähigkeit) befand. So'n Pech aber auch. Also ein ehrenwerter Mann. Auf ›Old Schwurhand‹ wollen wir gar nicht erst eingehen. Kein Straftäter. Auch ein ehrenwerter Mann ...!

Die **Taktik des Zergliederns** findet sich in Diskussionen ebenso wie in wissenschaftlichen Streitgesprächen und ... Verhandlungen. In den meisten Fällen geht dabei die klare Linie verloren, die Disputanten verlieren sich im Detail. Es entstehen Nebenkriegsschauplätze (siehe Abschnitt 3.2.2.4), und damit wird das Thema ›zerredet‹. Das aber ist die Absicht des satanischen Verhandlungskünstlers, denn nun kann er nachweisen, daß die Erstforderung zu dem Ganzen unberechtigt war. Aufforderungen zu verbindlichen Antworten auf weitere klare Fragen kann dieser dann dadurch umgehen, daß er sagt:
»Wir haben zum Punkt AB gesehen, daß jede Medaille zwei Seiten hat. Wo ist die andere Seite beim Problem XY, Herr Kollege?«

Hat allerdings der Gegner den Streitkomplex zergliedert, analysiert und relativiert, so muß der satanische Verhandlungskünstler permanent an das Ganze erinnern – ob es in den Diskussionsver-

lauf paßt oder nicht. Wer politische Fernsehdiskussionen verfolgt, wird festgestellt haben, daß jede noch so rhetorisch glänzend vorgetragene Zergliederung ihre Wirkung verliert, wenn es einen Disputanten gibt, der ständig an das eigentliche Thema, an den Ausgangspunkt, an die gesamte Streitfrage erinnert. Daß er auf dem richtigen Weg ist, merkt er daran, daß diejenigen, die zergliedern, seine stetige Aufforderung zur Rückkehr zum Ausgangspunkt meist sehr ärgerlich kommentieren oder sich gar über ihn lustig machen, weil er *ganz offensichtlich dem Diskussionsverlauf nicht folgen kann,* usw.
Ein satanischer Verhandlungskünstler übersteht solche Kleinigkeiten ohne Schaden und Kratzer. Für ihn geht es nämlich stets darum, zu gewinnen, nicht darum, zu glänzen.

Eine hervorragende (und für den Gegner sehr gefährliche!) Taktik ist das geschickte Hineinschlüpfen in eine ›Richterrolle‹, wenn mehrere Personen an der Verhandlung teilnehmen. Für die eigene Partei sollte ein nächsthöherer Vorgesetzter, der nicht unmittelbar an den Vorverhandlungen beteiligt war, die eigene Verhandlungsdelegation anführen. Er übernimmt durch die Sitzordnung schon rein äußerlich den ***Vorsitz,*** wenn es ihm gelingt, am Kopfende des Tisches Platz zu nehmen. Von diesem Augenblick an beginnt das ›Spiel‹. Er ergreift das Wort und begrüßt alle Teilnehmer der gegnerischen Gruppe. Sodann wird er lediglich mit der *›Erklärungstaktik‹* (Abschnitt 3.2.2.1) den Gegner auffordern, zu den Streitpunkten Stellung zu nehmen (›Quasi-***Moderation***‹). Falls es aus situativen Gründen sinnvoll ist, kann er dazu Stichpunkte auf einen Flip-chart schreiben, wobei er hier eine weitere Manipulationsmöglichkeit hat (z. B. mehrere Punkte des Gegners zusammenfassen, eigene untergliedern – oder umgekehrt, je nach Sachlage). Dann jedoch überläßt er seinen eigenen Kollegen die Auseinandersetzung und hält sich unter allen Umständen zurück – das ist sehr wichtig dabei! Nachdem wesentliche Streitpunkte zwischen den Parteien vorgetragen wurden, muß er nun die Vorstufe der ›Richterrolle‹ einnehmen, das heißt den ***scheinbar Unparteiischen*** spielen. Das kann dadurch geschehen, daß er mit folgenden Worten in die Diskussion eingreift und sich an den Gegner wendet:

»Also meine Herren, was Sie hier vortragen, höre ich im wesentlichen zum ersten Mal. Ich muß Ihnen aber insoweit recht geben, daß Ihre Schlußfolgerungen zum Sachverhalt richtig zu sein scheinen, aber nicht die Voraussetzungen dazu. Und die sind doch Dreh- und Angelpunkt für diese Frage!«

Die Diskussion wird sich nun wieder erneut entzünden, er aber hält sich wiederum zurück, und damit ist der gegnerischen Gruppe entgangen, daß es bereits einen ›Unparteiischen‹ gibt, der scheinbar gar kein Verhandlungsgegner ist und darum ›bald Recht sprechen wird‹. Um nun in die alles entscheidende ***›Richterrolle‹*** zu kommen, muß es ihm gelingen, je nach Sachlage entweder aus Voraussetzungen oder Schlußfolgerungen des Gegners mit der ***induktiven*** oder ***deduktiven Vorgehensweise*** in der Dialektik (siehe Abschnitt 2.4) ***eigene, logische Schlußfolgerungen*** zu ziehen, die einem ***›Rechtsprechen‹*** gleichkommen.

3.2.2.3 Ergänzung – Erweiterung – Schlußfolgerung

- ***Ergänzen bedeutet: weiterführen und übertreiben. Alsdann die selbst vorgenommene Übertreibung ›verurteilen‹ und mit der eigenen Teil-Übertreibung das Ganze gleich ›mitverurteilen‹.***

»Das hat doch gar nichts damit zu tun!«
»Das ist doch etwas ganz anderes!«
»Sie gehen am Thema vorbei. Bitte bleiben Sie beim Thema!«

Erwischt! Wer sich das vom Gegner vorhalten lassen muß, hat (vielleicht) etwas falsch gemacht. Das geschieht häufig dann, wenn man andere Fälle als Beispiele hinzuzieht, um den eigenen Sachverhalt zu relativieren. Der Gegner hat dabei nämlich immer die Möglichkeit, den eigenen Fall und den anderen Fall wieder voneinander zu trennen, weil sie *künstlich* zusammengefügt wurden. Außerdem läßt sich jedes Beispiel mit einem Gegenbeispiel beantworten. Es sei denn, man baut bewußt und *geschickt unfaire Analogien und Zirkelschlüsse* in die eigene Argumentationskette ein (siehe Abschnitt 2.4.3).

Eine Trennung ist vom Gegner aber dann kaum möglich, wenn man beim Sachverhalt selbst bleibt und diesen zum Gegenstand einer *erweiterten und ergänzenden Argumentation* macht. Die Taktik besteht darin, die Behauptung des Gegners über ihre natürliche Grenze hinauszuführen und zu übertreiben, um sie entweder allgemein, lächerlich bzw. absurd zu machen oder mit der Erweiterung in ein ›moralisches Feld‹ zu gelangen. Dadurch kann die gegnerische Behauptung mit eigenen, starken Argumenten wirkungsvoll angegriffen und widerlegt werden.

/xxxxxxxxxxxxxxxxxxxxxxxxxxx/

Gegnerisches Argument

/xxxxxxxxxxxxxxxxxxxxxxxxxxx/ XXXXXXXXXXXX

Erweiterung/Ergänzung ins Lächerliche, Absurde, in den moralischen Bereich usw.)

Gegnerisches Argument durch eigene Erweiterung/Ergänzung insgesamt angreifen und verurteilen

Von großer Wichtigkeit in dieser Taktik sind die **Vermeidung des direkten Widerspruchs** (*»Nein, das stimmt nicht, denn ...!«* o. ä.) und die Sätze, mit denen man die Erweiterung einleitet. Wer seinem Gegner antwortet: *»Ja, aaaber ...!«*, der signalisiert sofort, daß er widersprechen wird. Diese Formulierung, von der Tagträumer immer noch glauben, daß man damit dem Gegner zunächst recht gibt, ist nutzlos, plump und sogleich verdächtig. Streichen! Falls der Gegner damit arbeitet, ›entwaffnet‹ man ihn:
*»Sie sagten gerade ›**Ja, aber ...!** Worauf bezieht sich denn das ›**Ja**‹, und worauf das ›**aber**‹?«*

Eine geeignete Formulierung beginnt z. B. mit: ***»Ja, und ...!«***
Mit dieser Formulierung kann die vorgetragene Behauptung des Gegners über den Sachverhalt hinaus ergänzt werden. Der Geg-

ner wird damit auch gezwungen, sich diese Ergänzung anzuhören und ihr zu folgen, denn seine Erwartungshaltung dürfte die sein, daß sein Kontrahent direkt widerspricht. Folgende Formulierungen könnten dazu verwendet werden:
»***Ja, und*** *ich füge hinzu, daß bei weiterer Verzögerung der Fall eingetreten wäre, daß ...!*« usw.
»***Ja,*** *Herr Kollege,* ***und*** *man muß außerdem noch bedenken, daß ...!*« usw.
»***Ja,*** *so kann man das sicher sehen,* ***und*** *man muß darüber hinaus noch erkennen, daß ...!*« usw.
»***Ja,*** *sicherlich, Herr Kollege,* ***und*** *ich sage: Das ist nicht alles. Bedenken Sie ...!*« usw.

Nachdem durch diese Formulierungen die Behauptung des Gegners durch Ergänzung mit Bedacht ausgewählter weiterer Probleme erweitert wurde, entsteht quasi ein irrelevanter **›Problemkomplex‹**, wobei dann diese Verallgemeinerung als erster Obersatz für eine deduktive Ableitung verwendet werden kann (siehe Abschnitt 2.4.1), deren logische Schlußfolgerung den gesamten Sachverhalt umkehrt bzw. widerlegt und somit genau der Auffassung des satanischen Verhandlungskünstlers entspricht.

Besonders geeignet ist hierbei, sofern der Sachverhalt dieses zuläßt, die moralische Ebene, denn hier Verurteilungen aufgrund von herrschenden und anerkannten Moralbegriffen auszusprechen, die zudem auf einer traditionellen Ethik basieren, ist einfach, aber sehr wirkungsvoll. Wer mag da schon widersprechen? Wer widerspricht dem schon, daß Meinungen und Auffassungen frei geäußert werden müssen und nicht von irgendwelchen Institutionen oder einer Lobby ***bezahlt*** *sein sollten? Doch derjenige, der die Meinung einer Lobby vorträgt, die er vertritt, trägt eine* bezahlte Meinung *vor. Da ist es unwichtig, daß die Richtigkeit seiner Meinung überhaupt nichts damit zu tun hat, ob er dafür Geld bekommt oder nicht. In unserem Kulturkreis, nach unserem sittlichen Empfinden, hat sich die Auffassung etabliert, daß* **bezahlte Meinungen** *zumindest* verdächtig *sind.*

Was liegt also näher, als die Erweiterung der gegnerischen Behauptung durch solche Beispiele zu ergänzen, die letztlich alle darauf hinauslaufen, einen Problemkomplex zu beschreiben, der *›von der Lobby XY ebenso gesehen wird‹*, und von dem man weiß (oder einfach unterstellt), daß die Lobby XY an der Lösung *›nach dem Vorschlag des Gegners interessiert ist‹*. Das macht den Gegner sehr verdächtig – und nichts ist einfacher, als sein Argument auf dem Felde der Moral zu schlagen, insbesondere dann, wenn es sich um ein Feld handelt, an dem die Öffentlichkeit interessiert ist.

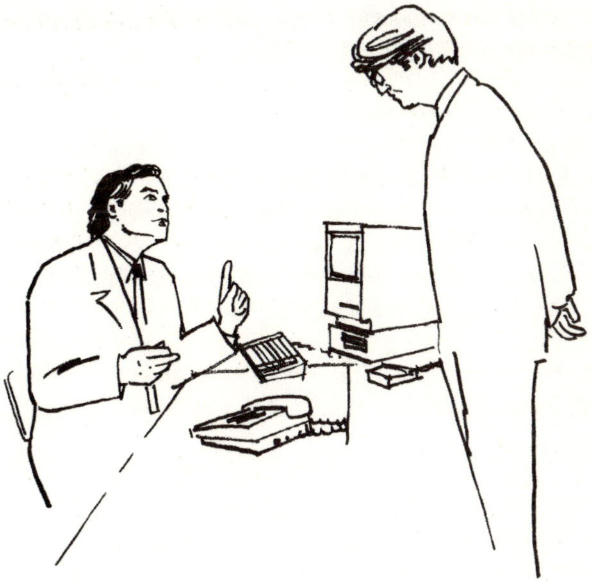

»Nun, Herr Bumskop, Sie haben ja eine sehr wichtige Funktion in unserem Unternehmen, und wir wissen überhaupt nicht, wie wir ohne Sie auskommen können.
Aber ab nächsten 1. wollen wir's mal versuchen …!«

3.2.2.4 Nebenkriegsschauplätze

- ***mit Statistik lügen – und: Ablenken durch Ausweichen auf Nebenkriegsschauplätze***
- ***weitere Streitpunkte schaffen/künstliche Vermehrung der Bedingungen***

»Ich glaube nur der Statistik, die ich selbst gefälscht habe.« (Churchill)

Wenn jemand seinen Fuß in einen heißen Backofen hält und den anderen in die Gefriertruhe, dann fühlt er sich statistisch gesehen wohl. Einen ähnlichen Nonsens erzählte gerne Franz Josef Strauß: *»Zwei Männer sitzen im Wirtshaus, der eine verdrückt eine Kalbshaxe, der andere trinkt zwei Maß Bier. Statistisch gesehen ist das für jeden eine Maß Bier und eine halbe Haxe, aber der eine hat sich überfressen und der andere ist besoffen.«*

Auch der folgende Witz wird gerne erzählt:
Ein Mann kommt zum Arzt. Nach der gründlichen Untersuchung sagt der Arzt: *»Ich muß Ihnen leider sagen, daß Sie eine schwere Krankheit haben. Neun von zehn Patienten überleben diese Krankheit nicht.«* Der Mann bricht zusammen. *»Aber«*, sagt der Arzt, *»ich kann Sie beruhigen. Ich hatte schon neun Patienten mit der gleichen Krankheit, und die sind alle gestorben.«*

Was gibt es Schöneres, als mit Statistik zu lügen? Je exakter die Zahlen präsentiert werden, um so eher werden sie geglaubt.
Ein Beispiel:
Ein Marktforscher soll die Größe eines Marktsegmentes A recherchieren. Er kann aber exakt nur ein kleines Teilsegment mit genauen Zahlen belegen, das größere Teilsegment muß er um 50 000 qm rauf oder runter schätzen, denn darüber gibt es keine genauen Zahlen. Darum legt er in seinem Bericht folgende Marktforschungsergebnisse vor:

Segment A'1	250000 qm
Segment A'2	3700 qm
Marktsegment A:	253700 qm

Das klingt doch glaubhafter als etwa das Resultat: ca. 250 000 qm, wobei weder der eine noch der andere Wert stimmen muß.
Nach einer Mitteilung des Statistischen Bundesamtes in Wiesba-

den üben *Bundesbürger mit höherer Schulbildung* pro Woche 5,2mal den Koitus aus. Dabei entstehen durchschnittlich 1,3 Kinder.
Na also! Da kann man mal sehen, was Bildung bewirkt!
Die Frage ist aber, wie diese Statistik interpretiert wird. Was ist höhere Schulbildung, was heißt ›üben‹, welche Altersgruppe etc. meint man mit Bundesbürger und vor allem (auch wenn man ›5mal‹ versteht!): wie sehen die ›0,2mal‹ konkret aus? Und was soll man schon mit ›1,3 Kindern‹? Das erinnert an den Witz von dem Mann, der ein halbes Schwein gekauft hat und von seinem Kollegen gefragt wird: *»Was willst du denn damit? Das fällt doch immer um!«*

Das sei ein *statistischer Mittelwert,* sagen Sie? Schön und gut, **aber welcher?** So gibt es z. B. das *arithmetische Mittel* und den *Zentralwert* (Median). Beim arithmetischen Mittel werden alle Werte addiert und durch die Anzahl geteilt. Beim Median ist die Zahl gemeint, die genauso viele links stehende wie auch rechts stehende Werte hat. Stellen Sie sich also Orgelpfeifen vor, dann ist die mittlere, die genauso viele Orgelpfeifen-Kollegen rechts wie links hat, die ›zentrale Orgelpfeife‹. **Man kommt so also zu Mittelwerten, mit denen sich prächtig manipulieren läßt, weil sie eine Ungleichheit durch die Streuung um das Mittel völlig vernebelt und ›Ausreißer‹ unbeachtet läßt.**
Wie trefflich sich damit manipulieren läßt, sei an einem aktuellen Beispiel demonstriert:
Im Zuge der Gesundheitsreform wird uns verschiedentlich der Durchschnittsverdienst der Ärzte bekannt: 95.000,– € pro Jahr. Diese Zahl stammt von der Bundesärztekammer. Und *›die Ärzte werden immer ärmer‹*, hört man weiter, vor allem durch die Kostendämpfungsmaßnahmen im Gesundheitswesen. Weniger bekannt ist, daß es sich bei der Verdienstangabe um den Mittelwert *Median* handelt. Nähme man nämlich das *arithmetische Mittel,* so müßte veröffentlicht werden, daß z. B. niedergelassene Laborärzte nach Abzug der Praxiskosten im Durchschnitt 354.000,– € pro Jahr verdienen ...!

Die Möglichkeiten, **mit Statistik zu lügen,** sind so umfangreich und vielfältig, daß in diesem Buch nicht weiter darauf eingegangen werden kann. *»Mit Statistik kann man alles beweisen«* – weiß der Volksmund, und damit hat er wahrscheinlich nicht unrecht. **Entscheidend ist nämlich meistens nicht, was eine Statistik besagt, sondern was sie verschweigt ...!** Schon ›der Alte Fritz‹ wußte: *»Mit der ganzen Algebra ist man oftmals nur ein Narr, wenn man nicht noch was anderes weiß.«*

Für einen satanischen Verhandlungskünstler ist aber entscheidend, daß man mit Statistiken ablenken, manipulieren, täuschen, lügen und vor allem Nebenkriegsschauplätze schaffen kann. Dazu gehört selbstverständlich auch die Frage, ***wann*** und ***wie*** eine Statistik in die Verhandlung eingebracht werden kann und soll. Schachspieler kennen die *›Eröffnung mit einem Scheinangriff, Doppel-Scheinangriff‹* usw. Dieser Taktik bedienen sich in einem Krieg auch Feldherren, um die Aufmerksamkeit des Gegners auf einen Nebenkriegsschauplatz zu lenken und somit die gegnerischen Streitkräfte an einen falschen Platz zu locken.

Nun sind aber Schlachten und Verhandlungen keine Abläufe, die genau vorherbestimmt werden können. Zwar kann die Argumentationslinie des Gegners, um bei Verhandlungen zu bleiben, durch eine entsprechende Strategie und Taktik determiniert, nicht aber bis ins letzte Detail prognostiziert werden. Mit Überraschungen muß immer gerechnet werden. Da ist es gut, wenn eine Taktik beherrscht wird, die das Zuendeführen der Argumentation des Gegners, mit der er seinen Kontrahenten schlagen kann, verhindert. Diese Taktik heißt ***›Angriff von der Seite starten‹***. Es muß gelingen, den Gang des Zweckgespräches zu unterbrechen, abzuspringen oder abzulenken und die Verhandlung auf eine andere Ebene zu führen. **Ziel: Veränderung der Kontroverse.** Das kann erfolgen mit einem **Scheinangriff von der Seite, indem man von etwas ganz anderem zu reden beginnt und es doch so hinstellt, als gehöre es zur Sache und wäre geradezu ein Stück des gegnerischen Arguments.** Das kann man recht unverschämt gestalten, indem man nicht mehr von der Sache, sondern nur noch vom Gegner spricht und damit das Thema verläßt. Typische Redewendungen dieser Finte: *»Ja, und so behaupteten Sie neulich ebenfalls, daß der Wert ...«* usw. Als Notbremse kann dabei die Halbwahrheit dienen oder ganz einfach eine unwahre Behauptung, die aufgestellt wird. Der Gegner wird diese in jedem Fall aufgreifen und richtigstellen – und damit ist der Weg frei für eine andere Ebene.

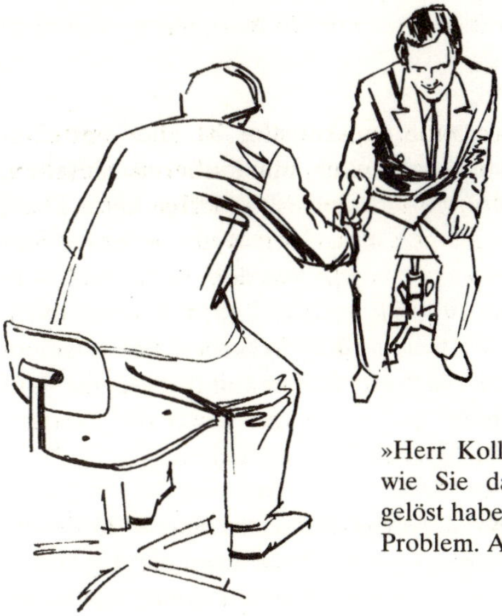

»Herr Kollege, es ist bewunderswert, wie Sie das selbstgestellte Problem gelöst haben. Leider war es das falsche Problem. Auf Wiedersehen!«

Das Ablenken vom Thema durch einen *›Angriff von der Seite‹* (Diversion) kann einerseits eine notwendige Vorgehensweise dann sein, wenn der Gegner die Taktik der falschen Schlußfolgerung erkannt hat. Andererseits kann diese Methode dann besonders raffiniert sein, wenn aus taktischen Gründen die gezogenen Schlußfolgerungen erst einmal unwidersprochen im Raum stehen bleiben sollen, um z. B. dem überrumpelten Gegner die Möglichkeit zu geben, *das Gesicht zu wahren,* oder um ihn durch die nächste Attacke wahrhaft *›sturmreif‹* zu schießen. Der Zweck besteht einfach darin, ***›den Gegner nicht zum Luftholen kommen zu lassen‹,*** ihn wegzuführen von allen Chancen, eine Analyse durchzuführen. Der Gegner muß argumentativ dazu *›von einer Ecke in die andere geprügelt‹* werden, weil man mittels eines bekannten psychologischen Grundsatzes erreichen will, daß viele nur die Ergebnisse, nicht aber den Weg oder die Methode in Erinnerung behalten. Dieser psychologische Grundsatz besagt, daß **ein Mensch das, was er zuletzt hört, am besten behält.** Hat der satanische Verhandlungskünstler eine Attacke beendet, so ist seine neue bereits eingeleitet. Überläßt er den Gesprächsverlauf dem Zufall, so vergibt er die Chance einer totalen Überrumpelung, denn es entstehen Pausen, die der Gegner für Gegenangriffe oder analytische Denkansätze nutzen kann.

Zu der Taktik *Nebenkriegsschauplätze* gehört auch die Methode ***›weitere Streitpunkte schaffen‹,*** also eine künstliche Vermehrung der Bedingungen – oder als Spielart: ***›Gegenbedingungen in die Verhandlung hineintragen‹.*** Damit erreicht man, daß die zusätzlich gestellten Bedingungen (natürlich mit großem Aufwand!) wieder abgehandelt werden sollen und letztlich nur die ursprüngliche Forderung bestehen bleibt – was das eigentliche Verhandlungsziel ist.
Ein (übliches) Vorgehen als Beispiel:
Ein Unternehmen der Bekleidungsindustrie hat einen großen Auftrag mit engen Lieferfristen erhalten. Es verhandelt mit einem Zulieferbetrieb über die notwendigen Spezialknöpfe. Es kommt jedoch aus preislichen Gründen zu keiner Einigung, zumal der Zulieferbetrieb vermutet, daß nur die Knöpfe seiner Produktion geeignet sind. Der Zulieferbetrieb, der von dem Termindruck weiß, bringt nun die üblichen, langen Lieferfristen (künstlich) ins Spiel, weil er weiß, daß damit der Termin nicht zu halten ist (er kann selbstverständlich schneller liefern). Bei der nächsten Verhandlungsrunde einigen sich beide. Gezahlt wird der vom Zulieferunternehmen geforderte Preis bei kurzen Lieferfristen.

Aber auch das **›Einbringen von Gegenbedingungen‹** ist eine Variante dieser Taktik. In *Adenauers ›Erinnerungen 1953–1955‹* (Stuttgart 1966) findet sich ein Beispiel aus der Nachkriegsgeschichte:
Wie *Adenauer* seinerzeit erfuhr, sollte die Tagesordnung der Genfer Gipfelkonferenz der *vier Mächte* (1955) gegebenenfalls um zusätzliche Themen erweitert werden. Die Russen versuchten, das Thema *›Neutralisierung Deutschlands‹* zur Erörterung zu bringen. Als die USA ihrerseits die Themen *›Satellitenstaaten‹* und *›Tätig-*

keit des internationalen Kommunismus‹ zu behandeln wünschten (Gegenbedingung), ließen die Russen ihre Forderung fallen.

3.2.2.5 Auf Zeit spielen

- ***die ›Kohl-Taktik‹ anwenden – Probleme ›aussitzen‹***
- ***durch Verzögerungstaktik Gegner unter Entscheidungsdruck setzen***

Mit einer Taktik, die den Namen einer Person trägt, muß es schon etwas auf sich haben. Die Umkehrung der Volksweisheit: *»Was du heute kannst besorgen, das verschiebe nicht auf morgen!«* lautet: *»Warte! Und das Problem löst sich von selbst.«* Doch wem wäre nicht unbehaglich dabei zumute, ein Problem nicht tatkräftig beim Schopfe zu packen, um es möglichst schnell zu lösen? Dabei treibt uns vor allen Dingen die Angst, durch Warten und Versäumen Nachteile zu erlangen. Beispiel: *Versäumnisurteil* eines Gerichtes, weil man einen Termin nicht rechtzeitig wahrgenommen hat.

Seit einigen Jahren aber hören und erfahren wir, wie vorteilhaft es sein kann, *nichts* zu tun – jedenfalls scheint es so. Die Rede ist von Helmut Kohl und seiner Taktik, *Probleme auszusitzen.* ***Wie*** immer man zu Kanzler Kohl ›in diesem unserem Lande‹ steht, als ***was*** er auch immer in die Geschichte eingehen wird: mit seinem Namen wird schon heute eine erfolgreiche Taktik verbunden, deren Grundidee zwar nicht unbekannt ist, aber die als eigenständige Taktik noch niemals so deutlich bezeichnet wurde: **die Kohl-Taktik.** Weder den schärfsten Kommentatoren, den bissigsten Kritikern, den heißesten Kabarettisten, der geifernden Opposition, den gesamten Medien, dem Parlament, dem Kabinett, dem Koalitionspartner, kurzum: niemandem ist es gelungen, Helmut Kohl dazu zu bringen, zu einem Problem Stellung zu nehmen und die Führung zu ergreifen, wenn er es (scheinbar) nicht wollte. Keinem Kanzler der deutschen Nachkriegsgeschichte hat eine so breite Phalanx aus allen politischen und gesellschaftlichen Kreisen so deutlich vorgeworfen, er würde **Probleme aussitzen.** Und doch ist er – auf dem schwierigen Parkett Bundesrepublik Deutschland –

seit über zehn Jahren Kanzler. Heißt diese Kunst des Machterhalts wirklich nur Dickfelligkeit? Ganz sicher nicht.

»Man muß den Aufgaben auch eine Chance geben, sich selbst zu erledigen!«

Nur wenige wissen vermutlich, welche Aktivitäten des Kanzlers sich *hinter der Bühne* abgespielt haben. Da wurden Fäden gezogen, Besprechungen abgehalten, Kontakte aufgenommen, Mitarbeiter beauftragt und vorgeschickt, Entwürfe gefertigt; es wurde recherchiert, analysiert, abgewogen, eine interne Entscheidung getroffen usw. In Bonn sagen darum auch Beteiligte: *»Je weniger vom Dicken öffentlich zu sehen ist, um so dicker wird unsere inter-*

ne Arbeit!« Für die Öffentlichkeit stellte sich das Bild natürlich ganz anders dar – dafür sorgten schon die Medien.

Mit der ›Kohl-Taktik‹ ist also nicht gemeint: gar nichts tun und abwarten. Im Gegenteil. **Mit dieser Taktik ist eine entsprechende Aktivität hinter den Kulissen bei gleichzeitiger Vermeidung eines Inerscheinungtretens der Hauptverhandlungspersonen gemeint.** Es geht darum, den Gegner glauben zu machen, es geschähe nichts, um ihn nervös und unruhig, vielleicht auch wütend zu machen. Es ergeben sich damit nun drei Fälle, die eintreten können:

1. *Entweder der Gegner unternimmt auch nichts – dann ›brennt‹ das Problem (vermutlich) auch nicht. Oder:*
2. *Der Gegner wird ungehalten, nervös, unternimmt etwas und begeht Fehler. Oder:*
3. *Der Gegner gerät ›unter Druck‹ und wird verhandlungsbereit.*

Entscheidend dabei ist aber einerseits, daß aus der entstehenden Situation heraus alle Fälle durchgespielt werden, die vermutlich eintreten können – um sich dagegen zu wappnen. Andererseits muß *hinter den Kulissen* agiert werden, um das *Feld vorzubereiten.* Das kann in einem Verhandlungsfall z. B. dadurch geschehen, daß verschiedene Gespräche mit entscheidenden Personen geführt, neue Nachweise erbracht, Sicherheiten erstellt, Vertuschungen vorbereitet und Beweise beiseite geschafft werden, usw. Mit einem Wort: **Es findet ein Intrigenspiel statt.**

Diese Taktik ist natürlich um so wirksamer, je mehr der Gegner unter Zeitdruck steht. Darum sollte man auch in den Zeiten, in denen man sich (noch) mit dem Gegner gut versteht, alle Informationen sammeln, die für eine spätere Verhandlungstaktik geeignet sein können. Manchmal sind es nur Bemerkungen nachgeordneter Mitarbeiter *(»Termin ist die 52. Woche. Aber das schaffen wir dicke!«),* die später von großem Nutzen sein können (über die Bedeutung und den Wert von Informationen siehe Abschnitt 3.2.2.8).

›Wer erfolgreich verhandeln will, muß Zeit haben‹ – sagt ein Sprichwort. Aber wer hat heutzutage schon Zeit? Langwierige Verhandlungen sind ebenso unbeliebt wie Prozesse, die sich über einen langen Zeitraum erstrecken. Nicht nur die Frage, wie ein Gericht entscheidet, hält viele vom Prozessieren ab, sondern ganz einfach die Gewißheit, daß der Prozeß zu lange dauert. Es entsteht nämlich ein Vakuum, von dem keine Partei weiß, wie sie dieses ausfüllen kann und *darf.* Also wird angestrebt, zügig zu verhandeln. Doch manches Geschäft und manche Verhandlung ist für einen Verhandlungsinitiator nur deswegen so ungünstig ausgefallen, weil er unter Zeitdruck stand. Und wer kennt nicht die Prophezeiung: *»Wenn wir noch ein paar Wochen warten, fällt er uns wie ein reifer Apfel in den Schoß!«* Durch das Hinauszögern von Verhandlungen ist in vielen Fällen schon ein Druckmittel gegeben.
Der Zeitfaktor ist also ein wichtiger Helfer in der satanischen Verhandlungskunst. Wenn allerdings Verhandlungstermine vorgegeben sind, kann man den Zeitdruck für den Gegner auch künstlich erzeugen, und zwar dadurch, daß man die wichtigsten Streitpunkte an den Schluß einer Verhandlung setzt und dafür sorgt, daß diese *›heute nicht mehr gelöst werden können‹*. Eine Vertagung muß vereinbart werden. Je nach Sachverhalt kann man sich nun überlegen, ob man eine **›diplomatische Erkältung‹** bekommt, sich also *›wg. Krankheit‹* entschuldigt und damit eine erneute Verzögerung initiiert, die den Gegner unter weiteren Zeitdruck setzt. Es gibt eine unendliche Palette von Möglichkeiten, mit *›plötzlich auftretenden neuen Aspekten‹, Gutachten, Urlauben und sonstigen Tricks eine Zeitverzögerung zu erreichen.*

3.2.2.6 Alternativen und nachgeschobene Forderungen

- ***ein scheinbar ausgehandeltes Konzept durch Alternativen erschüttern***
- ***generell neue (nachgeschobene) Forderungen einbringen***

Wir alle kennen das aus der Politik: die Regierung legt ein Programm vor, welches vom Parlament verabschiedet werden soll; kurz darauf wartet die Opposition mit einem Alternativprogramm auf. Im allgemeinen ist eine Alternativlösung immer ein in sich geschlossenes Konzept und kein Kompromiß. Der erste Gedanke, der naheliegt, könnte nun der sein, daß man sagt: *»Die Opposition muß ja ihren Wählern zeigen, daß sie auch was tut und auch was kann!«* Das mag in dem einen oder anderen Fall sicher so sein. Eine generelle Betrachtung in dieser simplen Form dürfte aber falsch sein. Durch die unterschiedlichen Mehrheitsverhältnisse in Bundestag und Bundesrat ist die Regierung oftmals darauf angewiesen, die Zustimmung mindestens eines Teiles der Opposition zu erhalten. Mit der Vorlage einer Alternative hat die Opposition nun eine gute Verhandlungsposition. Sie kann den Stellenwert ihrer Politik in das Gesetz durch Änderungen etc. einfließen lassen oder aber – was auch mitunter zu vermuten ist – einen Kuhhandel eingehen: *Wir geben jetzt unsere Zustimmung, aber bei dem anderen Problem XY der Opposition, welches mit diesem Gesetz nichts zu tun hat, entscheidet die Regierung auch nicht dagegen.* Zwar wird kaum der Fall entstehen, daß die Opposition ihren Entwurf gegen den Regierungsentwurf durchbringt. Aber ihr ist es durch den eigenen Vorschlag gelungen, das Regierungskonzept zu erschüttern, um es zu ändern.

Diese Taktik wenden auch die bosnischen Serben bei den Friedensverhandlungen in Genf an. Kaum liegt ein ausgehandelter Entwurf vor, schon präsentieren sie eine Alternative. Die Kriegsgegner können die Alternative nicht ablehnen, sonst würden die Serben den bereits ausgehandelten Entwurf ablehnen. Also muß man wieder erneut in die Verhandlungen einsteigen – und das kostet Zeit. Zeit, die die Serben für ihre schändlichen Kriegsziele benötigen.

Diese Vorgehensweise ist ebenfalls in den Verhandlungen beliebt, die dadurch gekennzeichnet sind, daß die Parteien sich einigen *müssen* (z. B. um eine Zahlung zu erhalten). Die Partei, die zahlen muß, kann nun einen Alternativvorschlag einbringen. Je nach Sachlage und weiterer Verhandlungstaktik kann es ihr nun gelingen, einen günstigeren Kompromiß herauszuholen.
Eine Variante dieser Taktik besteht darin, in Verhandlungen stets **Forderungen nachzuschieben.** Das kann dadurch erfolgen, daß

entweder eigene, ursprüngliche Forderungen höhergeschraubt oder Streitpunkte wieder aufgegriffen werden, die längst beigelegt waren. Hierbei geht es in erster Linie darum, das gemachte Zugeständnis wieder einzuschränken:
»Meine Herren, im Zusammenhang mit der jetzt vorliegenden Frage muß ich nochmals auf den Punkt XY zurückkommen. Ich muß erkennen, daß nun neue Fakten auf den Tisch kommen, die einer erneuten Klärung zum Punkt XY bedürfen. Es geht natürlich nicht, daß ...!« usw.

Zum anderen geht es aber auch um einen psychologischen Effekt. Mit dieser Taktik kann nämlich erreicht werden, daß *neue Forderungen der Gegenseite vermieden* werden und diese eher zu einer schnellen Einigung bereit ist. Rhetorisch kann man die Forderung, die nachgeschoben werden soll, einleiten mit den Worten:
»Gut, Herr Müller, ich bin einverstanden; aber da gibt es noch ein kleines Problem, und zwar ...!« usw.

Natürlich kann auch die Gegenseite mit nachgeschobenen Forderungen aufwarten, denn diese Taktik ist nicht neu. Hier besteht dann entweder die Möglichkeit, dem Gegner zu sagen, daß man *diese Taktik durchschaut* hat – und damit ist sie wirkungslos. Oder man schiebt selbst **Gegenforderungen** im gleichen Muster nach. Meistens merkt dann der Gegner, daß sich bei dieser Vorgehensweise die Verhandlung im Kreise dreht:
»Ja, Herr Meier, das ist gut, daß Sie das ansprechen, denn auch wir haben noch ein kleines Problem, welches vorher gelöst werden muß, und zwar ...!« usw.

3.2.2.7 Unklare Vollmachten und Vertragstreue

- ***erst vom Gegner ›alles rausholen‹ und dann zur Entscheidung weiterreichen***
- ***zum Schein auf ein Verhandlungsergebnis eingehen und sich dann nicht daran halten***

Außendienstmitarbeiter Herr Sorglos verkauft an Fertighausunternehmen Stahlwinkel, Laschen etc. Mit Herrn Pressler, dem

Einkäufer, hat er einen vereinbarten Termin. Es wird eine lange, zähe Verhandlung, und Herr Sorglos wird kräftig ›runtergehandelt‹. Der Einkäufer holt das Letzte aus ihm heraus. Aber man wird sich (fast) einig, und Herr Sorglos ist dennoch guten Mutes. Auch der Einkäufer gibt sich zufrieden, bemerkt aber: *»Herr Sorglos, bei dieser Größe des Auftrages kann ich nicht alleine unterschreiben, da benötige ich die Zustimmung meines Chefs. Ich gebe Ihnen dann nächste Woche Mittwoch Bescheid.«* Die beiden verabschieden sich, und Herr Sorglos ist eigentlich ziemlich sicher, daß alles gelaufen ist. Was Herr Sorglos allerdings nicht weiß, ist, daß er auf einen Trick reingefallen ist, denn der Einkäufer kann ohne weiteres über Aufträge dieser Größenordnung alleine entscheiden. Am nächsten Mittwoch eröffnet ihm der Einkäufer, daß der Chef unter der Voraussetzung unterschreibt, daß Herr Sorglos nochmals 3 % von der Auftragssumme nachläßt, andernfalls müßte die Firma auf das Geschäft verzichten. Knirschend stimmt Herr Sorglos zu.

Vielleicht werden einige Leser einwenden, daß diese Taktik nicht neu ist. Ich gebe Ihnen zu 100 % recht unter der Voraussetzung, daß Sie 3 % von Ihrer Einwendung nachlassen. Wenn Sie's tun, verehrte Leser, haben Sie nicht mehr zu 100 % recht ...! Ich wage darum die Prognose, daß auf den im Beispiel beschriebenen, alten Trick Verkäufer öfter reinfallen als auf andere Tricks.

Ernsthaft. Mit der Taktik der **›unklaren Vollmacht‹** ist stets die Möglichkeit gegeben, sich ein Hintertürchen offenzuhalten. Ein Verkäufer will verkaufen – und damit wird auch in den meisten Fällen sein Handeln determiniert. Nun können aber selbst die Verkäufer, die einen enormen Handlungsspielraum in der Preisgestaltung haben, nicht um jeden Preis verkaufen, irgendwo ist das ›Ende der Fahnenstange‹. Und das wird stets dann signalisiert, wenn man – um ein Beispiel zu nehmen – hart verhandelt und alles aus dem Verkäufer herausgeholt hat, aber anschließend nochmals 3 % Rabatt auf die Auftragssumme verlangt. In solchen Fällen ist die **›Weitergabe zur Entscheidung‹**, z. B. an die nächsthöhere Entscheidungsinstanz, eine hervorragende Taktik, doch noch zu seinem Rabattziel zu kommen. Es muß also überlegt

werden, ob es nicht besser ist, zunächst ›Schmidtchen‹ verhandeln zu lassen, statt daß gleich ›Schmidt‹ auftritt.
Zudem hat diese Taktik noch eine **nicht zu unterschätzende psychologische Komponente.** Ein Verkäufer muß (meistens Wochen-) Berichte schreiben. Er kündigt also den Abschluß bereits in seinem Bericht an. Entsprechend gibt es dann auch eine Erwartungshaltung seines Chefs, daß das Geschäft realisiert wird. Ich habe in Hunderten meiner Beratungen und Seminare dieses Phänomen beobachten können. Die spätere Erklärung: *»Der Kunde wollte zuviel Preisnachlaß«* wird zwar vom Chef akzeptiert, aber es bleibt ein bitterer Nachgeschmack. Der Mitarbeiter steht fortan irgendwie unter einem Erfolgszwang.

Wer mit noch so spitzfindigen Verdrehungen von der *Vertragstreue Adolf Hitlers* spricht, macht sich schlicht lächerlich. Jeder weiß, daß Verträge, die er schloß, das Papier nicht wert waren, auf dem sie standen. Obwohl diese historische Erfahrung aus der Geschichte nicht nur von ihm, sondern auch von vielen anderen Tyrannen bekannt ist, gibt es immer wieder eine *Gegenseite,* die an eine *Vertragstreue* glaubt und Verträge abschließt. In den Genfer Friedensverhandlungen dürften mittlerweile (Stand: März 1993) um die 15 *›Friedensverträge‹* mit den bosnischen Serben abgeschlossen worden sein (wer zählt sie noch?). An kein einziges Abkommen haben sich die Serben gehalten. Sie wissen zwar selbstverständlich, daß sie schon lange unglaubwürdig geworden sind, aber sie verfolgen nur ein Ziel: *Zeit zu gewinnen.*

Nun kann man diese politischen Verträge nicht unmittelbar mit Verträgen in unserer Geschäftswelt vergleichen, denn wer sich nachweislich nicht an rechtsgültige Verträge hält, begeht Vertragsbruch – und der hat in jedem Rechtsstaat Folgen. Soweit scheint diese Frage für uns klar zu sein, wenn ..., ja, wenn es da nicht den satanischen Verhandlungskünstler gäbe. Er darf zwar auch nicht ungestraft Vertragsbruch begehen, doch er wählt andere Vorgehensweisen, um sich letztlich nicht an einen Vertrag zu halten. *»Ein Vertrag bedarf keiner besonderen Form. Er kann auch mündlich geschlossen werden«,* das weiß heute jeder Nichtjurist.

Die Frage ist aber doch, wie das nachzuweisen ist. *»Wo kein Beweis, da kein Urteil«* – auch das weiß der Nichtjurist.

In diesem ›Bermuda-Dreieck‹ läßt sich nun trefflich operieren, und so mancher geht dabei unter. So können z. B. (nichtssagende) *Rahmenverträge* geschlossen werden, die dann mit *viel Pomp und Pracht vom hohen Chef* in Einzelfragen diskutiert und gegliedert werden. Wer daraus *verbindliche Zusagen* ableitet, wird schnell mit dem Hinweis, *›das sei lediglich eine Absichtserklärung, nicht jedoch ein präziser Auftrag gewesen‹*, auf den harten Boden der Realität zurückgeführt. Und so mancher Partner, der *›schwört, daß Herr Meier damals XY verbindlich zugesagt hat‹*, wird zur Kenntnis nehmen müssen, daß Herr Meier *›das so nicht gesagt hat‹* oder sich schlicht *›nicht mehr erinnern kann‹*. Herr Meier, ein satanischer Verhandlungskünstler, ist eben nur *zum Schein* auf das Verhandlungsergebnis eingegangen. Er hatte nie die Absicht, sich auch daran zu halten. Über die juristisch *unverfängliche Form* haben ihn selbstverständlich zuvor seine Anwälte beraten und aufgeklärt ...

»Ach mein Lieber! Es kann doch gar keine Rede davon sein, daß wir mit satanischer Verhandlungskunst unsere Mitarbeiter manipulieren ...!«

3.2.2.8 Informationen und Maniplationen

- ***nur das vollständige, ›richtige‹ Wissen ist Macht – wer sein ganzes Wissen preisgibt, wird machtlos***
- ***mit unvollständigen Informationen den Gegner manipulieren, ihn ›ins Messer laufen lassen‹***

Während einer Diskussionsrunde in einem Münchner Biergarten wurde ich Zeuge folgender Begebenheit (die Runde kam zufällig zusammen, und die meisten kannten sich nicht):
Ein junger Mann sprach über verschiedene psychologische Phänomene und ... wie diese sich erklären ließen. Zwei junge Damen, offensichtlich an aktuellen Fragen aus der Psychologie sehr interessiert, lauschten gebannt seinen Worten. Selbstsicher und mit neuen Fragen immer tiefer in die Psychologie einsteigend, redete der Mann salbungsvoll und überzeugend. Ich merkte schnell, daß der junge Mann lediglich ein Halbwissen hatte, was er aber anscheinend prächtig verkaufen konnte, ließ ihm diese Freude und sagte nichts zu seinen Ausführungen. Am Tisch saß noch ein Mann mittleren Alters, klein, unmodern gekleidet, unscheinbar. Auch er sagte nichts, sondern hörte, wie alle, interessiert zu. Plötzlich trat eine junge Frau an den Tisch und begrüßte den unscheinbaren Mann mit: *»Guten Tag, Herr Professor. Darf ich mich zu Ihnen setzen?«* Natürlich durfte sie. Daraufhin fragte der über Psychologie so ›gekonnt‹ referierende junge Mann: *»Sie sind Professor? Für was denn?«* Der Mann: *»Für Psychologie.«* Pause.
Danach ergriff der Professor das Wort und wandte sich an den jungen Mann: *»Also ich habe mit großem Interesse Ihren Ausführungen zugehört. Aber da muß doch wohl einiges richtiggestellt werden. Zunächst behaupteten Sie ...!«* usw. Mit wenigen Sätzen und kurzer Zitierung aus Standardwerken der psychologischen Literatur widerlegte er freundlich, aber bestimmt Erklärung nach Erklärung, die der junge Mann zuvor geäußert hatte. Er ›führte ihn quasi vor‹. Und es dauerte nicht lange, bis der junge Mann *›plötzlich keine Zeit mehr hatte‹* und nahezu fluchtartig den Biergarten verließ.

Besonders originell ist dieses Erlebnis sicherlich nicht, und viele Leser werden das kommentieren mit den Worten: *»So etwas ähn-*

liches habe ich auch schon mal erlebt.« Es ist aber immer wieder erstaunlich, wie viele Menschen ihre gesamten Informationen unmittelbar und sofort in ein Gespräch einbringen, um sich als ›Experten‹ zu profilieren. Vielleicht mag das auch in dem einen oder anderen Fall richtig sein, aber in wirklich harten Verhandlungen ist die Preisgabe des gesamten eigenen Wissens, der Insider- und Hintergrundinformationen, nicht immer von Nutzen. Oftmals wird vergessen, daß Informationen dann Behauptungen sind, wenn sie nicht (unmittelbar) bewiesen werden können. Behauptungen aber sind angreifbar. Das einfachste Mittel dazu ist die bloße Infragestellung oder das *›Einfach-mal-so-im-Raum-stehen-lassen‹,* um dann mit einem anderen Thema fortzufahren.

Jeder kennt die Formulierungen : *»Noch ein As im Ärmel haben«,* oder: *»Nicht gleich sein ganzes Pulver verschießen«,* denn wer seine Trümpfe, die Macht bedeuten können, zu schnell ausspielt, wird machtlos. Psychologisch gesehen ist es oftmals wirkungsvoller, *sein Wissen nur einmal kurz durchblicken zu lassen,* um dann wieder z. B. zu Fragen überzugehen. Damit erreicht man – je nach Sachlage –, daß sich der Gegner verunsichert fühlt. Er wird unruhig, weil er nicht weiß, was sein Gegner (offensichtlich) weiß. Natürlich ist es auch möglich, mit ***vorgetäuschtem Wissen zu bluffen*** – das allerdings erfordert Fingerspitzengefühl. Im obigen Fall des Biergarten-Erlebnisses hätte das dem jungen Mann auch gelingen können, wenn er auf einige Effekte bei den Anwesenden verzichtet und statt dessen einige Fragen an die Runde gestellt hatte. Aber er wollte ›glänzen‹ – und ›fiel auf die Nase‹.

Das Zurückhalten von Informationen und Wissen ist zugegebenermaßen schwer. *»Der Kavalier genießt und schweigt«* – sagt der Volksmund. Aber wem es gelungen ist, eine hübsche junge Dame zu verführen, an die bisher ›keiner rankam‹, wird sich schwertun, sein Erlebnis nur für sich zu behalten. Dennoch ist das Zurückhalten von (Schlüssel-)Informationen eine außergewöhnlich wirkungsvolle Taktik, den Gegner zu manipulieren oder gar **›ins Messer laufen zu lassen‹.** Diese Taktik wenden Juristen sehr häufig in Prozessen an. Man bringt einen Angeklagten durch gezielte Fragen zu bestimmten Aussagen, die protokolliert werden. Zum geeigneten Zeitpunkt werden dann (längst vorhandene) Beweise vorgelegt, die die vorangegangenen Aussagen als glatte Falschaussage widerlegen. Und da Falschaussagen sehr selten zur Heiterkeit des Gerichtes beitragen, dürfte klar sein, wer ab sofort die schlechteren Karten hat.

»Was würdest du tun, wenn du drei Millionen im Lotto gewinnen würdest?« – Das ist eine sicherlich häufig gestellte Frage unter Freunden. Jeder hat darauf ›seine Antworten‹, die – bei hypothetischen Fragen dieser Art – vermutlich nicht von Taktik gekennzeichnet wären. Man antwortet offen, was einem gerade einfällt oder was man sich immer schon wünschte – warum auch nicht? Wir empfinden das Offenlegen unserer Wünsche nicht als Zwang, weil man vermutlich diese Summe eh nicht gewinnt. Ein mieser Dreier ist bestenfalls ›drin‹. Aber mit der ehrlichen Antwort hat man eines getan: Man hat Hoffnungen, Wünsche, Einstellungen und Informationen offengelegt, die der andere ohne diese Frage nicht erfahren hätte.
Wie bereits im Abschnitt 2.2 erläutert, ist es also möglich, mit richtigen Fragen wertvolle Informationen zu bekommen, die dann – und das ist der Zweck – Gegenstand der weiteren Taktik sein können. Insbesondere hypothetische Fragen sind geeignet, den wahren Spielraum des Gegners zu enthüllen.

Ein Beispiel:
Verkäufer A will eine Menge X zu einem Preis Y an den Einkäufer B verkaufen. Einkäufer B fragt daraufhin den Verkäufer A: *»Was würden Sie denn nachlassen, wenn wir die Menge X + 100 abnähmen?«* Verkäufer A nennt dazu (nach seiner Preisstaffel) den günstigeren Preis – und ... hat einen schwerwiegenden Verkaufsfehler begangen. Denn von nun ab steht der niedrigere Preis im Mittelpunkt der Verhandlung, und Einkäufer B wird nicht lockerlassen, auch bei geringeren Abnahmemengen auf dieses Preisniveau zu kommen.

Diese Taktik gehört auch zum Standardrepertoire von z. B. Versicherungsvertretern, Immobilienhändlern und verwandten Berufsgruppen:

»Was würden Sie denn maximal für Beiträge an eine Lebensversicherung von 500.000,— € bezahlen, die mit dem 60. Lebensjahr steuerfrei voll ausbezahlt würde, wenn Sie dazu in der Lage wären?«

Oder:

»In welcher Höhe würden Sie denn die monatlichen Beiträge akzeptieren, um dieses schöne Anwesen zu erhalten, wenn Sie es könnten?«

Was immer der Interessent jetzt antwortet – *er sitzt in der Falle.* Wenn er gar einen Euro-Preis nennt, kann der Makler oder Agent *den Preis relativieren,* indem er z. B. die *Zigarettenwährung* ein-

Fragt er	12
meint er	10
wird er lassen für	8
wert sein mag	6
zahlen möcht' ich	4
also biet' ich ihm	2

führt: *»Wenn Sie die Beiträge einmal auf einen Tag hochrechnen, so sind das nicht einmal drei Päckchen Zigaretten pro Tag. Ist Ihnen das nicht Ihr Lebensabend wert? Sind Sie Raucher?«* Aber auch wenn der Interessent Beiträge nennt, die wahrlich irreal, also nicht bezahlbar für ihn sind, so hat er damit doch signalisiert, daß er sich ein Haus oder den sicheren Lebensabend wünscht und *›irgendwie schon bereit ist, was dafür zu tun‹*. Der Rest ist Routine. Denn der Verkäufer wird schon ›einen Weg finden‹, dem Interessenten diesen Wunsch möglich zu machen ...!

3.2.2.9 Das »Good-bad-play«

- ***mit einem eigenen Kollegen ein gutabgestimmtes, aber betrügerisches Manöver inszenieren***
- ***den Gegner auf eine falsche und gefährliche Fährte locken***

Polizist: *»Ich habe den Kerl 24 Stunden ununterbrochen hart verhört. Aus ihm ist kein Wort rauszubringen. Was sagen Sie dazu?«*

Kojak: *»Entzückend. Ich übernehm' die Sache!«*

Lampe wird ausgeknipst. Kojak nimmt den Lolli aus dem Mund, reicht dem Gangster eine Zigarette und beginnt vertrauensvoll:

»Hey, Baby, das war alles nicht so einfach für dich. Ich versteh' dich schon. Laß uns mal ganz ehrlich über die Sache quatschen. So von Mann zu Mann. Ohne Protokoll. Einfach so. O. k.?«

Gangster: *»Gack, gack, gack, gack ...!«*

Wer kann sie noch sehen, diese fünftklassigen Krimis mit gebremstem Unterhaltungseffekt? Und doch gehen sie von einer Taktik aus, auf die in Verhandlungen, bei denen Personen beteiligt sind, die sich diese ›Krimi-Oldies‹ nicht ansehen würden, immer wieder Beteiligte hereinfallen. Gemeint ist die Taktik: ***›Good-bad-play‹***.

Diese Taktik funktioniert natürlich nur dann, wenn man einen Kollegen hat, mit dem diese Taktik gut abgesprochen wurde. Manche Personalberater, die Führungskräfte mit großer Verantwortung auszuwählen haben, schwören auf diese Taktik: Ein Berater spielt den ***Softie,*** der andere den ***Hardliner.*** Der Kandidat wird im Beratungsgespräch nun einem Wechselbad der Gefühle ausgesetzt. Zunächst beginnt der Softie mit den üblichen Floskeln und Fragen, läßt sich den Werdegang und die Tätigkeiten erklären und stellt da und dort eine Frage nach dem Leistungsanspruch, dem Leistungswillen, der Courage usw. Währenddessen gibt der Hardliner immer deutlicher werdende, negative Stimuli ab, bis er letztlich dem Bewerber unterstellt, daß *›er die Aufgabe nicht lösen kann, weil er ihr aus Gründen XY nicht gewachsen ist‹*. Dabei kommt es immer wieder zu Beruhigungsversuchen des Softie, der *›noch eine kleine Frage‹* an den Bewerber hat. Entscheidend ist bei dieser Vorgehensweise, wie der Bewerber reagiert. Wird er ärgerlich? Läßt er sich demoralisieren? Bleibt er ruhig und gelassen? Wird er ungehalten oder gar arrogant? Lacht er über Fragen und/oder Verhalten? Wann sagt er, *›daß er sich so etwas nicht bieten lassen muß‹?* Wo sind seine Grenzen? Usw. Wer sich vorzeitig unmöglich behandelt fühlt, wütend wird oder sich in ein nutzloses Streitgespräch einläßt, wer hilflos wird, usw., der scheidet für diese Position aus.

Mit dieser Taktik lassen sich in Verhandlungen erstaunliche Ergebnisse erzielen – vorausgesetzt, es handelt sich um ein guteingespieltes Team. Die Gegenseite nennt z. B. einen Preis, der vom Hardliner kategorisch (evtl. ruppig) abgelehnt wird. Sein Kollege, der Softie, beschwichtigt ihn und versucht zunächst, die *›Gegenseite zu verstehen‹*. Er wird jedoch ständig durch die Attacken seines eigenen Kollegen ›gestört‹. Schließlich versucht dieser, einen Kompromiß vorzuschlagen, der jedoch ebenfalls vom Hardliner konsequent abgelehnt wird. Je nach Sachlage und Personen können nun zwei Fälle entstehen:

1. *Die Gegenseite wird demoralisiert und glaubt, daß kein Weiterkommen möglich sei, und akzeptiert den Gegenvorschlag. Oder:*
2. *Die Verhandlung wird abgebrochen und man verständigt sich auf einen neuen Termin.*

Vermutlich wird nun die Gegenseite versuchen, mit dem ›Softie‹ alleine Kontakt aufzunehmen *(»Irgendwie stand er schon fast auf unserer Seite«).* Damit wäre dann die Gegenseite vollends auf die Taktik reingefallen, denn der Softie ist der eigentlich harte Verhandler. Es war nämlich von vornherein klar, daß ein Kompromiß erreicht werden sollte. Es ging nur noch um die Frage, in welcher Höhe. Der Softie kann nun in persönlichen Gesprächen die Gegenseite davon überzeugen, daß der von ihm vorgeschlagene Kompromiß *›vermutlich im Unternehmen akzeptiert wird‹*. Er wird allerdings *›erhebliche Schwierigkeiten haben, diesen bei den anderen Entscheidungsträgern zu erklären und durchzusetzen‹*. Er macht sich **quasi zum Komplizen der Gegenseite.** Genaugenommen aber hat er den Gegner **auf eine falsche und gefährliche Fährte gelockt.** Wenn sich die Gegenseite mit dem Kompromiß einverstanden erklärt, hat die Taktik ***›Good-bad-play‹*** voll durchgeschlagen.

3.2.2.10 Das Einlullen

- ***zu Beginn dem Gegner als ›Partner‹ empfehlen, ›alle Taktiken zu vergessen‹, um ihn dennoch mit gezielten Taktiken reinzulegen***
- ***mit ›vertrauensbildenden Maßnahmen‹ den Gegner in eine positive Grundhaltung bringen, das Ergebnis unterschriftsreif aushandeln und dann an eine dritte Person delegieren***

»Herr Müller, mein Vorschlag ist, daß wir unsere Messer beiseite legen und uns als vernünftige Partner von Mensch zu Mensch unterhalten. Wir beide müssen zu einem Ergebnis kommen, das wissen wir, und wir beide wollen das auch. Aber können wir das nicht in einem Gespräch tun, welches – statt von langen Messern und Verachtung, Eigensinn, Taktiken usw. – von der Achtung vor dem Menschen als Gesprächspartner getragen ist?«

Um es vorweg zu sagen: Ausgebuffte Verhandlungspartner fallen auf diese Taktik nicht mehr herein, und zwar vermutlich deswegen, weil sie in jungen Jahren zu oft darauf hereingefallen sind.

Die besten Voraussetzungen sind nämlich dann gegeben, wenn ein junger Verhandler einem älteren Partner gegenübersitzt. Diese Taktik greift sicherlich auch unter Gleichaltrigen, aber sie wird um so schwieriger, je höher das Alter und je größer die Erfahrung des anderen ist. Es mögen Ausnahmefälle sein, wo ein 25jähriger *(Greenhorn)* mit einem 55jährigen *(›Zwölfender‹)* diese Taktik erfolgreich anwenden kann. Diese Taktik wird auch um so schlechter funktionieren, je mehr Verhandlungsteilnehmer an einem Tisch sitzen.
Sie kann aber sehr erfolgreich angewendet werden, wenn sich Verhandlungen unter Gleichberechtigten zunächst festgefahren haben und der Verhandlungsführer der Gegenseite vom eigenen (ranghöchsten) Chef zum Gespräch gebeten wird.

Ein eigenes Beispiel:
Eine ARGE (Arbeitsgemeinschaft) zweier Firmen unter der Federführung unseres Unternehmens hatte mehrere schlüsselfertige Bauten zu erstellen. Die Abrechnungen innerhalb der ARGE gestalteten sich als außerordentlich schwierig, weil es einen 35 Jahre alten, entscheidungsbefugten Abteilungsleiter der anderen Firma gab, der nahezu alle Abrechnungsvorschläge torpedierte und blockierte. Er war ein ungenießbarer Zeitgenosse, kleinlich, pedantisch, rechthaberisch, stets auf Prestige bedacht, und alles mußte ihm erst vorgelegt werden. Unsere internen Verhandlungen hatten sich festgefahren, es drohte ein Streit zwischen den beiden Firmen. Ich trug diese Situation meinem Geschäftsführer vor, schilderte kurz den Sachverhalt und gab eine Charakterbeschreibung des Abteilungsleiters. Unser Geschäftsführer war ein ruhiger, freundlicher ›Herr um die 60‹ – im positiven Sinne: eine Vaterfigur. Nachdem ich unseren Verhandlungsspielraum aufgezeigt hatte, wurde absprachegemäß der Abteilungsleiter *›mit viel Tamtam‹* zu einem Gespräch unter vier Augen eingeladen. (Empfang: *»Oh, Herr Müller, nett, Sie einmal kennenzulernen. Sie werden bereits von Herrn Dr. Schubert erwartet. Ich darf Sie gleich zu ihm begleiten«,* also keine übliche Wartezeit. Chef laut zur Sekretärin: *»Frau Lehmann, bitte in den nächsten Stunden keine Störung, keine Gespräche durchstellen, wir möchten ungestört sein! Ach, äh', Frau Lehmann, Herr Dr. Wegener soll sich solange um die russi-*

sche Handelsdelegation kümmern!«.) Der Chef verstand es ausgezeichnet, der Eitelkeit des Abteilungsleiters zu schmeicheln und mit ihm nun *von Mensch zu Mensch* zu reden. Am Ende des Gespräches ließ er mich rufen und empfing mich im Beisein des Abteilungsleiters mit den salbungsvollen Worten: *»Wir haben Herrn Müller sehr zu danken. Er hat sich kooperativ und außerordentlich problemlösungsorientiert bereit erklärt ...!«* usw. Der Fall war ›gelaufen‹. Zu unseren Gunsten.

Die Taktik **›Einlullen‹** hat viele Varianten. Entscheidend ist immer dabei, daß der Gegner Vertrauen faßt – besser gesagt: zutraulich wird (vergleichbar mit einem Hund, den man nicht zu fassen bekommt und dem man sich dann zutraulich nähert, um ihn plötzlich zu schnappen). Es geht in dieser Taktik also um eine (indirekte) Offenlegung und Preisgabe des gegnerischen Verhandlungsspielraumes. Mit anderen, bereits beschriebenen Taktiken kann dann am Ende *die Falle zuschnappen* – nicht laut, aber endgültig. Dem Gegner sollte allerdings die Möglichkeit gegeben werden, *sein Gesicht zu wahren.* Schlußendlich sollte man stets zum Ergebnis betonen, *›daß man gehofft hatte, doch noch mehr zu erreichen‹.*

Eine andere Variante dieser Taktik besteht darin, **›Vorleistungen‹** zu erbringen. Wir kennen das aus der Politik unter dem Begriff **›vertrauensbildende Maßnahmen schaffen‹.** Mit solchen Vorleistungen soll der Gegner mit einer positiven Grundhaltung in die Verhandlung gehen. Während der Verhandlung kann dann auf die Vorleistung hingewiesen und gefordert werden, der eigenen Verhandlungsseite ebenfalls in dem einen oder anderen Punkte entgegenzukommen – was im allgemeinen auch gelingen dürfte. Das Verhandlungsergebnis wird ausgehandelt – und dann beginnt der letzte Teil dieser Taktik, das **›Unterschriftspoker‹.** Es sind nämlich jetzt wiederum mehrere Fälle denkbar:

1. *Das Ergebnis wird an Dritte delegiert, die zu einzelnen Punkten nachverhandeln wollen (siehe Abschnitt 3.2.2.6 ›Nachgeschobene Forderungen‹).*
   Oder:

2. *Das Ergebnis wird zur Entscheidung weitergereicht, um z. B. einen weiteren Rabatt herauszuholen (siehe Abschnitt 3.2.2.7 ›Unklare Vollmachten‹).*

   Oder:

3. *Es wird ›auf Zeit gespielt‹, um den Gegner nervös zu machen, damit es zu einer Nachbesserung kommt (siehe Abschnitt 3.2.2.5 ›Auf Zeit spielen‹).*

Wem das Leben keinen Gegner vermacht,
wird schwächlich sich stets plagen.
Doch wer vom Leben mit drei Feinden bedacht,
der muß sich mit zweien vertragen.

Wolf Ruede-Wissmann

Kapitel III: Abwehr

4. Der Verhandlungs-Exorzist

In diesem Kapitel werden die wichtigsten Strategien und Taktiken erläutert, die *grundsätzlich* geeignet sind, satanischen Verhandlungskünstlern wirksam zu begegnen, ihnen also ›den Teufel auszutreiben‹ (Verhandlungs-Exorzismus).

Exorzismus ist die *Praktik der Austreibung von Dämonen, bösen Geistern durch Beschwörung in Wort und/oder Geste* – in der katholischen Kirche (immer noch) ein gültiges Ritual. Bekannt wur-

Mein Gott! Es ist doch wichtig …

de dieser Begriff durch den erfolgreichen Film *»Der Exorzist«*. Die ›Masche‹ kam beim Publikum an, und es folgten viele Gruselfilme dieser Art. Mit völlig neuen Filmtricks und hohem Aufwand wurde den erschaudernden Zuschauern gezeigt, wie der *Exorzist*, also der Teufelsaustreiber, einen von Dämonen und bösen Geistern besessenen Menschen befreite. Blitze zuckten, Gegenstände flogen umher, Köpfe drehten sich um 180 Grad, Gespenstisches geschah, und alle Regeln der Naturwissenschaften waren praktisch außer Kraft gesetzt. Doch unerschrocken setzte der wackere Exorzist mit allerhand merkwürdigen Tätigkeiten und Waffen gegen das Böse seine Teufelsaustreibung fort – und gewann schließlich gegen die bösen Geister und Dämonen: Der Besessene wurde wieder ›normal‹. Fazit: Man kann den Teufel austreiben, wenn man nur mutig genug ist und die richtigen Gegenmittel hat.

Wenngleich diese Filmwerke dem naiven Klischee vom verdummenden mittelalterlichen Schwarzweißdenken der Kirche mit Himmel und Hölle, Teufel und lieber Gott, Gut und Böse etc. entsprechen, so kann man diese doch zum Anlaß nehmen, auf die Möglichkeiten und Chancen als Exorzist bei satanischen Verhandlungskünstlern hinzuweisen. Obgleich keine Blitze zucken, Mobiliar sich nicht selbständig macht oder Köpfe sich nicht um 180 Grad drehen, so fliegen doch auch in Verhandlungen mitunter die Fetzen, und so mancher hat sich nach dem Verhandlungsergebnis ›dumm umgeschaut‹.

Man kann darüber streiten, ob die Methoden zur Austreibung des Teufels in Verhandlungen mit ›Ritual‹ richtig umschrieben sind, denn der Begriff Ritual assoziiert die Vorstellung von stets gleichen und wiederkehrenden Handlungen.
Doch die Umschreibung mit ›Ritual‹ für die Abwehrmaßnahmen hat etwas Brauchbares. Zwar ist in der Abwehr Flexibilität erforderlich, aber von großer Bedeutung ist auch die Kontinuität sowohl in der Art der Abwehrtaktiken und ihrem Durchsetzungsvermögen wie aber vor allem auch im eigenen Verhalten. Wer in der Abwehr auf ›halbem Wege umfällt‹, hat meistens beim Gegner bereits so viel Druck erzeugt, daß er von diesem unaufhaltsam ›überfahren‹ wird.

Das ›Umfallen‹ muß aber nicht immer rein sachliche Gründe haben. Sehr häufig ist es so, daß der satanische Verhandlungskünstler alle taktischen und psychologischen Register gezogen hat, die sein Gegenüber zermürbt, demoralisiert oder zum Fehlermachen verleitet haben. Darum ist mentales und psychologisches Aufrüsten eine unerläßliche Voraussetzung, um eine Verhandlung erfolgreich zu führen und abzuschließen, die von einem satanischen Verhandler auf der ›anderen Seite‹ bestritten wird.

… auch mal hinter die Dinge zu blicken …!

4.1 Notwendige Abwehrbedingungen

4.1.1 Mentale und psychologische Voraussetzungen

Dazu zählen:

daß man sich selbst ›moralisch aufrüstet‹:

»Und wenn die (Klassen-)Unterschiede noch so groß sind: ***ich bin ich, und du bist du.*** *Wenn du mich nicht achtest, wirst du auch mein Recht nicht achten. Achte mich, und ich werde dich achten!«*

daß man sich seiner eigenen Kraft und Möglichkeiten bewußt wird:

»Ich kenne alle Strategien, Taktiken und Tricks. Ich kenne auch die Möglichkeiten, mich dagegen zu wehren. Und auch ich kann angreifen ...!«

daß das Selbstwertgefühl gestärkt wird:

»Ich sitze hier nicht, weil du nur mit mir plaudern willst. Du willst etwas von mir, und ich will etwas von dir. Aber ich bin dir nicht untergeordnet. Wir reden und verhandeln als Gleichberechtigte!«

daß man Selbstbewußtsein hat bzw. demonstriert:

»Mit fiesen Tricks und teuflischen Taktiken lasse ich mich nicht aus der Fassung bringen oder nervös machen. Ich durchschaue deine Taktiken, weil ich sie kenne und den Mut habe, diese offenzulegen sowie die Legitimität zu hinterfragen. Ich weiß, was ich will!«

und daß daraus auch Selbstsicherheit entsteht:

»Es ist kein Naturgesetz, daß stets immer nur einer verlieren ›muß‹. Du bist nicht mein Gegner, sondern mein Partner. Ich weiß, daß wir beide gewinnen können. Ich will das, aber ich werde auch auf der Hut sein!«

Wer sich in dieser wichtigen Voraussetzung nicht stark genug fühlt, der sollte sich nicht scheuen, Seminare zu besuchen, die Selbstbewußtsein trainieren. Es gibt aber auch viele Möglichkeiten und Chancen gerade im täglichen Leben, Selbstbewußtsein zu trainieren. (Z. B. in einem Aufzug oder an einem anderen Ort von Ansammlung einer Gruppe das Wort zu ergreifen. Oder: In einem Geschäft, wo man in einer Schlange warten muß, den Verkäufer oder die Kassiererin laut etwas zu fragen. Oder: In einem Restaurant den zugewiesenen Tisch abzulehnen und nach einem besseren Platz mehrfach zu fragen. Oder: In der Straßenbahn, in Bus, Bahn, Flugzeug etc. sich neben einen anderen Fahrgast zu setzen, obwohl noch viele andere Plätze frei sind. Oder: Eine Autorität mehrfach und hartnäckig, aber höflich, das gleiche erklären zu lassen. Oder: Sich in Versammlungen zu Wort melden. Oder: ›Neinsagen‹ lernen, indem man sich z. B. in einem Konfektionsgeschäft mehrere Anzüge zeigen und sich probehalber die Hosenlänge abstecken läßt und dann ›nein‹ sagt und nichts kauft, usw.)

4.1.2 Verhaltensgrundsätze

In unseren Verhandlungsseminaren stelle ich oft die folgenden Typen via Overhead als Gruppe 1 und Gruppe 2 vor:

Herr Choleriker

Herr Besserwisser

Herr Hochnäsig

Gruppe 1

Gruppe 2

Herr Unentschlossen

Herr Nachdenklich

Herr Risikoscheu

Und dann stelle ich die Frage: *»Wer bzw. welche Gruppe ist Ihnen als Verhandlungspartner lieber?«* Die Antworten sind stets gleich: Gruppe 2. Übliche Begründung: *»Die Typen der Gruppe 1 sind unsympathisch, unangenehm!«* Doch es gab auch einzelne Teilnehmer, die die Gruppe 1 ›favorisierten‹, und zwar mit der Begründung: *»Die kann man besser einschätzen. Da weiß man, woran man ist!«*

Mit diesem Beispiel soll der **Schwachpunkt in der Abwehr** satanischer Verhandlungskunst angesprochen werden, denn es ist nicht leicht, mit den eigenen Gefühlen und Emotionen kontrolliert umzugehen. Es gibt Menschen, die ›rasten‹ schon aus, wenn ihnen jemand mit arrogant-hochnäsiger Mimik entgegentritt. Andere regen sich auf, wenn ihnen jemand häufig widerspricht. Nur die wenigsten Menschen ›haben die Ruhe weg‹ und können ihre Emotionen, was immer geschieht, unter Kontrolle halten. Doch das Kontrollieren der eigenen Gefühle und Emotionen ist Dreh- und Angelpunkt in der Abwehr – und der schwächste Punkt zugleich. Erinnern wir uns: Nahezu alle Taktiken des ›unberechenbar negativen Verhaltens‹ (siehe Abschnitt 3.2) zielten darauf ab, den Gegner wütend, böse, unsicher usw. zu machen, damit er durch das Ausschalten der Ratio Fehler macht. Man muß sich also darüber im klaren sein, daß die meisten Angriffstaktiken auf eben diesen Schwachpunkt ›Kontrolle der Emotionen‹ zielen, und die Kon-

trolle wird um so schwächer, je persönlicher der Angriff ist. Je mehr aus der Kritik an der Sache ein Angriff auf die Person wird, um so emotionsgeladener wird die Stimmung.
Wird nun zur Abwehr empfohlen, den schwächsten Punkt zu seinem stärksten Punkt zu machen, so muß man sich (vermutlich) auch sagen lassen, daß man die Quadratur des Kreises fordert. Aber es hilft nichts: Dieser Punkt muß gelöst werden.

Das Kontrollieren seiner eigenen Emotionen ist nicht alles – aber ohne diese Kontrolle ist alles nichts.
Der wichtigste Hinweis für die Abwehr kann darum nur lauten:

Trainieren Sie höfliches Selbstbewußtsein.

Bringen Sie sich z. B. selbst in Situationen, die zwar ungefährlich, aber geeignet sind, diese notwendige Voraussetzung zu üben (z. B. in Diskussionen mit Bekannten, im Kollegenkreis usw., siehe auch Abschnitt 4.1.1). Da es eine **Wechselbeziehung zwischen Selbstwertgefühl und Selbstbewußtsein** gibt, erwächst daraus auch die (in Verhandlungen so notwendige!) **Souveränität.**

Wann und wie immer es möglich ist: machen Sie die Zeit zu Ihrem wichtigsten Helfer in Verhandlungen.

Noch immer ist die alte Regel gültig und wirksam, die schon beim preußischen Militär galt: Eine Beschwerde darf erst 24 Stunden nach dem Ereignis eingereicht werden, denn am nächsten Morgen ›sieht die Welt wieder anders aus‹.
Trainieren Sie, die Zeit ›zu Ihrem besten Freund zu machen‹, denn daraus erwächst Ruhe und Gelassenheit.
Damit ist nicht gemeint, nun ›alles auf die lange Bank zu schieben‹, denn das ist genauso gefährlich. Gemeint ist: der richtige Umgang mit der Zeit. Leute z. B., die stets mit Höchstgeschwindigkeit über die Autobahn jagen, müssen sich fragen lassen, was sie mit der Viertelstunde anfangen, die sie dann eher ankommen.

Richtige Zeiteinteilung heißt auch: Selbstdisziplin üben. So kann

man z. B. in kleinen Dingen trainieren, **gezielt und bewußt Entscheidungen zu vertagen.**
Ein Beispiel:
In vielen Briefkästen befinden sich fast täglich Kataloge mit irgendwelchen, vorwiegend technischen, Artikeln. Zugegeben: Es reizt schon, sich etwas zu bestellen, weil es auf den ersten Blick nützlich ist – zumal alles so problemlos via Telefon oder Brief gestaltet werden kann. Später stellt sich dann heraus, daß dieser Schnickschnack irgendwo in der Ecke rumliegt. So bestellte sich ein Kollege kürzlich ein Ultraschall-Hundeabwehrgerät. Was er zu spät bedacht hat: Er braucht das Ding gar nicht. Er ist Hundefreund.
Oftmals hilft auch eine ***›Konsum-Stopp-Frage‹*** an sich selbst:
»Bin ich gestern ›ohne‹ ausgekommen? ***Ja!***
Bin ich heute ›ohne‹ ausgekommen? ***Ja!***
Dann werde ich auch ganz sicher morgen ›ohne‹ auskommen!«

4.2 Wider das teuflische Instrumentarium

4.2.1 Das Grundprinzip Abwehr

Kürzlich las ich ein Buch über die ›100 Gesetze der Einwandbehandlung‹. Jedes Gesetz habe ich eifrig studiert und im großen und ganzen für richtig befunden. Ich fand darin allerdings kein Gesetz, wie man
a) 100 Gesetze behalten kann und wie man
b) zum richtigen Zeitpunkt das richtige Gesetz findet.

Um es nicht mißverständlich auszudrücken: Das Problem besteht nicht in der Existenz von Büchern dieser Art, sondern darin, daß es nahezu unmöglich ist, 100 Regeln zu behalten. Schon 20 Regeln exakt und passend aus dem Gedächtnis abzurufen, stellt für die meisten Menschen ein Problem dar. Die schlimme Konsequenz ist nämlich die, daß – trotz intensiven Buchstudiums, Seminaren, Trainings etc. – viele in ihre alte Rhetorik zurückfallen. Daraus ist zu schlußfolgern, daß Abwehrmaßnahmen generell einfach sein müssen – und daß man sie gut behalten kann.

Das Wichtigste aber ist, daß es ein Grundprinzip geben muß, mit dem man sich auch in Notsituationen erfolgreich wehren kann. Dieses Grundprinzip muß jedem Verhandler so in ›Fleisch und Blut‹ übergehen wie der tägliche Gruß »Guten Tag«, »Grüß Gott« usw. Dieses Grundprinzip umfaßt drei Punkte (siehe auch Abschnitt 4.2.5):

1. **Die ›richtigen Antennen‹ entwickeln,**
   d. h., nicht durch das gegnerische Verhalten ›einlullen‹, ›unterbuttern‹ oder ›über den Tisch ziehen lassen‹. Man muß erkennen, daß ›hier etwas faul ist‹, daß ›gespielt‹ wird, usw. ***Stichwort: Sensibilisierung!***

2. **Selbstbewußtsein haben,**
   und es auch demonstrieren – aber keine Überheblichkeit zeigen. So groß die Unterschiede zwischen dem Gegenüber und mir auch sein mögen: ***ER ist ER, und ICH bin ICH! Wer Sie nicht beachtet, wird auch Ihr Recht nicht beachten!***

3. **Fragen, fragen und nochmals fragen,**
   denn nichts erschüttert ein taktisches Gebäude mehr als das ständige Hinterfragen und permanente Infragestellen der gegnerischen Aussagen. Man muß lernen, mit dieser schärfsten und wirkungsvollsten Waffe umzugehen. ***Regel: Weniger reden, gut zuhören, mehr fragen!***

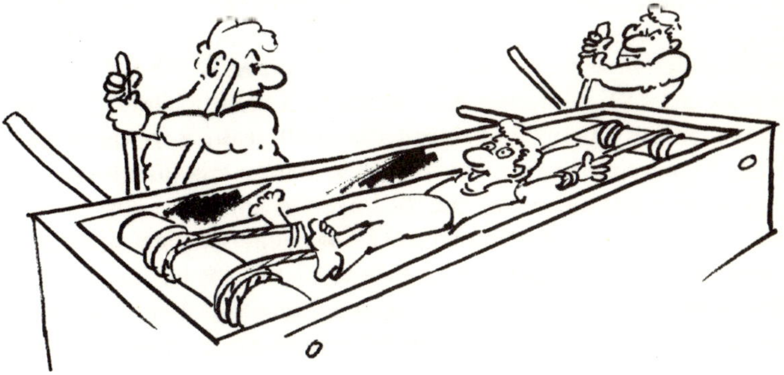

»Macht es Ihnen etwas aus, Ihre Frage zu wiederholen ...?«

4.2.2 Abwehr unfairer rhetorischer Elemente

Im Abschnitt 2.2 (*›Rhetorische Elemente‹*) wurden – in Abweichung von den anderen Abschnitten – die Abwehrmaßnahmen bereits dargestellt, da sonst die Übersichtlichkeit verlorengeht, bzw. die Lesbarkeit erheblich erschwert wird. Zentrale Aussage in dem Abschnitt war, daß die dargestellten Fragetechniken sowohl für den Angriff wie auch zur Verteidigung/Abwehr geeignet sind.

- **Zum Angriff gilt:**
  Mit häufigen kurzen, knappen Fragen kann man den Gegner ›aushebeln‹ und ihn in eine Erklärungsposition bringen.
- **Zur Verteidigung gilt:**
  Hier wirkt die Methode der Entlarvung, d. h., zuerst muß die Methode entlarvt und kritisiert werden und dann erst der Redebeitrag bzw. die Behauptung des Gegners.
- **Bei Unterbrechungen gilt:**
  Nicht aus der Ruhe bringen lassen, sondern auf dem eigenen Redebeitrag bestehen, indem man z. B. sagt:

  »Pardon, aber ich möchte meine Ausführungen im Zusammenhang darstellen!«
  »Bitte stellen Sie diese Frage noch zurück, damit ich ...!«
  »Worauf legen Sie mit Ihrer Frage jetzt besonderen Wert?«
  Oder aber man quittiert die Unterbrechung mit der Bemerkung:
  »Ich fahre dort fort, wo Sie mich unterbrochen haben!«

Erfolgreich in der Abwehr ist auch die ›**Huber-Taktik**‹ (siehe Abschnitt 3.2.1.9), allerdings nur, wenn die Öffentlichkeit nicht beteiligt ist und das Image keine Rolle spielt, was für Erwin Huber, CSU-Generalsekretär, nicht so wichtig zu sein scheint. Huber hat eine sehr monotone, aber durchdringende Stimme. Es ist in Diskussionen selbst für geübte Interviewer sehr schwierig, ihn zum Schweigen und Zuhören zu bewegen. Einmal im Redefluß, ist er durch nichts mehr zu stoppen – er redet unablässig und unabhängig davon, ob er von Moderator oder Kontrahenten/tin aufgefordert oder gebeten wird, dies zu unterlassen, und zwar so lange, bis er das gesagt hat, was er wollte. Die Inhalte seiner Redebeiträge werden zwar vom Zuhörer nicht mehr aufgenommen, aber er schafft eines: *den Gegner zu stören.* Man kann das noch unverschämter gestalten, indem man am Ende des Redebeitrages hinzufügt:

»Und wie Sie gemerkt haben, lasse ich mich nicht unterbrechen, da ich Ihre Taktik des ständigen Unterbrechens durchschaut habe!«

Wer diese längeren Redebeiträge nicht mag, kann auch einen kürzeren Weg wählen. Stichwort: Telefonrhetorik. Viele Mittelständler und Freiberufler klagen darüber, daß sie trotz massiven Ablehnens ständig und wiederholt von – mehr als lästigen – Anlageberatern angerufen und zur Anlage ihres Geldes zur ›garantierten 25% Rendite‹ aufgefordert werden. Nun hat man(n) nicht immer die sehr wirkungsvolle Trillerpfeife neben dem Telefon liegen, die bei sexuellen Belästigungen am Telefon vielen Frauen schon geholfen hat, aber es gibt eine wirkungsvolle Methode, aufdringliche Telefonbelästiger abzufertigen:

Anrufer: *»Guten Tag. Hier Broker-Set in Hamburg. Wir möchten Ihnen einen Weg bieten, Ihr Kapital zu 25 % Zinsen pro Jahr in eine Anlage zu bringen, die ...!«*

Sie: *»Moment bitte, haben Sie* ***drei*** *Sekunden Zeit?«*

Anrufer: *»Oh, ja. Selbstverständlich.«*

Sie: *»Soviel Zeit brauchen Sie nämlich, um sich von mir zu verabschieden!«* ***(Hörer auflegen)***

Eine andere, sehr wirkungsvolle Abwehrmethode ist die ›**Roger-Taktik**‹. Sie geht davon aus, daß ein und derselbe Satz zur Abwehr ständig wiederholt wird. *J. J. Bambeck* (Soft Power, Wirtschaftsverlag 1989) gibt dazu ein amüsantes Beispiel und sagt, daß es »dabei wichtig ist, daß man auf keinen ausgeworfenen Köder anbeißt, auf keine Unterstellung, Provokation oder Schuldzuweisung reagiert, sondern konsequent, stereotyp und unbeirrt ein und denselben Satz variiert und wiederholt:

»Ich verstehe, was Sie meinen, aber ich bin nicht interessiert!«

Vertreter: *»Ich kann mir einfach nicht vorstellen, daß Sie, gnädige Frau, kein Herz für diese armen Kinder haben!«*

Sie: *»Ich verstehe, was Sie meinen, aber ich bin nicht interessiert.«*

Vertreter: *»Ich kann nicht glauben, daß Sie das Elend dieser Kinder nicht interessiert. Sehen Sie, mit diesem Abonnement ...!«*

Sie: *»Ich habe verstanden, worum es geht, aber ich bin dennoch nicht interessiert.«*

Vertreter: *»Darf ich fragen, ob Sie verheiratet sind?«*

Sie: *»Ich verstehe, was Sie meinen, aber ich bin an keinem Abonnement interessiert.«*

Vertreter: *»Sehen Sie sich dieses Magazin wenigstens einmal an. Ich kann Ihnen versichern ...!«*

Sie: *»Ich habe verstanden, worum es geht, aber ich bin nun mal nicht interessiert.«*

Vertreter: *»Sie haben doch Kinder, die wahrscheinlich schon zur Schule gehen?«*

Sie: *»Ich verstehe völlig, was Sie meinen, aber ich bin nicht interessiert.«*

Vertreter: *»Ich habe das Gefühl, Sie wollen mich auf den Arm nehmen.«*

Sie: *»Ich kann Sie verstehen, trotzdem bin ich nicht interessiert.«*

Vertreter: *»Kann ich mal Ihren Mann sprechen?«*

Sie: *»Ich verstehe, aber ich bin nicht interessiert.«*

Vertreter: *»Können Sie mir dann wenigstens sagen, welche Personen und Familien außer Ihnen in diesem Haus wohnen?«*

Sie: *»Ich verstehe Ihr Anliegen, aber ich bin absolut nicht interessiert.«*

Vertreter: *»Sagen Sie, können Sie nur mit diesem einen Satz antworten!?«*

Sie: *»Ich kann Ihnen versichern, ich habe Sie verstanden, trotzdem bin ich nicht interessiert.« ...*

und so weiter und so fort, falls der andere nicht längst aufgegeben hat oder vor Wut, daß seine tollen Verkaufstricks so einfach lahmgelegt werden können, ins Geländer beißt.«

Natürlich kann man nicht immer mit der ›Roger-Methode‹ abwehren, sondern oft ist man gezwungen, zuzuhören. Dem ›lieben Kollegen‹ kann man ja noch flapsig antworten:

»Sagen Sie mal, wollen Sie mir ein Ohr abkauen?«

oder:

»Nehmen Sie erst mal die Hand aus der Tasche, wenn Sie mit mir reden, und buchstabieren Sie Acapulco!«

Doch in Gesellschaft ist es besser, erst zuzuhören und dann zuzuschlagen:

»Toll, Herr Krause, was Sie sagten. Und jetzt fassen Sie das Ganze mal in einem Satz zusammen, ***ohne*** *Ihre Zuhörer zu nerven!«*

Schlimm sind allerdings die pastoralen Typen, die nervtötend mit belanglosem Blabla stets Langeweile verbreiten. Um nicht sanft in Morpheus' Armen zu entschlummern und den Abend zu retten, spielen Sie zunächst eine gewisse Aufmerksamkeit, um dann in eine Sprechpause ›reinzuhauen‹:

»Also ich bin fasziniert! Das war eine ganz seltene Kombination Ihrer vermutlich schwachen Intelligenz und Ihrer schwachen Blase. Für Ihre schwache Blase wüßte ich Abhilfe ...!«

Das Leben ist bekanntlich eine Krankheit, die auf sexuellem Wege übertragen wird. Der eine hat (mit zunehmendem Alter) ein ›ständig steigendes Sex-timelag‹, der andere mag's ›quickie‹. Nicht alle Frauen mögen letzteres. Wenngleich eine gesunde Verdorbenheit besser ist als eine verdorbene Gesundheit, so hat sich manche Frau doch oft gegen einen quickieliebenden Playboy zu erwehren. Wenn seine Absichten allzu durchsichtig sind, gibt's einen auf den ›Hammer‹:

»Mein Herr, Sie interessieren sich zwar auffällig für die Aufrechterhaltung meiner Weiblichkeit, aber ich interessiere mich nicht für die Aufrechterhaltung Ihrer Männlichkeit. Bye-bye!«

Oder:

»Wenn's heute nicht klappt, trösten Sie sich. Ein guter Playboy hat immer was in petting!«

Wollen Sie einen duftenden Schönling in seine unerwarteten Schranken verweisen, so helfen folgende Antworten:

»Tjaa, hmmm ... wie man sich fettet, so riecht man!«

Oder:

»Sie sind so durchgestylt und haben so schöne Zähne. Gibt's die Kleider auch sauber und die Zähne in Weiß ...?«

Zweifellos sind diese Abwehrsprüche nicht jedermanns Geschmack. Aber bei denen, die damit Erfolg hatten (und das sind nicht wenige ...!), stellt sich schnell der Dracula-Effekt ein: Ein Biß – und schon ist man ›Mitglied‹. Und wo gibt es schon Dracula-Gegner, die ständig mit einem Christuskreuz bzw. Knoblauchstrunk rumlaufen oder danach trachten, Ihnen den Holzpflock mitten ins Herz zu rammen? Diese nichtrehabilitationsfähige Sucht äußert sich dann auch im täglichen Bereich, z. B. in einer Warteschlange, um sich vom letzten auf den ersten Platz zu schieben und geifernden Ordnungsfreaks zu widerstehen:

»Bitte haben Sie Verständnis. Meine Frau liegt im Wochenbett, und es kann jeden Moment losgehen!«

Oder:

»'tschuldigung wegen Vordrängelns. Aber um 14.00 Uhr habe ich meinen Prozeßtermin wegen schwerer Körperverletzung. Und ich will keine zwei Termine!«

Oder:

»Ach bitte, erlauben Sie mir den Vortritt, denn mir ist nicht gut. Ich habe immer noch mit meiner schweren Infektionskrankheit zu kämpfen. Mein Arzt sagt, ich muß auch aufpassen, weil die sehr ansteckend ist!«

Umgang mit Polizisten und Politessen erfordert besonderes Geschick. Wütende Proteste, Empörung oder der Hinweis, daß der Polizeipräsident Ihr Onkel ist, führen selten zum Erfolg, denn diese Ordnungskräfte sind in der Psychologie und im Umgang mit Menschen *umfassend über eine sehr lange Zeit gründlich ausgebildet* worden (m. W. fast zwei Monate).

Lächelnde Verschlagenheit ist also angesagt. Verwickeln Sie diese ›Kräfte‹ zunächst in ein klärendes Gespräch:

»Wie darf ich Sie mit Dienstgrad und Namen korrekt anreden?«

Lassen Sie sich den Vorgang/Vorwurf etc. nochmals wiederholen:

»Pardon, aber ich habe das nicht verstanden. Können Sie mir das noch mal erklären?«

Sie dürfen sicher sein, daß auch diese Damen und Herren aufgrund ihrer hohen psychologischen Ausbildung, menschlich reagieren und nun in etwas unwirschem, ungeduldigen Ton antworten. Jetzt müssen Sie angreifen:

»Also, ich bin – ehrlich gesagt – geschockt über Ihren Ton. Entspricht das Ihrem Auftrag, Bürgernähe zu praktizieren?«

Garantiert ›versteigt‹ er/sie sich zu wortreichen, belehrenden Erklärungen (die umfassende, vollpsychologische Ausbildung macht sich schließlich bemerkbar ...!). Setzen Sie dann noch ›eins oben drauf‹ (aber immer freundlich!):

»Was glauben Sie, hat sich mit Ihrer Erklärung das Image der Polizei nun verbessert oder verschlechtert?«

Was immer nun gesagt wird: Jetzt ist der Zeitpunkt gekommen, mit der Zusammenfassung der Fakten ›anzugreifen‹ (verletzter, trauriger Tonfall):

»Halten wir doch mal fest: Ich empfinde das nicht als eine Verkehrserziehung, sondern als sture Bestrafung. Ich fühle mich in einem Ton belehrt, der an vergangene Zeiten erinnert. Das alles führt doch beim Bürger letztlich wieder zum Feindbild gegenüber der Polizei. Und das, obwohl Ihre höheren Vorgesetzten sich mit großem Aufwand um ein gutes Verhältnis zur Öffentlichkeit bemühen. Wäre es nicht gut, wenn wir beide jetzt und hier ein Zeichen pro ›Bürger-Polizei‹ setzen, bzw. was können wir tun, um das neue Feindbild zu verhindern?«

Alle Taktiken sollten aber aus rechtlichen Gründen stets in der ICH-Botschaft erfolgen. Keine Renitenz, keine unkontrollierten Widerworte! Sie können zwar einen Menschen umbringen und mit einem guten Promi-Anwalt sowie einem psychologischen Gutachten ›freikommen‹, aber Widerstand gegen die Staatsgewalt ist nun mal ein höheres Vergehen, welches deutsche Gerichte hart und unnachgiebig bestrafen – was eben auch zu ›unser aller blindem Vertrauen‹ in die unfehlbare deutsche Rechtsprechung beiträgt. Das wird sicher jeder einsehen! Erinnert sei an den Fall, wo ein Mann ein kleines Mädchen vergewaltigte und danach umbrachte. Er bekam eineinhalb Jahre auf Bewährung. Es sei auch an den Fall erinnert, da ein erboster Verkehrsteilnehmer zu einem Polizisten sagte:

»Sie haben doch den Arsch offen!«

Das kostete ihn 8000,— € Buße und eineinhalb Jahre Vorstrafe auf Bewährung. Hätte er doch gesagt:

»Mein Herr, ich glaube, Sie haben ein Opening am verlängerten Rückgrad!«,

so hätte dieser tüchtige Polizist sicher nachdenken müssen. Und das wäre des üblen Sünders Chance gewesen.

»Herr Kollege, ich erkenne Ihre Taktik, und ich weiß mich auch sofort dagegen zu wehren. Das steht nämlich auf Seite … äh … warten Sie mal …!«

4.2.3 Abwehr unangenehmer Fragen

Um einen Gegner zumindest für einen kurzen Augenblick sprachlos zu machen, ist es von großer Bedeutung, sich einige verblüffende Fragen oder Antworten stets passend zurechtzulegen. Diese sollten regelrecht auswendig gelernt werden, und wer jemals die wahrlich verblüffenden Wirkungen der folgenden Abwehr-

Empfehlungen erfahren konnte, wird sich mit dem Erlernen nicht schwertun. Im Gegenteil, es besteht eher die Gefahr, zu oft diese Abwehrschemen einzusetzen, weil der Erfolg unmittelbar zu spüren ist. Das mag unter Freunden eine originelle Vorgehensweise sein, aber in wichtigen Verhandlungen wird damit ›kein Land gewonnen‹. Die übliche Wirkung kann sich sogar in ihr Gegenteil verkehren, nämlich deswegen, weil diese Bemerkungen – wenn nichts darauf folgt – ›patzig‹, frech, ungehobelt und destruktiv wirken. Wird einem ›Anwender‹ dieses von seinem Gegner vorgeworfen, so ist der Anwender in einer ›Rechtfertigungsecke‹ – und die ist bekanntlich kein guter Aufenthaltsort für erfolgreiche Verhandlungen.

Es gilt also nicht, nur ›relativ‹ den Erfolg Sprachlosigkeit zu genießen, sondern viel wichtiger ist es, die gewonnene ›Pause der Sprachlosigkeit‹ des Gegners für das eigene weitere, aktive Vorstoßen zu nutzen. Das kann z. B. dadurch geschehen, daß man mit einer Redewendung auf einen bereits behandelten oder neuen Sachverhalt zu sprechen kommt, und zwar mit der Taktik der ›überraschenden Pausen‹ mit anschließender Frage.

Beispiel:

A: *»Nennen Sie doch mal drei Gründe für Ihre Frage?...? O. k., ich will es Ihnen leichter machen: Nennen Sie die drei Gründe bitte in alphabetischer Reihenfolge!«*

B: *»Also, hören Sie mal ...! Ich weiß nicht, was das soll!«*

A: *»Nun, ich habe den Eindruck, daß Ihnen die guten Fragen ausgegangen sind. Ich kann Ihnen da aushelfen. Sie haben zu unserem Schaden die Lieferung der Formstücke AX entgegen vertraglicher Abmachungen 14 Tage hinausgezögert. Wie groß ist der Umfang Ihrer Vorbereitungen, um uns diesen Schaden zu ersetzen?«*

Durch die provozierende Frage am Schluß der Antwort kann man ziemlich sicher sein, daß eben diese aufgegriffen und nicht mehr Bezug auf die Provokationen zu Beginn der Antwort genommen wird. Damit hat man zwei Fliegen mit einer Klappe erschlagen:

1. entweder Beitrag zur Demoralisierung oder Provozierung emotionaler Reaktionen
   und
2. Übernahme der ›Führung‹ des Gespräches.

Ein weiteres Beispiel mit einer solchen Abwehrtechnik, die in den meisten Fällen funktioniert. Ein ›lästiger Irgendjemand‹ nervt hartnäckig mit Fragen, die man nicht beantworten will. *»Das geht Sie nichts an!«* oder *»Das sage ich nicht!«* sind unprofessionelle Antworten, die meistens von einfältigen Zeitgenossen geäußert werden *(»Ich sage aber immer, was ich denke ...!«).* Na bravo, o sancta simplicitas! Warum nicht besser in ›Korkenziehermethode‹ höflich und freundlich lächelnd so?

A: *»Ich kann Ihnen darauf selbstverständlich eine Antwort geben. Aber was machen Sie dann mit der Information, die ich Ihnen damit gebe?«*
B: *»Wieso ›machen‹? Mich interessiert das halt!«*
A: *»Also nochmals: Geben Sie diese Information dann allgemein weiter, oder behalten Sie diese für sich?«*
B: *»Na, die gebe ich natürlich nicht weiter. Es interessiert mich eben ...!«*
A: *»Es ist also eine reine Neugierde von Ihnen, die beiden nichts nutzt, denn Sie lebten vorher ohne diese Information gut, und ich kann auch ohne Ihre Neugierde gut leben!«*
B: *»Äh ...!«*

Es handelt sich bei dieser Taktik also nicht um die reine Gegenfrage, sondern um eine Umformulierung. Durch diese Taktik der *fragenden Umformulierungen* wird der Gegner ständig in die Reaktion gezwungen. Er soll permanent seinen Standpunkt so lange durch das Infragestellen überdenken, bis seine Position ad absurdum geführt ist.

Ähnlich ist die Methode, eine Behauptung oder einen Einwand in eine Frage zu verwandeln bzw. eine Frage mit einer Gegenfrage zu beantworten, um den Aufbau einer bloßen Gegenbehauptung zu vermeiden, welches letztlich dazu führen würde, daß beide Ver-

handlungsgegner sich nutzlos ihre Positionen ›um die Ohren schlagen‹ (mit starker Suggestivwirkung!).
Diese Taktik ist nicht neu. Sie stammt in ihrer Art von Sokrates, einem griechischen Philosophen der Antike (470 oder 469 bis 399 v. Chr.), der von sich sagte, *›er helfe durch Fragen anderen zur Weisheit, er selbst habe keine‹*, aber der auch mit seiner Ironie und der *sokratischen Methode* (Mäeutik) bei seinen Gesprächspartnern hohles Scheinwissen entlarvte. Weil das schon damals nicht ungefährlich war, wurde er zum Tode verurteilt und trank den »Schierlingsbecher« (Gift verschiedener Doldenblütler). Sehr bekannt wurde eine Anekdote, die die **»Sokrates-Methode«** verdeutlicht.

»Mitbürger! Freunde! Römer!
Hört mich an …!«

Ein Freund kam aufgeregt zu Sokrates und sagte:

Freund: *»Sokrates, hast du schon gehört? Ich muß dir dringend erzählen von ...!«*

Sokrates: *»Halt, mein Freund«*, sagte Sokrates beruhigend. *»Hast du dir schon die drei Fragen vorgelegt, bevor du sprichst?«*

Freund: *»Welche drei Fragen, Sokrates?«*

Sokrates: *»Die erste Frage: Ist es wahr, was du mir berichten willst?«*

Freund: *»Nun, ich habe es zwar nicht selbst gesehen. Aber die Leute erzählen es sich!«*

Sokrates: *»Die zweite Frage: Ist es etwas Gutes?«*

Freund: *»Nein, das nicht. Im Gegenteil, aber das ist's gerade ...!«*

Sokrates: *»Also die dritte Frage: Ist es notwendig, mein Freund, daß du es mir berichtest?«*

Freund: *»Notwendig wohl nicht, Sokrates, aber es dürfte doch so unterhaltsam zu hören sein ...«*

Sokrates: *»Dann, mein Freund, laß uns schnell den Göttern Dank sagen, daß wir der Gefahr entronnen sind, unbekannte Fehler eines Nächsten ohne Not zu offenbaren oder zu vergrößern. Meinst du das nicht auch?«*

Die ›Sokrates-Methode‹ ist in ihrer konsequenten Anwendung in unserer heutigen Verhandlungspraxis kaum durchzuhalten. Aber man kann aus ihr lernen, wie Behauptungen in eine Frage verwandelt werden. In der satanischen Verhandlungskunst geht es aber nicht darum, anderen zur Weisheit zu verhelfen, sondern sich selbst zum Sieg. Darum bleibt man nicht bei der ›fragenden Umformulierung‹ und den Antworten stehen, sondern nutzt die Ergebnisse als wichtige Ausgangsposition für einen neuen, gezielten Angriff.

Die folgenden Beispiele zur Abwehr unangenehmer Fragen sind darum nur die Vorbereitungen zum Angriff, d. h., die Wirkungen müssen konsequent diabolisch genutzt werden:

Ist diese Frage für Ihren Fortbestand von Bedeutung?

Ihre Frage hat viel Gutes und viel Neues. Aber das Neue ist nicht gut und das Gute nicht neu!

An Ihrer Frage war nur das Fragezeichen seriös!

Eine gute Antwort setzt eine gute Frage voraus. Aber alle wissen: Das Bessere ist der Tod des Guten. Ihre Frage war nachweislich nur gut. Stellen Sie also eine bessere ...!

Man gewinnt den Eindruck, daß Ihnen mittlerweile die guten Fragen ausgegangen sind. Ich kann Ihnen da aushelfen. Warum haben Sie z. B. ...?

In Ihrer Frage liegt ein Vorwurf, den ich nicht teile, und zwar ...!

Die Frage muß doch anders gestellt werden, und zwar ...!

Zunächst bleibt einmal dahingestellt, ob das die wichtigste Frage ist ...!

Sie sagten »Ja, aber«. Worauf bezieht sich das »Ja«?

Ihre Frage ABC haben Sie gestellt, aber die wichtigste Frage lautet doch XYZ. Damit ist aber zumindest bewiesen, daß wir uns auf Sie verlassen können, wenn es um nebensächliche Fragen geht ...!

Warum »muß« ich diese Frage beantworten? Stehe ich hier vor einem Kriegsgericht?

Das ist eine sehr wichtige Frage, zu der es viele Alternativen gibt. Haben Sie Zeit und Geduld, daß ich diese ***korrekt*** *ausführe?*

(Wenn Sie jemand erkennbar mit unbekannten Fremdwörtern hereinlegen will): *Eine dezidierte Exemplifikation* (genaue Ausführung) *Ihres Paradigmas* (Beispiels) *würde zu einer affektlabilen Loquazität* (jähzornigen Geschwätzigkeit) *bei den Respondenten* (Interviewpartnern) *führen. Wollen Sie das?*

Das ist wieder eine intellektuell so niedrig stehende Bemerkung, daß ich mich seit einiger Zeit frage: Wer hat eigentlich zuerst das Märchen von Ihrer Intelligenz erzählt?

»Was glauben Sie, Chef, hat sich mit Ihrer merkwürdigen Frage Ihr Image nun verbessert oder verschlechtert?«

Wer wäre bei solchen Antworten nicht verblüfft oder sprachlos? Doch passend sollten sie sein, und **nicht so:**
Während einer Party versuchte eine junge Dame, besonders originell zu sein. Sie stellte in einer Runde von erfahrenen Managern die Frage: *»Was sagen Sie als Außenstehender zur Intelligenz?«* – und traf prompt auf den Falschen. Dieser sagte knallhart: *»Die beste Art, Intelligenz zu beweisen, ist die, sich* ***nicht*** *mit Ihnen zu unterhalten!«* Sprach's, drehte sich um und ging zu einer anderen Gruppe. Pech gehabt, junge Dame – und bald stand sie auch alleine da!

Zweifellos sind nicht alle Antworten geeignet, ein positives Gespräch zu führen, aber das ist auch meistens nicht die Absicht unfairer Disputanten. Nochmals: Nur eine öde Gegenfrage oder Bemerkung hinzuwerfen, ist platt. Das kann in dem einen oder anderen Fall wirksam, notwendig oder hilfreich sein. Besser ist es, die Nerven zu behalten, eine kurze (Alibi-)Antwort voranzustellen, um dann eine – je nach Situation und/oder Gesprächspartner – originelle Gegenfrage zu stellen – auch wenn diese ›antrainiert‹ wurde.

In der Praxis tritt dieser Fall sehr häufig auf, und zwar meistens dann, wenn man interviewt wird. Die Moderatoren, selbst redegewandte Leute, sehen in einem Interview mit einem Rhetoriker – im Gegensatz zu Interviews mit z. B. medizinischen Kollegen – oftmals eine gute Gelegenheit, die Schlagfertigkeit des Gastes zu testen oder ihn gar ›aufs Glatteis zu führen‹. Bei der Wahl ihrer Mittel sind sie dann nicht immer zimperlich, denn es kommen zumeist Fragen, Behauptungen oder Unterstellungen unterschiedlicher Originalität oder Qualität, auf die der Interviewpartner kaum vorbereitet ist, weil sie nicht in den erfragten Sachzusammenhang gehören. Hier eine kleine Auswahl von Moderatoren-Fragen und Antworten aus einigen Rundfunk- und Fernsehinterviews:

Moderator:	»Ich dachte, Sie können das ...?«
	(Falsche Reaktion wäre jetzt gewesen, zu sagen: *»Das kann ich auch!«,* daher:)
Gast:	(lächelnd) *»Tja, was machen wir jetzt mit Ihrer Fähigkeit, Sachverhalte nicht richtig einschätzen zu können?«*
Moderator:	»Den Sachverhalt habe ich schon richtig eingeschätzt!«
Gast:	(wieder lächelnd) *»So so, na dann üben Sie mal für Ihre Hörer schön weiter. Vielleicht klappt's beim nächsten Mal! Vielen Dank für das originelle Interview – und ... auf Wiederhören!«*
Moderator:	»Stimmt es eigentlich, daß die Steuerfahndung hinter Ihnen her ist?«
Gast:	*»Wenn ich bei meiner nächsten Steuervorlage erkläre, daß ich für dieses Interview keinen Pfennig bekomme, dann ist das so unglaublich, daß ich zumindest damit rechnen muß! Was genau spricht dagegen, daß ich vorab der Steuerfahndung Ihren Namen als Beweis mitteile?«*
Moderator:	»Warum sind Sie eigentlich noch immer Mitglied der NPD?«

Gast: *»Wenn ›Tutti-frutti‹ vom Papst als katholische Kultursendung gesponsert wird, trete ich einem solchen Verein bei! Was denken Sie als Marxist darüber?«*

Moderator: »Wer hat eigentlich zuerst das Märchen von Ihrer Intelligenz erzählt?«

Gast: *»Wenn überhaupt, dann haben Sie das vermutlich von Ihrem Wettbewerb gehört. Aber wie schön, daß Sie nicht genauso unfähig reagieren und statt dessen kluge Fragen stellen. Haben Sie schon einmal in einem Intelligenztest Ihren IQ testen lassen, und wie weit kam er über 40?«*

Moderator: (hartnäckig) »Nun sagen Sie unseren Zuschauern doch einmal: Was kosten Ihre Seminare?«

Gast: *»Das ist relativ, also immer bezogen auf Inhalte und Zielgruppen. Es läßt sich am besten prozentual mit dem Verdienst einer Bezugsperson verdeutlichen. Nehmen wir doch zum Beispiel mal Sie. Wie hoch ist Ihr durchschnittliches Jahreseinkommen?«*

4.2.4 Abwehr unfairer nonverbaler Elemente

Die Abwehr unfair eingesetzter nonverbaler Elemente ist die schwierigste Vorgehensweise in der satanischen Verhandlungskunst – im Gegensatz zur verbalen Kommunikation. Wer es versteht, mit der Körpersprache überzeugend zu täuschen, ist ein Profi. Es wäre solchen Zeitgenossen gegenüber sehr gefährlich, den Versuch zu unternehmen, besser oder ebenbürtig zu sein (z. B. ebenfalls mit Körpersprache, Mimik, Gestik, Stimuli usw. zu täuschen), zumal nicht unmittelbar unterschieden werden kann, welche körpersprachlichen Aussagen echt, und welche unecht, also gespielt sind.

Es wäre zu einfach, die Abwehr unfair eingesetzter nonverbaler Elemente damit zu beschreiben, daß ›man diese einfach übersieht‹, also nicht zur Kenntnis nimmt, denn es findet letztlich doch eine Kommunikation über die (empfindliche und gefährliche!) emotionale Beziehungsebene statt.

Um sich dennoch zu wehren, hat sich eine Vorgehensweise **in drei Stufen** bewährt:

1. **Die Deutung körpersprachlicher Aussagen, Mimik, Gestik, Stimuli etc., sowie die Kenntnis darüber, daß diese auch täuschend eingesetzt werden können. Das muß mit der eigenen Selbstsicherheit verbunden werden, sich nicht täuschen zu lassen. Machen Sie sich selbst stark, rüsten Sie sich selbst auf, motivieren Sie sich selbst, indem Sie sich immer wieder sagen** (siehe auch Abschnitt 4.1):
   »Ich kenne diese Tricks! Ich lasse mich nicht nervös machen! Mich täuschen Sie nicht! Sie wollen mich verunsichern! Ich lasse mich nicht beeindrucken! Ich bin sicher! Ich weiß, was ich will!«

2. **Wenn möglich, lassen Sie ›da und dort‹ im Redebeitrag (freundlich lächelnd, nicht zynisch!) durchblicken, daß Sie das taktische Manöver durchschaut haben (um die Taktik wirkungslos zu machen):**
   »Ich lege nur auf die Sache wert, Herr Kollege, und lasse mich auch nicht durch (echte oder unechte) nonverbale Aussagen irritieren!«

3. **Es ist sehr wichtig, daß Sie Überlegenheit demonstrieren. Wer selbst grimmig dreinschaut, ungehalten reagiert oder gar böse wird, signalisiert im Grunde, daß die Taktik der Gegenseite Erfolg hat. Viel erfolgreicher ist es, den Gegner ›niederzulächeln‹. Lächeln heißt nicht, ständig zu grinsen oder arrogant-überheblich zu lachen. ›Niederzulächeln‹ heißt, den Gegner mit Freundlichkeit zu entwaffnen, ihn ›freundlich zu erschöpfen‹, heißt: freundliche Standhaftigkeit zu bewahren.**

Bewährt hat sich auch die Taktik *›Pause als Vorwurf‹* (siehe Abschnitt 2.2.4). Besonders Einkäufer und Verhandler, die durch Täuschung verunsichern wollen, setzen gerne die Taktik ein, mit einer eiskalten, regungslosen oder grimmigen Mimik und ablehnender Körpersprache ihr Gegenüber zu verunsichern. Und es gelingt ihnen zumeist, denn viele reagieren irgendwie – und oftmals falsch (werden nervös, verunsichert, verlieren den ›Faden‹, reden drauflos oder stellen falsche Fragen: *»Äh,... is' was?«*).

Eine Methode wäre, jetzt ›richtige Fragen‹ zu stellen:

»Welche Auffassung haben Sie zu dem Punkt Y, den ich gerade erläutert habe?«

Doch Einkäufer sind darauf ›getrimmt‹, auch offene Fragen nur kurz zu beantworten. Eine mögliche Antwort des Einkäufers wäre also:

»Zunächst keine. Bitte machen Sie weiter!«

Eine *andere Methode* wäre, die **›Taktik der Pause als Vorwurf‹** einzusetzen. Das heißt: **den letzten Satz zu Ende sagen, dann ohne erkennbare Mimik schweigen und den Partner ansehen (auch nicht lächeln), und zwar so lange, bis der Gegner etwas sagen ›muß‹.**

Um die Wirkungsweise dieser (äußerst erfolgreichen!) ›Abwehrmethoden‹ kennenzulernen, muß man **üben, üben und nochmals üben.** Das wird nicht leicht sein, denn wer einem anderen Menschen gegenübersitzt, der seine körpersprachlichen Aussagen provozierend einsetzt, wird auf der emotionalen Beziehungsebene angegriffen – und damit bewegt er sich nicht mehr im ›Sachbereich‹, der von der Ratio bestimmt wird.

»Wir haben in unserer Firma eine eigene Art entwickelt, mit satanischen Verhandlungskünstlern umzugehen ...!«

Vielleicht finden Sie in Ihrem Bekannten- oder Freundeskreis ein geeignetes Opfer zum Üben. Es könnte z. B. ein Kollege/eine Kollegin sein, der/die Ihnen durch ein hämisches Gegrinse, unflätiges Benehmen, provozierende Mimik, Gestik und Stimuli oder negative körpersprachliche Aussagen ›auf den Wecker geht‹. Er/sie ist gerade richtig zum Üben. Was immer diese Person verbal und nonverbal ›sagt‹ – **sagen *Sie* sich:**

»Du kommst mir gerade richtig zum Üben. Mehr will ich nicht von dir!«

4.2.5 Abwehr unfairer Dialektik

Wer als Nichtgeübter in Sachen ›logisches Verpacken‹ das Kapitel 2.4 aufmerksam gelesen hat, der wird bestimmt zu dem Schluß kommen, daß es ›*... offensichtlich gar nicht so einfach ist, eine logische Festung zu stürmen*‹. Denn wer ist schon in der Lage, in einem Gespräch, in einer Diskussion oder in einer Verhandlung blitzschnell die gegnerische, logische Argumentation zu erkennen und zu ›knacken‹? Mir sagten sehr viele Seminarteilnehmer, daß es das Schlimmste wäre, ›überrumpelt‹ zu werden und erst nachher zu erkennen, *wie* und mit *welchen Mitteln* der Gegner das fertiggebracht habe. Aber dann sei es auch in den meisten Fällen schon zu spät gewesen, man habe sich schlicht und einfach ›über den Tisch ziehen lassen‹.

Hier setzt der zentrale Gedanke der Abwehr ein. Es geht in der Abwehr nicht darum, in der Dialektik oder in den Analogie- bzw. Zirkelschlüssen generell besser zu sein – dieser Anspruch ist zwar ein sehr hehrer, aber für die meisten Leser vermutlich zu theoretisch. Die berühmte Praxis sieht leider anders aus. Und vielleicht geht es so manchem Leser wie einem Seminarteilnehmer, der mir sagte: *»Ich bin sicherlich nicht zu dumm, die dialektischen Fallen zu erkennen, aber ich brauche so schrecklich lange, bis es von meinem Kopf in meinen Beinen ist.«* So ähnlich verhält es sich auch mit der Schlagfertigkeit, die viele ›leider Gottes immer nur bei anderen hören‹. Und so mancher Leser wird sich auch daran erinnern, daß ihm erst nach Rückkehr von einer Besprechung die besten Antworten einfielen, und dann sagte: *»Wenn der das* *nochmals zu mir sagt, dann werde ich ihm aber antworten, daß ... usw.«* Doch welch' Unglück: Jede zukünftige Situation wird neu sein, die alte Situation kommt nicht wieder!

Das ist insgesamt ein Problembereich, der auch für Ungeübte sehr einfach zu lösen ist.
Um das zu verdeutlichen, sei das Beispiel eines Politikers gebracht, der in einer Versammlung ›eine große Rede an sein Volk schwingt‹. Er hat sich bestens darauf vorbereitet; das Manuskript ist wohlgefeilt ausgearbeitet, seine Rhetorik faszinierend und der Beifall einkalkuliert. Alles müßte daher prächtig gelingen, wenn ... ja, wenn da ganz hinten im Saal nicht einige Frauen und Männer stünden, die sich einen ›Deubel‹ um seine geschliffene Rhetorik kümmern und den Vortragenden durch permanente Fragen und Zwischenrufe zur Weißglut bringen, und sich im übrigen auch nicht durch die sympathisierende Mehrheit und deren Unmut entmutigen lassen. Nehmen Sie als konkretes Beispiel dazu Diskussionen über die Kernkraft, Entsorgungslager, technischen Standard, Anhörungsverfahren usw. Diese Zwischenfrager werden als Berufsstörer stigmatisiert, weil sie das ganze, schöne Redekonzept des Politikers mit ihrem mutigen Eingreifen und ihren konkreten Fragen durcheinanderbringen. Nehmen Sie als weiteres Beispiel eine Person des öffentlichen Lebens, die in TV oder Rundfunk durch einen kritischen Reporter (Gott sei Dank und erfrischenderweise immer öfter Frauen) interviewt wird. Alles ist bestens vorbereitet und müßte hervorragend gelingen, wenn ... ja, wenn nicht ständig der schnittige Redefluß durch lästige Zwischenfragen gestört würde. Darum gibt es auch z. B. Spitzenpolitiker, die sich von ganz bestimmten Reportern nicht mehr interviewen lassen. Schließlich möchte man den Bürgerinnen und Bürgern ja etwas erklären *»... in diesem unserem Lande ...«!*

Damit ist der wichtigste Teil der Abwehr angesprochen, nämlich das permanente Stellen von Fragen.
Das erscheint zunächst zu banal, um zu glauben, daß damit ein Profi aus der Ruhe gebracht werden könnte – ist es aber beileibe nicht! Das Problem besteht nämlich einzig und allein darin, a) zu spüren, *»... daß hier etwas faul ist«,* und b), den Mut zu haben, kri-

tische Fragen zu stellen. Das ist eine ganz einfache, aber enorm wirksame Regel, die nicht voraussetzt, daß man argumentativ besser ist als der andere. Sie setzt allerdings voraus, daß man den Mut und das Selbstbewußtsein hat, sich zu wehren, und diese Voraussetzung werden sicherlich die meisten erfüllen – aber leider nicht alle. Viele Menschen scheitern an eben dieser Voraussetzung. Die Gründe dafür sind sehr vielfältig. Sie können einerseits darin liegen, daß wir es in unserem Kulturkreis, oftmals aufgrund unserer Erziehung, nicht gelernt haben, uns systematisch zu wehren. Wir akzeptieren und gehorchen. Andererseits können die Gründe aber auch darin liegen, daß wir es mit einem Gegner zu tun haben, der uns angst macht, der uns in allem überlegen scheint, der ein Charisma hat, das uns einschüchtert, uns ›ehrfurchtsvoll stumm‹ macht. Und ein dritter Punkt hat mit uns selbst, mit unseren Gefühlen und Emotionen zu tun – kurzum: mit unserer Selbstbeherrschung. Wer erträgt schon eine Argumenta-tion, die gegen uns, unsere Person als solche, gerichtet ist? Wir neigen um so eher zum direkten Widerspruch, je privater z. B. ein Vorwurf ist, denn diesen erkennen wir sofort, im Gegensatz zur ›feingesponnenen unfairen Dialektik‹ im nichtprivaten Bereich. Die eigentliche Schwachstelle in der Abwehr unfairer Dialektik etc. ist also nicht das technische Instrumentarium, sondern wir sind es selbst; es ist unsere (oftmals nicht vorhandene) Selbstdisziplin, die uns ständig ›einen Streich spielt‹.

Man kann darum die einfachste und wirkungsvollste Abwehr der meisten ›satanischen Verhandlungskünste‹ in drei Punkten zusammenfassen:

1. **Die ›richtigen Antennen‹ haben.**
   D. h., es muß trotz Charme, Freundlichkeit, Wohlwollen, Logik oder Zwanghaftigkeit des Gegners erkannt werden, daß »... *hier etwas faul ist, daß ... wir eingelullt werden sollen, daß man uns über den Tisch ziehen will ...«* usw.

2. **Selbstbewußtsein haben und (höflich) demonstrieren.**
   Es hat alles keinen Sinn, wenn Sie sich von ›großen Tieren‹ so beeindrucken lassen, daß Sie den Wert Ihrer eigenen Individualität vergessen. So groß die Unterschiede auch sein mögen: **Er ist er,**

und Sie sind Sie. Jeder Mensch hat das Recht auf unbedingte Beachtung der eigenen Persönlichkeit, das Recht auf Fragenstellen und das Recht auf das Wörtchen ›bitte‹, sei es vor dem angsteinflößenden ›Big Boss‹, dem schneidigen Richter, dem hohen Politiker, dem wichtigen Kunden, dem wichtigtuerischen Polizeibeamten, dem mächtigen Hauswirt, dem besserwissenden Kirchenfürsten oder wem auch immer. Wenn Sie diesen Punkt nicht lösen, lösen Sie auch Ihre Probleme nicht! Und denken Sie daran: **Wer Sie nicht beachtet, wird auch Ihr Recht nicht beachten.**

3. **Fragen, fragen und nochmals fragen.**
   Nichts bringt einen ›satanischen Verhandlungskünstler‹ und andere, unfaire Zeitgenossen mehr aus der Fassung, als das permanente Infragestellen ihrer Aussagen. Damit stören und zerstören Sie ein wohlaufgebautes, logisches Gedankengebäude, welches Grundlage dazu war, Sie zu übervorteilen. Vermeiden Sie, in Ihre Fragen eigene Wertungen zu legen, und vermeiden Sie, sich durch bestimmte Antworten provozieren zu lassen. Denn wenn die Sachlogik erschüttert oder gar zerstört ist, bleibt nur der Weg zur emotionalen Beziehungsebene, und je mehr ein Gegner Sie ›unterhalb der Gürtellinie‹ angreift, um so sicherer müssen Sie sich darin bestärkt fühlen, daß er eine ›faule, haltlose Argumentation‹ hat. *(»Ich kann für Ihre Volksschulbildung auch nichts! Sie hören einfach nicht zu, das habe ich schon erklärt. Sie haben ganz offenbar Schwierigkeiten mit Ihrem logischen Verständnis. Wenn ich Ihnen in drei Tagen darauf keine Antwort gegeben habe, dann lohnt es sich nicht, Ihrer bescheidenen Intelligenz Weiteres zu erklären ...«* usw.) Lassen Sie sich von diesen ›Tiefschlägen‹ nicht beeindrucken, und reagieren Sie nicht mit Empörung etc., denn sie sind das beste Kennzeichen dafür, daß Ihr Gegner ›nicht mehr weiter kann‹. **Er wird ›sichtbar unfair‹, und Sie ›führen ihn vor‹ – durch Ihre permanenten Fragen!**

Wählen Sie zur Übung – je nach Sachlage und Person – einige Fragen aus den Abschnitten 2.2.1 bis 2.2.4 aus. In den meisten Fällen ist aber die einfache Nachfrage von verblüffender Wirkung:

»Sie haben gerade gesagt, daß ... XY ...! Würden Sie das bitte näher erläutern? Was verstehen Sie konkret darunter?«

»Warum ist das nach Ihrer Auffassung von so großer Bedeutung?«

»Jede Medaille hat zwei Seiten. Sie haben eine dargestellt. Wie sieht bei Ihnen die andere Seite aus?« (Nachhaken: Warum gerade so?)

»Welchen Spielraum haben in Ihren Überlegungen andere Meinungen, bzw. wie gehen Sie mit anderen Meinungen um?«

»Welche Bedeutung hat eine andere Meinung für Sie, bzw. wie haben Sie diese in Ihrem Konzept berücksichtigt?« usw. usw.

Es bedarf keiner großen Phantasie, daß mit solchen permanenten Fragen auch ein geschulter Rhetoriker in Schwierigkeiten kommt. Er ist ständig in einer Erklärungssituation, d. h., er muß sich durch Ihre Fragen ständig verteidigen. Und Sie werden sehr schnell eine Feststellung machen, die dabei zwangsläufig auftreten muß: Der Gegner wird nervös, ungeduldig, oftmals böse. Das ist nicht selten ein Anlaß für ihn, das Gespräch abzubrechen – nicht jedoch ohne vorher auf ›Ihr Unverständnis‹ hinzuweisen. Doch die ganz Coolen kontern dann lächelnd:

»Also wenn Ihr Konzept schon durch ein paar einfache Fragen zu erschüttern ist, wie soll es dann erst in der Praxis bestehen?«

Oder Sie rauben ihm die letzte Fassung mit der Bemerkung:

»Also wenn das alles so klar sein soll, wie Sie es darstellen ..., ich weiß nicht! Aber lassen Sie uns fortfahren mit XY ...« usw.

»Sie haben recht vielfältige Auffassungen. Es gab viel Gutes und Neues. Aber das Neue war nicht gut und das Gute nicht neu. Guten Tag!«

Wichtig einzig und allein dabei:

- ***freundlich lächeln, Selbstdisziplin bewahren,***
- ***cool bleiben, nicht provozieren lassen, immer ›ruhig Blut‹,***
- ***keine eigenen Wertungen einbringen, nur offene Fragen stellen!***
- ***kein ›Nachgackern‹, also ruhig die Antworten ›so stehen lassen‹!***

Wenn Sie den nächsten Behördengang planen, mit der Versicherung verhandeln müssen, eine Besprechung mit dem Abteilungschef haben, zum ›ungenießbaren‹ Chef gerufen werden, eine Verhandlung mit ›schlechten Karten‹ durchstehen müssen usw., dann bereiten Sie sich darauf mit einem halben Dutzend solcher Fragen vor – Sie werden erstaunt sein, wie Ihre ›Mitmenschen‹ reagieren. Doch bleiben Sie **immer höflich und freundlich,** dann kann man Ihnen ›nichts anhaben‹.

Der Sinn liegt darin, sich durch kleine Erfolgserlebnisse sicher zu machen.

In den meisten Fällen ist es ratsam, die Antwort des Gegners ›so im Raum stehen zu lassen‹, sie also nicht zu kommentieren oder zu widerlegen (›nachgackern‹). Stellen Sie einfach eine neue Frage, ohne auf die vorhergehende Antwort einzugehen, z. B. mit den Worten:

> ***»Diese Antwort von Ihnen lassen wir einfach mal so im Raume stehen. Mich interessiert viel mehr, ob ABC ...! Was ist dazu Ihre Auffassung?«***

Das Nichtkommentieren einer Antwort, in die der Gegner möglicherweise viel Engagement gelegt hat, trägt auch dazu bei, diesen zu demoralisieren. Vielleicht wird er sagen: *»Es wäre aber schon wichtig, daß Sie dazu mal Stellung beziehen«,* dann haben Sie ein Signal, wie wichtig ihm Ihr (vermutlich gegenteiliger) Kommentar ist. Aber auch dann sollte man sich nicht von seinem Konzept ***»nur Fragen stellen«*** abbringen lassen, sondern ruhig und gelassen etwa wie folgt antworten:

> ***»Da gebe ich Ihnen absolut recht. Aber ich möchte die Antwort noch zurückstellen, weil mir noch nicht klar ist, in welchem Zusammenhang ... XY. Wie erklären Sie sich diesen Sachverhalt?«***

»Wenn einem das Wasser bis zum Halse steht,
sollte man nicht auch noch den Kopf hängen lassen ...!«

4.3 Wider Lucifers Strategien und Taktiken

4.3.1 Zum Teufel mit Beelzebub: Gegenstrategien und -taktiken

Die einfachste und wirkungsvollste Gegenmaßnahme wäre, mit der gegenteiligen Strategie und Taktik zu antworten (Motto: Ein Panzer ist nur so lange sicher, wie er nicht auf seinesgleichen trifft). Das aber setzt den wichtigsten Punkt bei allen Abwehrmaßnahmen voraus:

Die Strategie und die Taktiken müssen erkannt werden!
Das ist leichter gesagt als getan. Wahrhaft ausgebuffte, satanische Verhandlungskünstler sind eben auch Meister im Verstellen, im Tarnen, im Fallenstellen usw. Wer verhandeln muß, ist in erster Linie mit dem Sachverhalt selbst beschäftigt, mit den Fakten, Daten, Akten usw., und erwartet das auch von seinem Partner. Wenn dieser Partner nun mit diabolischen Strategien und Taktiken arbeitet, kämpft ein Verhandler quasi an zwei Fronten.

Doch das Erkennen von Strategien und Taktiken ist letztendlich auch eine Frage der Sensibilisierung (›feine Antennen‹) und der Erfahrung. Wer sich mit den vielfältigen Möglichkeiten unterschiedlicher Methoden beschäftigt hat (z. B. durch das aufmerksame Lesen dieses Buches!), bekommt mit der Zeit ein Gespür dafür, ›was gespielt wird‹, und kann Abwehrmaßnahmen entwickeln.

Mit welcher eigenen Strategie eine Verhandlung geführt werden soll, ist von vielen Faktoren abhängig. Grundsätzlich lassen sich aber folgende **drei Strategien** benennen:

1. **Entwicklung einer eigenen ›diabolischen Strategie‹ (siehe Abschnitt 3.1).**
   (Das setzt aber die Kenntnis über das Verhalten und die Einschätzung der Reaktionsweisen des Gegners voraus.)

2. **Entwicklung einer Strategie des flexiblen Verhaltens.**
   (Das heißt, man verhandelt ›normal‹, also ohne besondere Angriffstaktik, reagiert aber fallspezifisch mit entsprechend vorbereiteten Taktiken auf die gegnerischen Angriffe.)

3. **Entwicklung einer Strategie des gradlinigen Verhaltens.**
   (Das heißt, man verhält sich z. B. grundsätzlich fair und lehnt alle [erkannten] Taktiken der satanischen Verhandlungskunst ab, indem man diese zunächst deutlich anspricht und vor weiterer Anwendung warnt – und zwar mit der Konsequenz, daß man ansonsten die Verhandlung verläßt [*»Ohne mich«*-Taktik].)

Alle Methoden für den Angriff wie auch für die Abwehr sind aber immer von drei Faktoren abhängig:
a) dem Sachverhalt,
b) der Situation,
c) den Personen.
Darum ist zu empfehlen, stets Flexibilität im eigenen Verhalten zu bewahren; Starrheit führt nicht zum Ziel (von wenigen Ausnahmen abgesehen). Dennoch wird die ›*Strategie des gradlinigen Verhaltens*‹ oftmals von Verhandlungspartnern verfolgt, die sich auch den Abbruch von Verhandlungen leisten können oder demonstrieren wollen, daß sie sich es leisten können. Diese ›Rechnung kann natürlich nur mit dem Wirt gemacht werden‹, und nicht jeder Wirt kredenzt ›genießbare Speisen‹. Und um es auf die Spitze zu treiben: Die satanische Verhandlungskunst ist ja konsequent darauf angelegt, daß dem Gegner ›das Essen im Halse steckenbleibt‹. Es ist also von exorbitanter Bedeutung, daß die Methoden des satanischen Verhandlers auch zweifelsfrei erkannt werden (darauf wurde schon sehr oft hingewiesen).
Ist nun die Taktik erkannt, so bestehen prinzipiell **zwei Möglichkeiten der Abwehr,** wenn man sich für Strategie 1 und 2 entschieden hat (bei Strategie 3 ist das nicht erforderlich, weil alle erkannten Taktiken unter Androhung von Konsequenzen abgelehnt werden):

1. **Man entwickelt geeignete Gegentaktiken, ohne die erkannte Taktik des Gegners anzusprechen.**
2. **Man spricht die erkannte Taktik des Gegners an.**

Die ***erste Möglichkeit*** setzt aber voraus, daß man jederzeit eine geeignete Taktik hat, um auf die gegnerische Taktik zu antworten, die auch jedesmal erkannt werden muß. Diese Vorgehensweise erfordert umfassende Kenntnis und große Erfahrung.
Ein Beispiel:
Der Gegner versucht, das gesamte Verhandlungspaket aufzuschnüren, um dann über die einzelnen Teile zu verhandeln *(Salamitaktik)*. Man erkennt, daß diese Zergliederung für den eigenen Verhandlungserfolg sehr gefährlich werden kann. Gegentaktik: Allen einzelnen Verhandlungsteilen nur ›unter dem Vorbehalt zu-

stimmen, daß es zu einer Gesamtlösung kommt‹, und ständig auf das gesamte Verhandlungspaket hinweisen (siehe Abschnitt 3.2.1.12).
Aber Vorsicht. Dabei kann man auch verlieren (Vergleich: Schachspielen)!

Die ***zweite Möglichkeit*** (erkannte Taktik des Gegners ansprechen) ist sehr wirksam und vor allem ungefährlicher. Wenn eine Taktik ausgeschaltet werden soll, reicht es meistens aus, eine Frage nach der (erkannten) Taktik zu stellen, um so auf die Annehmbarkeit des gegnerischen Verhaltens hinzuweisen. Selbst wenn der Gegner die (unterstellte) Taktik verneint, weiß er doch, daß diese erkannt und somit wirkungslos wurde. Und das gilt für alle folgenden Taktiken im Prinzip ebenfalls. Der Gegner muß sich nun schon etwas einfallen lassen, um nicht mit seinen geplanten Taktiken ›auf die Nase zu fallen‹. Wir haben das bereits an anderer Stelle mit der Strategie und Taktik eines Generals verglichen, dessen Schlachtplan verraten oder vom Gegner erkannt wurde. Der Schlachtplan ist nicht nur wertlos, sondern jetzt sogar äußerst gefährlich.
Die Weiterführung dieser zweiten Möglichkeit besteht darin, mit dem Gegner über die erkannte Taktik zu sprechen und Gegenvorschläge einzubringen:

> *»Meine Herren, ich gewinne den Eindruck, daß durch Ihre ständigen Attacken die ›Taktik der Verwirrung und Verunsicherung‹ verfolgt wird. Ich schlage vor, daß wir die Verhandlung für eine Stunde unterbrechen und dann ohne diese Taktik weitermachen!«*

›Entschärfen‹ kann man eine evtl. peinliche Situation dadurch, daß man freundlich lächelnd etwas sagt, was der Gegner mit einer lustigen Gegenbemerkung aufgreifen kann (Stichwort: Gesicht wahren lassen):

Sie: *»Also, Herr Krause, ich habe das Buch gelesen: Satanische Verhandlungskunst. Darin werden diese Taktiken und die Abwehrmaßnahmen dazu beschrieben.«*

Gegner: *»Bravo, Herr Müller, ich hoffe, das ist nicht Ihr einziges Buch, denn der Trend geht deutlich zum Zweitbuch ...!«*

Ein solcher Hinweis ist übrigens nicht ohne Delikatesse. Wenngleich man damit rechnen muß, daß der Gegner nun da und dort Bemerkungen von sich gibt, die auf diesen Hinweis zielen *(»... steht das auch in Ihrem schlauen Buch?«),* so darf man sehr sicher sein, daß der Gegner sich durch die Offenlegung blamiert hat – auch wenn er sich nichts anmerken läßt. Und selbst wenn er eine neue Taktik anzuwenden versucht, kann man wieder eingreifen:

»Also ich muß bei Ihrem Vorschlag/Verhalten nochmals auf mein schönes Buch zurückkommen. Dort steht nämlich, daß ...!«

Man kann nun an den Reaktionen des Gegners hervorragend erkennen, wie ›tief der Stachel über die erkannte Taktik sitzt‹ bzw. wie wirkungsvoll die Blamage war, z. B. (ärgerlich):

»Also Herr Krause, nun lassen Sie doch mal dieses dumme Buch weg. Wir haben hier einen ernsthaften Sachverhalt zu verhandeln und keine Lesestunde abzuhalten!«

Erwischt! Wer so reagiert, zeigt deutlich, daß er ›getroffen‹ wurde. Nun heißt es Ruhe bewahren, nicht die Nerven verlieren, nicht

Erkennen Sie die Verhandlungs-Taktik und sprechen Sie diese auch an!!

provozieren lassen. Die Chancen stehen jetzt nicht schlecht, selbst eigene Taktiken anzuwenden, z. B. Statistiken einzubringen, Bedingungen künstlich zu vermehren (siehe Abschnitt 3.2.2.4) oder/und mit Informationen zu manipulieren (siehe Abschnitt 3.2.2.8).

Bei allen Abwehrmaßnahmen ist es aber unbedingt erforderlich, daß die **Taktiken von den Personen getrennt** werden. Es darf also nur die Taktik in Frage gestellt werden, nicht die Integrität der Personen – sonst ist die eigene Abwehrmaßnahme aus dem gleichen Grunde angreifbar (Vergleich: Kritikgespräch mit Mitarbeitern, d. h., die Kritik muß sich auf die Sache beziehen, nicht auf den Menschen). Dahinter steht auch die Erkenntnis, daß es leichter ist, einen Prozeß zu verändern als die beteiligten Personen.

4.3.2 Zur Grundtaktik ›Schild und Schwert‹

Wer das Grundprinzip
- *die ›richtigen Antennen‹ entwickeln,*
- *Selbstbewußtsein haben und demonstrieren,*
- *Fragen, fragen und nochmals fragen,*

beherrscht und anwendet, hat sich eine vortreffliche Grundtaktik ›Schild‹ verschafft, und kann nun darangehen, sich ein ›Schwert‹ zu schaffen. Das Prinzip ist: *Schild = Verteidigung, Schwert = Angriff.* Je nach Sachlage, Situation und Personen kann nun eine ›Grundtaktik‹ verfolgt werden, die auf zwei Funktionen aufbaut:

1. **Schild-Schwert-Taktik,**
   also erst abwehren (Schild), dann angreifen (Schwert), oder
2. **Schwert-Schild-Taktik,**
   erst angreifen (Schwert), dann abwehren (Schild).

Diese Grundtaktik stammt aus dem militärischen Bereich. So erwartete man, als es den Warschauer Pakt noch gab, einen massiven Angriff aus dem Osten, damit dieser sich dann anschließend gegen die NATO-Streitkräfte verteidigt (Schwert-Schild-Taktik). Die NATO verfolgte, da sie defensiven und nicht offensiven Charakter hatte, die Schild-Schwert-Taktik. Ein Angreifer sollte also erst abgewehrt werden, um dann alle Kräfte zu sammeln und zum Gegenangriff überzugehen.

Aus dieser Grundtaktik, die ebenso in Verhandlungen gilt, können nun verschiedene Einzeltaktiken abgeleitet werden, die im Rahmen einer Strategie zum (definierten) Ziel führen. Greift der Verhandlungsgegner an (z. B. stellt unwahre Behauptungen auf, siehe Abschnitt 3.2.1.2, oder droht, siehe Abschnitt 3.2.1.11), so

»Also irgendwie habe ich mir die Abwehr satanischer Verhandlungskunst anders vorgestellt ...!«

wird man (vermutlich) diesen Angriff zunächst abwehren müssen, um dann mit einem Gegenangriff zu starten (die Angaben der Gegenseite überprüfen, sich Zeit nehmen, nicht einschüchtern lassen, nichts unterschreiben, auf eigene Gegenmaßnahmen in solchen Fällen hinweisen, die Verhandlung evtl. vertagen, um dann mit Gegentaktiken zu antworten, z. B. Alternativen und neue Forderungen einbringen, siehe Abschnitt 3.2.2.6, mit Informationen manipulieren, siehe Abschnitt 3.2.2.8 usw.).

Abhängig vom Sachverhalt besteht natürlich auch die Möglichkeit, mit der gleichen Grundtaktik zu antworten, also **ebenfalls anzugreifen** (z. B. unwahre Gegenbehauptungen aufzustellen, selbst zu drohen, Gegner zu provozieren usw.) mit dem Ziel, den Gegner entweder in eine Erklärungs- und Verteidigungsposition zu bringen oder ihm **zu signalisieren, daß Angriffe dieser Art stets mit Gegenangriffen beantwortet werden (Druck erzeugt Gegendruck).**

4.3.3 Abwehr-Taktiken (»Schild«-Taktiken)

Zu jeder speziellen Angriffs-Taktik eine entsprechende Abwehr-Taktik zu entwickeln hieße, letztlich doch über 20 Regeln aufzustellen (und zu lernen!). Es müssen also entschieden weniger Abwehrtaktiken entwickelt werden, die jedoch alle geeignet sein müssen, generell als ›Schild‹-Taktiken für die gesamten Angriffstaktiken (›Schwert‹-Taktiken) wirksam zu sein, um sich erfolgreich wehren zu können.
Zunächst einmal sind ähnliche mentale und psychologische Voraussetzungen wie zum Angriff (siehe Abschnitt 2.1), erforderlich – jedoch mit umgekehrtem Vorzeichen.

Gilt beim satanischen Verhandlungskünstler:
> *»Ich will nur* ***›siegen‹ und ›gewinnen‹****, wie immer ich mich verhalten und was immer ich tun muß!«,*

so gilt in der Abwehr der Grundsatz:
> *»Du bist* ***nicht mein Gegner,*** *sondern mein* ***Partner.*** *Aber ich lasse mich auch nicht ›über den Tisch ziehen‹. Wir können nämlich beide gewinnen!«*

Konkrete ›Schild-Taktiken‹:

Mit Fragen abwehren (siehe Abschnitte 2.2, 4.1.2, 4.1.4):
Beispiel: *»Herr Meier, Sie sagten gerade ... XY. Würden Sie das bitte näher erläutern? Was meinen Sie konkret damit?«*

Behauptungen überprüfen:
Wer das Gefühl hat, daß er mit gefälschten Fakten, Daten, Informationen, Statistiken, Behauptungen usw. hereingelegt werden soll, muß dem Gegner deutlich machen, daß man zunächst die Angaben überprüfen will. Wird der Gegner dabei zur aktiven Mithilfe bei der Aufklärung aufgefordert, zeigt sich meistens sehr schnell, ob etwas ›faul‹ ist.

Auf Gegenseitigkeit bestehen:
Viele Taktiken des Gegners sind darauf angelegt, einen Verhandler zu übertölpeln (siehe z. B. Abschnitt 3.2.2.7 ›Unklare Vollmachten und Vertragstreue‹). Der Grundsatz ›gleiches Recht für alle‹ muß auch in Verhandlungen gelten. Wer dieses Recht durch eine Taktik umgeht (z. B. eine Absprache zur Entscheidung weiterzureichen), signalisiert, daß es eben Menschen gibt, die ›etwas gleicher‹ sind. Bringen Sie sich nicht in die Position eines Bittstellers, sondern bestehen Sie auf Gleichbehandlung:

»Herr Schröder, wir haben also eine vorläufige Absprache getroffen. Wenn Ihr Chef, Herr Schneider, seine Zustimmung gibt, dann gilt das als endgültige Vereinbarung. Sollte das nicht der Fall sein, kann jeder von uns Änderungen einbringen!«

Vorsicht ist geboten, wenn in Gegenwart des Entscheidungsträgers Absichtserklärungen und Beteuerungen geäußert werden. Wenn Sie den geringsten Verdacht haben, daß sich die Gegenseite nicht an das Abkommen halten will, darf nur eines gelten: schriftliche Vereinbarung mit einwandfreien Klauseln. Auch der ›nachgeschobene Brief‹, in dem die mündliche Vereinbarung nochmals bestätigt wird, steht – weil einseitig – rechtlich auf wackeligen Füßen, wenn er nicht bestätigt wird.

Nicht stets direkt antworten:
In Verkaufsverhandlungen gibt es das – für Einkäufer ›ergiebige‹ – Spiel: ***»Was ist, wenn ...!«***
Ein Beispiel:
Der Verkäufer bietet 1000 Stück für 20,— € an.
Einkäufer: *»Was ist, wenn wir 5000 Stück abnehmen?«*
Verkäufer: *»Dann sind es 19,— €.«*
Einkäufer: *»Na schön. Aber wir interessieren uns für 10000 Stück?«*
Verkäufer: *»Dann sind es 18,— €.«*

Damit weiß der Einkäufer, daß das Produkt auch für 18,— € zu kaufen ist und der Verkäufer trotzdem noch daran verdient. Von diesen 18,— € kommt nun der Verkäufer nicht mehr runter. Solche Taktiken dienen dazu, Informationen zu erlangen, die meistens gegen den Bieter eingesetzt werden.

Die Abwehr besteht darin, daß sofortige und unüberlegte Antworten vermieden werden müssen. Hier sollten Sie sich Zeit nehmen und Ihrem Gesprächspartner sagen, daß Sie darauf zurückkommen werden, weil Sie z. B. erst mit Ihrem Chef darüber sprechen müßten. Sehr hilfreich ist darum die Gesprächstechnik »Alternativ-Antwort« (siehe Abschnitt 2.2.4), weil man sich damit Zeit zum Nachdenken verschaffen kann.

Die erkannte Taktik ansprechen:
Wie wichtig gerade diese Abwehrmaßnahme ist, wurde zuvor schon dargelegt. Sie ist besonders dann angebracht und wirksam, wenn Angriffe auf die Person erfolgen (siehe gesamten Abschnitt 3.2.1), und vor allem, wenn **Streßsituationen** geschaffen werden (Abschnitt 3.2.1.13). Voraussetzung dazu: höfliches Selbstbewußtsein und Gelassenheit demonstrieren, Souveränität zeigen:

> *»Meine Herren, wenn ich die Begleitumstände betrachte, in denen wir uns hier befinden, dann muß ich fragen, warum das so ist? Was können wir tun, um diese jetzt zu ändern?«*

(Z. B. Verhandlungsvertagung oder anderen Ort vorschlagen.) Wenn das nicht möglich ist, dann beweisen, daß diese (künstlich geschaffene?) Streßsituation ein Bumerang für den Gegner ist:

Unterbrechen Sie die Verhandlung demonstrativ **sehr häufig** durch kleinere Pausen *(»Also, ich muß mal frische Luft schnappen!«)* mit dem Ziel, den Gegner unter Zeitdruck zu setzen.

Oder z. B. beim **»Good-bad-play«** (siehe Abschnitt 3.2.2.9):

> *»Meine Herren, ich gewinne den Eindruck, daß hier ein taktisches Spiel veranstaltet wird. Täusche ich mich da, und wenn ›nein‹, was können wir tun, um das zu ändern?«*

Oder z. B. bei **›Verwirrung und Provokation‹** (siehe Abschnitte 3.2.1.4 und 3.2.1.5):

> *»Meine Herren, wenn ich den Verhandlungsablauf so beobachte, dann erkenne ich eine Taktik, die darauf abzielt, Verwirrung zu stiften und zu provozieren. Ich bin an der Sache und an einem guten Gesprächsklima interessiert. Und darum schlage ich vor, daß wir die Verhandlung für eine Stunde unterbrechen!«*

Oder z. B. bei **›nachgeschobenen oder extremen Forderungen‹** (siehe Abschnitte 3.2.1.10 und 3.2.2.6):

> *»Meine Herren, wir müssen uns erst einmal darüber einig werden, auf welcher Basis wir verhandeln. Und wenn wir das geklärt haben, dann können wir entscheiden, ob es sich für beide überhaupt noch lohnt, weiter zu verhandeln.«*

Oder:

> *»Bei diesen Forderungen gewinne ich den Eindruck, daß Sie nicht an einem beiderseits tragbaren Verhandlungsergebnis interessiert sind. Wir sollten weder unsere Zeit noch unsere Nerven unnötig strapazieren. Falls ich mich geirrt habe, rufen Sie mich an. Ich bin jederzeit zu vernünftigen Gesprächen bereit!«*

Bei der Taktik **›Mein letztes Wort‹** sollte man an einem geeigneten Beispiel zeigen, was die Gegenseite im Falle einer Nichteinigung verliert. Bewährt hat sich auch das Einbringen von Alternativen, wenn der Gegner sich festgelegt hat und sein Gesicht verliert, wenn er nachgeben würde:

> *»Herr Krause, ich verstehe, daß irgendwo für Sie das ›Ende der Fahnenstange‹ erreicht ist. Aber mit der Alternative XY haben wir beide die Möglichkeit ... usw.«*

Besondere Aufmerksamkeit ist erforderlich, wenn durch das Ergreifen verschiedener Maßnahmen der Eindruck gewonnen wird, daß die Gegenseite die **›Richterrolle‹** einnehmen will (siehe Abschnitt 3.2.2.2). Da schon der Vorsitz oder die Moderation der Gegenseite sehr gefährlich werden kann, sollte besonders auf die (angestrebte) Richterrolle geachtet werden. Auf diese (erkannte) Taktik muß unter allen Umständen **sofort und unmißverständlich reagiert** werden:

»Herr Meier, täusche ich mich, oder versuchen Sie gerade, eine ›Richterrolle‹ einzunehmen?«

»Aber das ist doch Unsinn, Herr Lehmann. Ich habe nur versucht, den Sachverhalt kennenzulernen.«

»Ach, pardon, Herr Meier, soll das bedeuten, daß Sie den Sachverhalt gar nicht kennen?«

»Den kenne ich natürlich, Herr Lehmann.«

»Und warum dann der Versuch, die Richterrolle einzunehmen? Damit werden wir uns nicht einverstanden erklären!«

Damit ist diese Taktik des Gegners ein für allemal ›geplatzt‹.

Ins Detail gehen:

Hier kommt es stets darauf an, mit welcher Taktik der Gegner agiert (siehe Abschnitt 3.2.1.12 ›Salamitaktik oder Gesamtergebnis‹). Sehr häufig aber besteht eine Forderung nicht aus einem Paket, welches man aufschnüren und in Teilbereichen verhandeln kann, sondern aus einer einzigen Forderung. Um sich erfolgreich zu wehren, hat sich die Methode bewährt, ein Detail zu knacken, um dann anhand des geknackten Details die Berechtigung der gesamten Forderung in Frage zu stellen (siehe Abschnitt 2.4.2 ›Induktion‹). Darum ist es auch wichtig, mit den geeigneten Gesprächstechniken den Gegner ›zum Reden‹ zu bringen, denn wer viel redet, bietet viel Breitseite. Ob es dann sinnvoll ist, die Verhandlung zu unterbrechen, um eine bessere Ausgangslage zu schaffen, ist abhängig vom Sachverhalt und von der Situation.

Mit Sprüchen kontern/Lächerlichmachung:

Es gibt Menschen, die nehmen jede Sache, vor allem aber sich selbst, so wichtig, daß sie keinen Spaß mehr verstehen. Sie reagieren auf humorvolle Bemerkungen aggressiv und wichtigtuerisch. Nicht selten geraten sie dann selbst in die Phase, die ein satanischer Verhandler beabsichtigt: Durch Wut und Zorn verlieren sie

die Übersicht, reagieren emotional und machen Fehler. Zur Abwehr gehören darum auch einige Sprüche, Aphorismen und Zitate. Natürlich haben diese Mittel nur sehr kurzfristige Wirkung – sie können das Verhandlungsruder nicht rumreißen. Aber es sei daran erinnert, daß es von Vorteil sein kann, daß harte Angriffe weich aufgefangen werden (siehe Abschnitt 3.2.2.1 ›Erklärungstaktik‹). Besondere Wirkung wird dann erreicht, wenn es gelingt, den Gegner damit lächerlich zu machen. Mit dieser Methode arbeiten Journalisten/Moderatoren und Studiogäste gerne in Fernsehdiskussionen, wenn sie z. B. mit einem Politiker diskutieren, von dem bekannt ist, daß er sich ungemein wichtig nimmt und auf entsprechende Bemerkungen ärgerlich und sauer reagiert. Hier eine kleine Auswahl:
Ich höre schon: Die Weisheit jagt Sie. Aber Sie sind schneller!

»Haben Sie was gegen das älteste Gewerbe der Welt?«

»Nee, aber es muß ja nicht gerade ein Gründungsmitglied sein ...!

Was heißt ›Wind machen‹? Wer im Zwiebelfeld arbeitet, wird auch furzen dürfen.

Sie wissen zwar nicht, was Sie wollen, aber das mit ganzer Kraft!

Meine Meinung steht fest – bitte verwirren Sie mich nicht mit Tatsachen!

Offensichtlich glaubt der Herr Kollege, daß es als Belohnung für seinen Redebeitrag ein Mittagessen umsonst gibt!

Herr Kollege, Sie arbeiten mit einem Vorschlaghammer, um eine Erdnuß zu knacken. Ist bei Ihnen alles eine Nummer zu groß?

Herr Kollege, Sie wirken so erregt. Waren Sie früher mal Diplom-Hektiker beim Wettbewerb?

Ach, wissen Sie, Herr Kollege, manchmal ist es leichter, den Mund zu halten als eine Rede. Und Sie haben sich schwergetan!

Sie schweigen? Das ist ja ein ganz neuer Ton, den Sie da anschlagen!

Setz' einen Frosch auf einen weißen Stuhl, er hüpft doch wieder in den schwarzen Pfuhl.

Wenn es die Affen dahin bringen könnten, Langeweile zu haben, so könnten sie Menschen werden (Goethe).

Ich teile Ihre Meinung nicht, aber ich werde bis zu meinem letzten Atemzug dafür kämpfen, daß Sie Ihre Meinung frei äußern können (Voltaire).

Herr Kollege, wer nach einer hilfreichen Hand Ausschau halten will, findet sie am besten am Ende des eigenen Armes.

Freunde, nur Mut! Lächelt und sprecht: Die Menschen sind gut, bloß die Leute sind schlecht (Kästner).

Ein guter Charakter kann den Erfolg im Leben unter Umständen außerordentlich behindern.

Ach, wissen Sie, Herr Kollege, der schwanzlosen Kuh treibt Gott selbst die Fliegen hinweg (nigerianisches Sprichwort).

Fecisti nega = Leugne, was du (Böses) getan hast.

Habeamus papam = Wir haben (endlich) einen Papst.

Ubi bene, ibi patria = Wo mir's wohlgeht, da ist mein Vaterland.

Suum cuique = Jedem das Seine

Vox populi – vox dei = Volkes Stimme – Gottes Stimme.

Roma locuta causa finita = Hat Rom gesprochen, ist die Sache beendet.

Crimina morte extinguntur = Verbrechen werden durch den Tod getilgt.

Apropos ›lateinische Zitate‹:
Suum cuique!
(Jedem sein Schwein!)

Verräterische Schwächen erkennen·
Stellen Sie sich vor, Sie wollen einen Gebrauchtwagen kaufen, der 85.000,— € kosten soll. Sie besichtigen das Fahrzeug und verhandeln mit dem Verkäufer über den Preis. Im Verlaufe der Preisverhandlung gelingt es Ihnen, den Kaufpreis zu drücken. Und jedesmal läßt der Verkäufer ›runde Summen‹ nach, also z. B. 3000,– € dann 2000,— € usw. Wenn Sie jetzt die Frage stellen:
»Wieso kommen Sie gerade auf 3000,— € Nachlaß?«,
wird Ihnen der Verkäufer keine befriedigende Antwort geben können, denn er hat keine, weil er kein Konzept (z. B. Kalkulation) hat. Er will den Wagen nur loswerden. Aber er hat sich bzw. seine Absicht verraten. Ein ausgebuffter Kunde wird es schaffen, ihm einen weiteren Nachlaß in ähnlichen ›Sprüngen‹ abzuluchsen.

Ein weiteres Beispiel:
Ein Bauträger kaufte ein Baugelände und beabsichtigte, dort ein Geschäftszentrum zu errichten. Ihm fehlte jedoch noch ein kleines Teilgrundstück, auf dem ein alter Mann ein Häuschen bewohnte. Ihm wurden dafür 350.000,— € geboten – ein großzügiger Preis. Er sprach zwar sehr höflich mit dem Bauträger darüber, aber der alte Herr wollte aus bestimmten Gründen nicht verkaufen. Deshalb bot ihm der Bauträger 450.000,— € denn er stand unter Zeitdruck. Er wollte immer noch nicht. Der Bauträger ging nun ›aufs Ganze‹ und bot 700.000,— €. Wieder Ablehnung. Genüßlich wartete der alte Herr auf das, was noch kommen könnte – und das wären bestimmt 900.000,— € gewesen. Aber auch dann hätte er abgelehnt.
Der Bauträger hat einen schwerwiegenden Fehler gemacht. Der alte Herr mußte nämlich nun annehmen, daß jeder Besuch bei ihm zwischen 100.000,– und 250.000,— € wert war. Hätte der Bauträger sein erstes Gebot lediglich um 10.000,— € gesteigert und dann nochmals um 3.500,— €, dann hätte der alte Mann vermutlich begriffen, daß sein Haus nicht mehr wert und es das letzte Angebot ist.
Gute Verkäufer achten z. B. auf die Kaufsignale eines Kunden (Rückfragen nach Liefertermin o. ä., interessierte Mimik, das Produkt in die Hand nehmen – also ›greifen‹ und ›be-greifen‹ usw.)

und stellen dann zum richtigen Zeitpunkt die Abschlußfrage. Das Erkennen von Signalen gilt selbstverständlich auch in anderen Verhandlungen. Und nicht selten sind es verräterische Schwächen des Gegners.

Die feinste aller Listen besteht darin, sich geschickt so zu stellen, als ob man in die Falle ginge, die einem gelegt wird: Denn niemand wird so leicht getäuscht, als wer einen anderen zu täuschen glaubt.

La Rochefoucauld, Reflexionen
(François, Herzog von, 1613 Charente – 1680, franz. Schriftsteller, Moralist)

5. Zusammenfassung

Satanische Verhandlungskunst: sie gibt es nun einmal – ob man sie mag oder nicht. Entscheidend ist nicht, ›wie gut man sie beherrscht‹, sondern, ›wie gut man sich dagegen wehren kann‹. Dazu ist erforderlich, daß man sie – ähnlich einer schlimmen Krankheit – genau analysiert (Diagnose), um letztlich zu einer wirksamen Therapie zu gelangen. Nur Jammern und Bedauern ist aussichtslose Naivität. Dazu die Auffassung des alten Sünders und Besserwissers *Arthur Schopenhauer* (dt. Philosoph, 1788 –1860):

»Wenn die natürliche Schlechtigkeit des menschlichen Geschlechts nicht wäre, wären wir also von Grund auf ehrlich, würde jede Debatte darauf ausgehen, die Wahrheit zutage zu fördern, ganz unbekümmert, ob unsere Meinung oder die des andern recht und wahr wäre. Es ist leicht gesagt, man soll nur der Wahrheit nachgehen. Aber man darf nicht voraussetzen, daß der andere es tun werde: Also darf man's auch nicht!«

Es wird aufgefallen sein, daß in diesem Buch oftmals mit militärischen und negativ besetzten Begriffen operiert wird: Teufel, Satan, Gegner, Waffen, Kampf, Krieg, Strategie, Taktik, Angriff, Abwehr, Schwert, Schild etc. Wo bleiben die zivilen, positiven und versöhnenden Begriffe?

Daß diese fehlen, liegt nicht am Thema oder an der Sache, sondern an der Überzeugung des Autors. Ich bin in einer Zeit aufgewachsen (Nachkriegszeit) und lebe in einer Zeit (Vorkriegszeit?), in der nach dem Zweiten Weltkrieg mehrere hundert Kriege stattfanden und immer noch stattfinden. Wenngleich es zu jedem einzelnen Krieg viele Wahrheiten, Auffassungen und Entwicklungen gab und gibt, so war es doch letztlich in keinem dieser Konflikte möglich, einen Aggressor nur durch friedliche, zivile Mittel zu bekämpfen oder in seiner Wirkung und Absicht zu begrenzen.
Es liegt in der Natur der Menschheit, daß es immer machtbesessene, skrupellose und auch geldgierige Aggressoren geben wird, die ›*siegen und gewinnen*‹ wollen – um jeden Preis. Diese üblen

Zeitgenossen finden sich in allen Bereichen des Lebens, und selbstverständlich auch in Verhandlungen. Damit müssen wir uns alle abfinden. Doch die Hoffnung besteht darin, daß diesen Typen durch *geeignete Gegenmaßnahmen der Weg versperrt wird.* Mit gutem Zureden wird erfahrungsgemäß nicht viel erreicht. Doch welche Maßnahmen letztlich geeignet sind, sei es im Angriff oder in der Abwehr, ist stets abhängig von der Sache, der Situation und den beteiligten Personen.

Grundsätzlich ist es wichtig, daß alle Maßnahmen aus einem Konzept kommen. Nichts ist gefährlicher, als ›blindlings draufloszuschlagen‹. Es sei also nochmals daran erinnert, daß es zur erfolgreichen Führung von Verhandlungen für beide Fälle, also Angriff wie Abwehr, ein **Verhandlungskonzept** geben muß, welches drei Fragen zweifelsfrei beantwortet:

ZIEL	***Was wollen wir erreichen?***
STRATEGIE	***Wie wollen wir das erreichen?***
TAKTIK	***Mit welchen Mitteln können wir das erreichen?***

Im Kapitel I werden dazu die Instrumentarien und Waffen erläutert, mit denen ein satanischer Verhandlungskünstler agiert; zugleich werden die Abwehrmaßnahmen gegen dieses teuflische Instrumentarium aufgeführt. Im **Kapitel II** werden die wichtigsten Strategien und Taktiken des Angriffs dargestellt, die es in satanischen Verhandlungen gibt. **Kapitel III** beschreibt die Abwehr dieser Angriffsstrategien und -taktiken.

Zusammenfassend nochmals die ›Angriffsstrategien und -taktiken‹ aus Kapitel II (Angriff):

Taktiken zur ›unberechenbar negativen‹ Verhaltensstrategie

3.2.1.1 Tatsachenbestreitung – Bluff – Gegenteil

– Bluffen: die Drohung und/oder der Brief vom Rechtsanwalt

- *Verneinung und den Sachverhalt positiv ›umdeuten‹*
- *Argument des Gegners ›übersetzen‹*

3.2.1.2 Unwahrheiten und Täuschung
- *vorsätzliche Unwahrheiten*
- *unwahre Behauptungen aufstellen*

3.2.1.3 »Dagegensein«
- *ständiges ›Dagegensein‹ als Methode, um den Gegner zu zermürben, zu demoralisieren*

3.2.1.4 Verunsicherung – Verwirrung – Abbruch
- *gezielte Verunsicherung des Gegners*
- *Verwirrung stiften: unrichtige Argumente unterstellen*
- *›Notbremse‹ ziehen: Gespräch abbrechen/vertagen*

3.2.1.5 Den Gegner ständig provozieren
- *auf der emotionalen Beziehungsebene den Gegner attackieren und sich ›erstaunt‹ entschuldigen,*
- *plötzlich ›verborgene Motive‹ beim Gegner entdecken, die erklärbar sind, wie z. B. die ›sexuelle Verdrängung‹, die gesicherten Erkenntnisse der Sexualwissenschaft und der Gegner als ›sexuell Verklemmter‹ ...*

3.2.1.6 Das Hindernisrennen
- *zu Beginn deutlich abgegrenzte Forderung als unumstößlich aufstellen und Tatsachen schaffen*
- *die Salamitaktik anwenden*
- *planvolles ›Abhandeln lassen‹ bei gleichzeitiger Aufstellung neuer Forderungen zu anderen Verhandlungspunkten*

3.2.1.7 Widersprüche entdecken
- *die ›älteste Klamotte‹ in der Diskussion ständig einsetzen*
- *Gegner reden lassen, dann ›Widersprüche‹ feststellen und zur ›Tagesordnung‹ übergehen*

3.2.1.8 Das gleiche Argument
- *was ärgert den Gegner? Ständige Wiederholung*

– *auf ›Schwachstellen‹ rumreiten*
– *Theorie und Praxis sind zweierlei*

3.2.1.9 Fachausdrücke/Fremdwörter – Wortschwall
– *den Gegner mit Fachausdrücken/Fremdwörtern ›erschlagen‹*
– *Scheinangriff starten*
– *auf einen Schelm anderthalbe setzen oder: ›niederquatschen‹, was das Zeug hält ...*

3.2.1.10 Extreme Forderungen – ›mein letztes Wort‹
– *durch Aufstellen extremer Forderungen Vorteile erzielen*
– *Gegner in Streß versetzen durch das ›letzte Wort‹, andernfalls ...!*

3.2.1.11 Drohungen und Konkurrenz
– *mittels Drohungen den Gegner unter Druck setzen, ihn ›zwingen‹ wollen*
– *sich weigern, zu verhandeln, um Zugeständnisse zu erlangen*
– *das gezielte Ausspielen der Konkurrenz, um ›Druck zu machen‹*

3.2.1.12 Salamitaktik oder Gesamtergebnis
– *entweder versuchen, einen Sachverhalt in einzelne Verhandlungsteile zu zerlegen und einzeln darüber zu verhandeln,*
– *oder bei vorhandener Zerlegung stets auf das gesamte Ergebnis pochen*

3.2.1.13 Streßsituationen
– *durch bewußtes Schaffen von Streßsituationen die Taktik der psychologischen Kriegführung anwenden*

3.2.1.14 Bestechung – Korruption –Erpressung – Preisabsprachen

3.2.1.15 Gerüchte und Verleumdungen

Taktiken zur »scheinbar positiven/neutralen« Verhaltens-Strategie

3.2.2.1 Erklärungstaktik

- *Sachverhalt wiederholen lassen und somit den ›Gegner kommen lassen‹*
- *gegnerische Angriffe ›weich‹ auffangen*
- *mit Stimuli, verbalen Reflexionen und ›Ich-Botschaften‹ arbeiten.*

3.2.2.2 Zerlegen – Analysieren – Relativieren – und ... die ›Richterrolle‹

- *die »Mörder-Taktik« anwenden – das ›Ganze‹ zerlegen*
- *Sachverhalt zerreden – dann relativieren, die Umkehrung anwenden, also auf das ›Ganze‹ pochen*
- *die Rolle des ›Richters‹ übernehmen durch: Vorsitz – Moderation – ›Unparteiischer‹ – und schließlich ... ›Recht sprechen‹*

3.2.2.3 Ergänzung – Erweiterung – Schlußfolgerung

- *Ergänzen bedeutet: weiterführen und übertreiben. Alsdann die selbst vorgenommene Übertreibung ›verurteilen‹ und mit der eigenen Teil-Übertreibung das Ganze gleich ›mitverurteilen‹.*

3.2.2.4 Nebenkriegsschauplätze

- *mit Statistik lügen – und: Ablenken durch Ausweichen auf Nebenkriegsschauplätzen*
- *weitere Streitpunkte schaffen/künstliche Vermehrung der Bedingungen*

3.2.2.5 Auf Zeit spielen

- *die ›Kohl-Taktik‹ anwenden – Probleme ›aussitzen‹*
- *durch Verzögerungstaktik Gegner unter Entscheidungsdruck setzen*

3.2.2.6 Alternativen und nachgeschobene Forderungen

- *ein scheinbar ausgehandeltes Konzept durch Alternativen erschüttern*
- *generell neue (nachgeschobene) Forderungen einbringen*

3.2.2.7 Unklare Vollmachten und Vertragstreue

- *erst vom Gegner ›alles rausholen‹ und dann zur Entscheidung weiterreichen*
- *zum Schein auf ein Verhandlungsergebnis eingehen und sich dann nicht daran halten*

3.2.2.8 Informationen und Manipulationen

- *nur das vollständige, ›richtige‹ Wissen ist Macht – wer sein ganzes Wissen preisgibt, wird ›machtlos‹*
- *mit unvollständigen Informationen den Gegner manipulieren, ihn ›ins Messer laufen lassen‹*

3.2.2.9 Das »Good-bad-play«

- *mit einem eigenen Kollegen ein gutabgestimmtes, aber betrügerisches Manöver inszenieren*
- *den Gegner auf eine ›falsche und gefährliche Fährte locken‹*

3.2.2.10 Das Einlullen

- *zu Beginn dem Gegner als ›Partner‹ empfehlen, ›alle Taktiken zu vergessen‹, um ihn dennoch mit gezielten Taktiken reinzulegen*
- *mit ›vertrauensbildenden Maßnahmen‹ den Gegner in eine positive Grundhaltung bringen, das Ergebnis unterschriftsreif aushandeln, und dann an eine dritte Person delegieren*

Aus Kapitel III (Abwehr):

Die Abwehrmaßnahmen wurden mit der ›Schild-Schwert‹-Taktik beschrieben. Darunter ist zu verstehen, daß ein Angriff zunächst abgewehrt wird (Schild), um dann selbst zum Angriff überzugehen (Schwert):

Die »Schild-Schwert«-Taktik

Angriff

Abwehr

Erkennen der Taktiken	**Voraussetzungen**
Selbstbewußtsein demonstrieren	
Eigenes Verhalten kontrollieren (mentale und psychologische Einstellung, Körpersprache, Mimik, Gestik)	

Fragen stellen Behauptungen überprüfen Selbst auf Zeit spielen Auf Gegenseitigkeit bestehen Nicht stets direkt antworten Die erkannte Taktik ansprechen Lächerlichmachung/mit Sprüchen kontern Ins Detail gehen Verräterische Schwächen erkennen etc.	**»Schild-Taktiken«**

Tatsachenbestreitung/Beweise fordern Verunsicherung durch Behauptungen Salamitaktik Analysieren – Relativieren Manipulation durch Informationen Widersprüche entdecken Nebenkriegsschauplätze schaffen Alternative Forderungen einbringen Selbst Drohungen aussprechen etc.	**»Schwert-Taktiken«**

In der Auswahl seiner Feinde kann
man nicht sorgfältig genug sein.

Oscar Wilde
(brit. Dichter ir. Herkunft, 1854–1900)

Literatur

Altmann, Hans Christian: Überzeugend reden, verhandeln, argumentieren, München 1991
Bambeck, Joern J.: Soft Power – gewinnen statt siegen, München 1989
Bänsch, Axel: Verkaufspsychologie und Verkaufstechnik, München 1988
BR-Hörfunk: Richtig argumentieren, München 1981
Cohen, Herb: Sie können alles erreichen, München 1980
Dommann, Dieter: Einer verkauft immer – die Kunst zu verhandeln und zu verkaufen, Frankfurt a. M. 1988
ders.: Faire und unfaire Verhandlungstaktiken, Frankfurt a. M. 1982
Ebeling, Peter: Das große Buch der Rhetorik, Wiesbaden 1981
Elertsen, Heinz: Moderne Rhetorik, Heidelberg 1963
Fast, Julius: Körpersignale der Macht, München 1980
ders.: Körpersprache, Reinbek b. Hamburg 1979
Fisher, Roger/Ury, William: Das Harvard-Konzept. Sachgerecht verhandeln – erfolgreich verhandeln, Frankfurt a. Main/New York 1984
Fisher, Roger/Brown, Scott: Gute Beziehungen, Frankfurt a. Main/New York 1989
Goossens, Franz: Konferenz – Verhandlung – Meeting, München 1988
Haft, Fritjof: Juristische Rhetorik, Freiburg/München 1985
ders.: Strukturdenken – der Schlüssel zum erfolgreichen Reden und Verhandeln, München 1985
Hartig, Willfred: Moderne Rhetorik, Heidelberg 1988
Holzheu, Harry: Die 100 Gesetze des Verkaufs im Außendienst, München 1985
Karrass, Gary: Geschickt verhandeln, erfolgreich abschließen, Frankfurt a. Main/New York 1989
Kirschner, Josef: So wehrt man sich gegen Manipulation, München 1984
ders.: Manipulieren – aber richtig, München 1974
Kishon, Ephraim: Kishon für Manager, München 1987
Krämer, Walter: So lügt man mit Statistik, Frankfurt a. M./New York 1992
Küchle, Erwin: Menschenkenntnis für Manager, München 1977
Kurth, Hanns: Menschenkenntnis auf den ersten Blick, Genf 1972
Lane, Alexander-Andreas: Die hundert Gesetze erfolgreichen Verkaufens, München 1982
Lauster, Peter: Lassen Sie sich nichts gefallen. Die Kunst, sich durchzusetzen, Düsseldorf 1976
Lay, Rupert: Dialektik für Manager, München 1983
ders.: Die Macht der Wörter, München 1986
ders.: Manipulation durch die Sprache, München 1977
Marquart, Alfred: Wahrheit mit beschränkter Haftung, Weinheim/Basel 1976

Mastenbroek, Willem: Verhandeln, Strategie – Taktik – Technik, Frankfurt a. M. 1992
Mayer, Hans-Jürgen: Verraten wie verkauft, Köln 1983
Mitsch, Werner: Hunde, die schielen, beißen daneben, Stuttgart 1982
Mohler, Alfred: Die 100 Gesetze erfolgreicher Verhandlung, München 1983
ders.: Überzeugend reden – erfolgreich verhandeln, München 1983
ders.: Die 100 Gesetze überzeugender Rhetorik, München 1984
Normann, Reinhard von: Schlagend argumentieren, München 1985
Prost, Winfried: Manipulieren durch Sprache, München 1987
Puntsch, Eberhard: Zitatenhandbuch, Landsberg a. Lech 1965
Pursch, Günter: Parlamentarisches Schimpfbuch, Frankfurt a. M. 1980
Quernheim, Peter von: Überzeugen können – Der Königsweg der Rhetorik und Dialektik, München 1992
Robinson, Colin: In Verhandlungen gewinnen, Landsberg a. Lech 1992
Rother, Werner: Die Kunst des Streitens, München 1988
Rückle, Horst: Körpersprache für Manager, Landsberg a. Lech 1981
Ruede-Wissmann, Wolf: Auf alle Fälle Recht behalten – Dialektische Rabulistik, München 1989
ders.: Superselling, München 1989
ders.: Crashcoaching – Die C.-C.-Methode kreativen Streitens und der Problemlösung, München 1991
Ruhleder, Rolf H.: Rhetorik, Kinesik, Dialektik, Bad Harzburg 1980
Ruschel, Adalbert: Besprechungen und Konferenzen, München 1989
Scheerer, Harald: Erfolgreich führen durch überzeugen, München 1989
ders.: Wie Sie durch Ihr Sprechen gewinnen, München 1983
Schopenhauer, Arthur: Eristische Dialektik, Zürich 1983
Schorkopf, Horst: Reden, frei – verständlich – wirksam, Freiburg i. Breisgau 1984
Schuh, Horst: Erfolgreich Reden und Argumentieren. Grundkurs Rhetorik, München 1983
Tengelmann, Curt: Die Kunst des Verhandelns, Heidelberg 1960
Thiel, Erhard: Die Körpersprache verrät mehr als tausend Worte, Genf 1986
Ueding, Gert/Steinbrink, Bernd: Grundriß der Rhetorik, Stuttgart 1986
Völzing, Paul-L.: Begründen, Erklären, Argumentieren, Heidelberg 1979
Weidenmann, Bernd: Diskussionstraining, Reinbek b. Hamburg 1975
Weisbach, Christian u. a.: Zuhören und Verstehen, Reinbek b. Hamburg 1979

**Der Klassiker
unter den Rechtsberatern
auf allerneuestem Stand**

ISBN 3-89996-184-6

Die großen Dokumente der Weltgeschichte

von Paul Frischauer,
neu herausgegeben und fortgeschrieben
von Hans Dollinger

ISBN 3-89996-094-7

Die Chronik der europaweiten Vernichtung der Juden

Historische und politische Hintergründe

ISBN 3-89996-317-2

Bekannte und unbekannte, erstaunliche und kuriose Anekdoten der Weltgeschichte

Originalausgabe

ISBN 3-89996-248-6

Ein investigatives Werk des Politjournalisten Dietl

Verstrickungen des Weißen Hauses mit der Weltpolitik

ISBN 3-89996-204-4